素朴と文明の歴史学

精選・東洋史論集

宮崎市定
井上文則 編・解説

講談社学術文庫

目次

素朴と文明の歴史学

I　歴史の見方

II　歴史学各論

注　記
*を付したものはフランス語で発表されたものです。本書には編者による日本語訳を収録しました。

素朴と文明の歴史学

精選・東洋史論集

I

歴史の見方

世界史序説

一　歴史学のあり方

正確に過去を知りたい、多少なりとも将来を予測したい、現在を後世に伝えたい、この三つの希望が人類の本能であるとするならば、歴史学は人間の本能に根ざした学問であると言える。

精密に未来を予知することは人間にとって殆んど不可能に近いことである。只多少とも予想の手懸りを与えるのは、過去の実績と現在の状態とである。相撲通が好取組の勝負を予想する為めの基礎的材料は、前場所の成績と、其の後の稽古振り、現在の健康状態などである。所が現在というものは、言わば厚みのない時間であって、次から次へと過去へ繰り入れられるものであるから、常識的に現在というものは実は過去なのである。我々の認識に上り得るものは、凡て過ぎ去った過去の事柄ばかりであって、所謂現在なるものは、過去の中で比較的新しい部分と言うに止まる。そうすると未来の予測に対して、与えられたる材料は実は凡て過去の事柄であると言い直さなければならなくなる。

個々の力士の過去の成績や、取口や、意気込みや、稽古など、与えられた材料を分析し綜合して、その総戦力を計算し、来るべき取組の勝負を予想しようとする相撲通はいみじき歴史家である。たとえ其の取扱う範囲が極めて極限され、過去へ遡る時間が甚だ短く、予想しようとする事柄が単に勝負という一面的なものに過ぎないとしても、相撲通だの、野球通だの、競馬通だのいう通人達は、知らず知らずの中に、立派な歴史学をやっている訳である。若し世界全体の動向に関しても、この程度に良心的な歴史家があったならば、我々はいかばかり心強さを感ずることであろうか。

　歴史学と言えば、現在に関係のない、古い過去の事実の詮索にばかり憂身を窶す特殊専門学のように考えられている。そして遺憾にも現在の状態は全くその通りなのである。併し乍らこれは本来の歴史学のあり方ではない。歴史学は過去全体の学問であって、その取扱う過去とは現在の線まで延びていなければならない筈なのである。事実また、古い過去の歴史家達は、多くその歴史をアップ・ツー・デートに書こうと努めている。日本の古事記にしても書紀にしても、中国の春秋や、史記にしても、ギリシアのツキヂデスやローマのポリビウスなども皆そうであった。彼等の考えでは、恐らく現在を中心として、その現在を段々引延ばして行って古い過去に到達して了ったのであろう。斯ういう現在の裏打ちとして過去を利用した昔の歴史学から、過去そのものを研究の対象とした輓近の歴史学に変化して来たのは、歴史学自体としては確かに一種の退歩である。併し乍らそれにはまた、それ相応の理由のあることで、これが為に歴史学は失うべきものを失う一方、また得べきものを一方に獲得して絶えず進歩発達しつつあるのである。而して斯かる歴史学の変質は、更に大きな社会全般の発展、それより起る分業化的傾向から必然的に生れて来たと言うことが出来る。

前に例に挙げた古い歴史書は、今の言葉を用いれば寧ろ記録と言った方が適当である。この記録を残した著者達は、主権者の史官か、乃至は権力者の側近者で現実の政治に忠言を与える傍ら、資料を蒐集し得る好都合な立場にあり、その材料を整理排列し、独特の記録を造って後世に伝えたのであった。斯かる記録はその年代の下限がアップ・ツー・デートになるのは自然の結果であるが、その代りに、其の空間的広がりは一国・一社会の狭小な範囲に局限されるのもまた已むを得ぬ欠陥であった。而も範囲が狭小であることはまた必然的に、その記述を独善的に、偏見に満ちた自己弁護に堕せしめる危険がある。更に之と別系統の記録との間に或いは矛盾撞着の点なきやも保し難い。此に於いて、更に広き範囲、出来得れば世界全体の記録を綜合して系統立ちたる知識に纏めようという要求が起り、軈て近代的の歴史学が樹立されるに至った。歴史家は最早、直接の探訪員ではなくなり、研究室に閉じ籠りたる編輯者となった。而して之に提供される材料は、年経て古びたる遠い過去の死んだ記録が多きを占めるに至った。殊に近代的な民族国家の尖鋭化せる対立は、現在の生々しき材料を機密保護の名の下に、容易に外部に向って漏洩することを許さない。歴史家の期待する精確な記録は、それが精確であればある程、既に時効に掛った古い材料の外、入手を望めない状態になって来たのである。

歴史学の立場を困難にする悪条件はまだ外にもある。歴史学の空間的領域は益々拡大されて全世界の表面に行き亘らねば已まない。たとえオブソレートなものにせよ、記録は次から次へと現われる。而もそれが多種多様のあらゆる種類の言語で書かれている。之に一々眼を通すことはおろか、目録をとることさえ一人の手には負えない。其の上に各種の社会や、事業や、科学の専門的分化発達は各方面に特殊の術語・学術語・慣用語の使用を不可避とし、此等は概ね一般歴史家の理解力を超えたものになっている。こんなことで、どうして歴史学が、人類の過去全体を綜合する科学たり得ようか。

併し乍ら歴史学も力めて新事態に適応する為めに、出来るだけの努力は尽しているのである。その第一は分業である。科学史の如きは夙に科学者に委譲して了っている。美術史、思想史、経済史の如き、夫々分業的に手分けして、或いは専門家に委ね、或いは歴史学者自身が専門家になりつつある。斯の様に色々なものが部門部門で独立して了ったならば、あとに純粋歴史学として残るものは一体何かという質問が出るであろう。所が幸に史料は物質と違って、差引かれたらあとが空になるようなものではない。夫々の特殊部門の専門家の手に渡った史料は、そこで整頓されて、前よりも取扱い易い形になって戻って来るのである。斯うして戻って来た史料は更に一段と高い立場から綜合されることを要求する。そこに一般歴史学なるものの存在する意義と権利とが存するのである。歴史学は必ずしも、旨い中味をば全部専門家に持ってゆかれて、屑パンばかりを食って活きる浮浪人ではない。

歴史学の分業は、社会の特殊部門の分業に止まらず、一般歴史学の分業にまで立ち至らねばならなかった。斯くして地域的な分業と、時代的な分業とが起る。地域的な分業とは、西洋史・東洋史、又は中国史・インド史と言うような、大体地域を限って其範囲内を専攻とするものであり、時代的分業とは古代史・中世史・近世史、或いはルネッサンス時代・ナポレオン時代の如く、時期を局限して研究を集中するやり方である。但し現代史は最も必要なものであり乍ら、それが研究設備の不完全と、技術上の困難との為めに、現今の歴史学からは殆んど除外されているのが実状である。そして各国政府の情報機関とか、私設の新聞社、通信社などが無意識裏に、代ってその使命を果しつつある。

歴史学の分業はさりながら次第に微に入り細を鑿ち、論証の精を極めると共に、一方には枝葉に走って大綱を忘れるの弊を生じた。もっと綜合的な全体という要求が、近来世界史の待望となって現われている。実は歴史学なるものは本来世界史たるべきものである。

世界史の可能に対して投げかけられる幾多の疑問は多く、輓近の歴史学の分業的方面を重視する余り、それが原来分業であることを忘れて了った独断的見地から発せられている。例えば此に文化多元論か文化一元論かの問題がある。抑も文化の起原は人類の起原と分離して考える訳にゆかぬ。苟も人類という以上、そこに何等かの文化の存在を予想しなくては成立しない。而して人類なるものは、アダムとイブの二人を祖先として繁殖したような神話は今は通用せぬ。人類は他の動物の如く群として発生し、群として発達した。既に群である以上、個々について言えば地域的に若干の距離を隔てて棲息したことは言うを待たない。人類の分布は非常に広いから、極端と極端との距離は著しく大きなものとなるが、併し高が知れた地球の表面である。その間には絶対に超えることの出来ない障害というものは一つもない。人類は始より一群であり、互に交通し合い、影響し合って発達して来たが、但し交通の難易に従って自ら各地に小群が固定して夫々の特殊性を発揮して行ったことは事実であろう。この個性を過大視すれば文化多元論になり、個性を軽視すれば一元論になるが、要するに歴史学の根本問題ではない。

漢の武帝の時に張騫(ちょうけん)が西域に使してから、始めて東アジアと西アジアの連絡が生じたように早呑込みするのは記録に対する誤解であって、常識で考えても東アジアと西アジアがこの時まで、完全に絶縁されて個々別々の存在であったとは考えられない。況(いわ)んや考古学の教える所では、例えば彩色土器などの分布によって、その遥か以前の石器時代に於いて、既に両者の間に密接な文化交流のあったことが証明さるるに於てをや。アメリカがコロンブスによって発見されたのは重大事件には相違ないが、さればと言ってアメリカの人類とヨーロッパ・アフリカ乃至はアジアの人類との間に、それ迄全然交通がなかったと思っては事実に相違する。

また文化の影響ということが、いつも清水の中にインキを垂らして之を染めるようにばかり行われるとは限らない。人類は叡智を持った生物なので一を聞いて十を知り、単にヒントを与えられた丈で奥義を悟ることがあり得る。進歩した社会から発酵素が飛来して、後進社会に立派な酒を醸すような文化影響の形式も認められなければならぬ。故に交通の分量ということはこの場合は左迄(さまで)問題とするに足らぬ。只その刺戟の強弱と感受性の鋭鈍が問題であるが、之を決定するのは矢張りその場合場合に於ける現在の状況、言い換えれば過去歴史の総和であると言い得よう。

所詮人類は総括的に観察すれば一つの群である。歴史は始より終まで一つの世界の歴史である。世界史の可能不可能の如きは問題ではない。当然あるべき歴史の姿は世界史の外にない。只歴史年代の長い時間と、遠い距離に隔てられて自然に生じた無数の小群の特殊な様相を如何に綜合し、如何に簡単化して、正確にその相貌を把握するかが問題である。

数理的な正確さとは、普通最小位の数字について言われるを常とするが、実用的に要求される正確さとは、寧ろ最上位に近い数字が示す意味を、如何に誤りなく把握するかにある。歴史学の場合に於いては、明晰な論理よりも、事実の大きさを感知することが、より一層大切である。天秤では象の重さは量れない。歴史家になるには一種の鈍感さ、冷淡さなどの悪徳が必要である。それがなければ人類に代って運命の重圧を感知し、捕え所のない程大きな世界史の構図を、しっかりと摑んで描きおおせることが出来ないであろう。

二　地域と時代

歴史学研究の為めに、世界史を若干の地域に分つのは自然に生じた便宜の為めである。便宜とは決して出鱈目でいいということではない。恐らく最も便宜な方法というものは只一つしか存在しないであろう。而してそれが最も便宜であるということは、それが厳然たる客観的事実によって裏付けされている場合に外ならない。同様のことは時代的区分についても言えるであろう。結局世界史の体系は先ず最も妥当なる地域区分と、時代区分とによって輪廓が与えられる。

世界史を東洋史（即ちアジア史）と西洋史（即ちヨーロッパ史）とに分けるのは現今では十分でないことが判った。即ち東洋史は少くとも之を更に二分して、東アジア史と西アジア史とに分ける必要がある。東アジア史の中心は中国であり、西アジア史の中心はシリア・メソポタミアであるが、その中間にもう一つのインドがある。インドは大きな社会であるが、ただそれが過去に於いて世界交通の大道から外れていた為めに、その世界史的役割は左程大きくないから、今は之を西アジア史に附属させて別に一項目を立てぬを便とする。

西アジアの中心はヨーロッパに近く、事実また西アジアとヨーロッパと、二つの地域は最も密接な交渉を保ちつつ生長して来た。歴史時代に於いて此の両者は多くの場合、互に相敵視し、相反撥し乍ら発達して来たが、寧ろこの反撥的対立が反って両者を刺戟し覚醒させて、社会の進展を促した効果が大きい。之に反し東アジアはその中心が西アジアの中心と遠く離れて存在し、距離の遠隔なるが故に政治的交渉は殆んど言うに足らず、概して平和に専ら経済的文化的な交流が重視されて来た。

東アジアと西アジアとの交通は、主として支那トルキスタン（即ち新疆省）の天山南路の沙漠の間を通って行われた。タクラマカン大沙漠の縁辺に点在する緑地帯から緑地帯を伝わって、駱駝を唯一の交通機関としたカラバンの進軍は、一見遅々として、非能率的な文化媒介者たるを免れない。併し乍らこの困難な旅行によって運ばれるものは、東アジア・西アジ

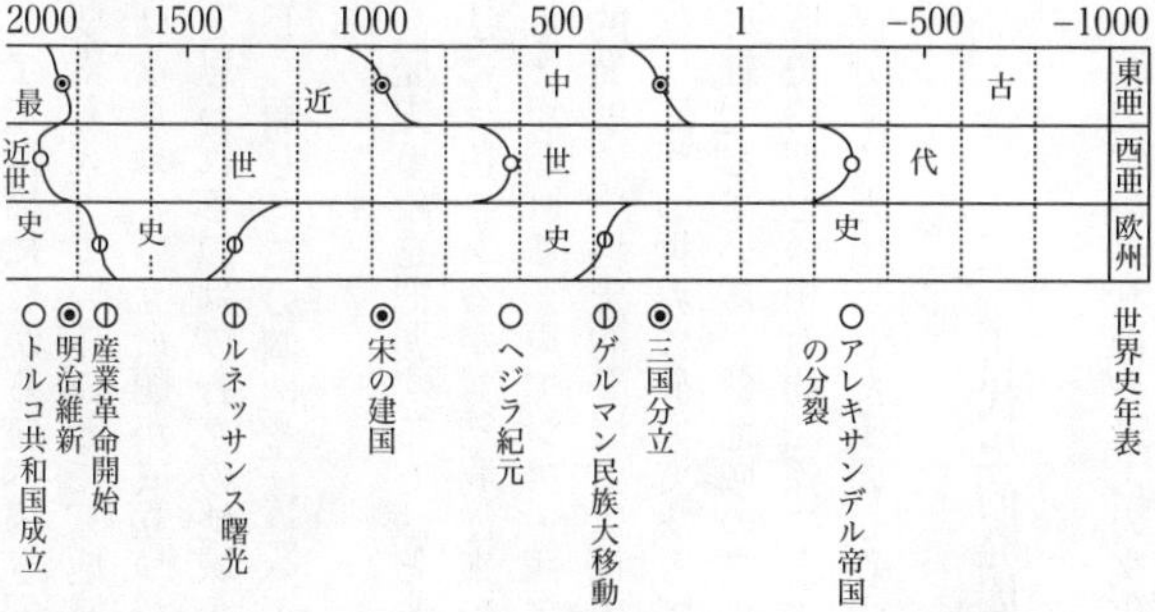

世界史年表

ア両社会の文化の精、技術の粋を凝らした価値高き工芸品である。長い歴史年代の間に、この交通線上を移動した物資の総量は、今日から見れば意外に貧弱なものであったかも知れない。併し乍らこの狭い通路は、両社会の文化標準を平均する為めの細長いサイフォンの役目を果すに十分であった。

歴史学に於ける地域区分は、地理学のそれとは同一でない。そは歴史には歴史的時間が存在し、地域区分の境界が浮動するからである。時によっては西アジア地域が深くヨーロッパ地域へ喰い込むこともあり、逆にヨーロッパ地域が西アジア地域へ侵入することもある。現実の地球表面上の形貌が決して地理学者に都合よいようには形成されていないと同様、歴史的事実はいつも歴史家に便利なようにばかりは発展してくれないものである。

東アジアと西アジアとヨーロッパと三つの地域は長い歴史年代を異る生活様式で特徴づけてきた。その最も顕著な例は文字の書き方において夫々独自な特徴を持っていたことである。東アジアでは文字を縦に上から下へ書き、西アジアでは横に右から左へ書き、ヨーロッパでは左から右へ書く。併し乍らこれは、偶然的な要素も入っていることで、地域区分の成立のためには、是非文字の書き方が違っていなければならぬという命題が成立つわけではない。これと平行して寧ろもっと重要で根本的なことと思われるのは、各々の地域が大凡(おおよ)そ類似の発展を遂げ乍ら、その間に或程度の個性差を有し、而してこの個性差には歴史的時間の食違いが大なる要因となっているという事実である。

歴史事象を把握する方法として時代区分は重要な意義をもっている。そして時代区分の方法には色々あるが、結局従来のヨーロッパ史に用いられてきた三時期区分法が最も便宜であると思われる。東アジア・西アジア・ヨーロッパの三つの小世界は現今までに、夫々古代史的発展、中世史的発展、近世史的発展の三段階を経たと思われる。而して各個の時代的発展は、三つの世界に於いて決して暦学的時間の上に平行しては行われず、相前後してちぐはぐに継起している。各地域の文化発展様式の個性なるものは、実はその世界の暦学的時間と、歴史時期との相対的関係によって生ずる場合が多い。この点こそ余が全世界を三つの地域に区分する理由とした重要な着眼なのである。

三　古代史的発展

歴史学が溯り得る最古の文化は、先ず西アジアの地域に発祥した。ペルシア湾頭、チグリス・ユウフラテス両河口の近くにスメル人の都市国家が出現したのは西紀前三千年の古に属する。之と略々時を同じくして、エジプトのナイル河デルタには所謂古王朝が栄えた。スメル人とエジプト人と何れが先に文化の華を開かせたかは明かでない。併し乍らこの問題は、両地の間に古くより密接な交渉が存在し、互いに相影響しつつ発達した事を思えば、深く追求するにも足らぬであろう。メソポタミア平原より西北上してシリア地方で地中海に出で、海岸を伝わってエジプトに至る土地は、所謂「豊沃なる三日月形地帯」と呼ばれ、古代文化の揺籃たる役割を演じた。三日月形の両端なるメソポタミアとエジプトが繁盛するにつれ、中間にあるシリアは交通の要衝となって商業が栄え、大小の都市国家が発達した。就中、南部海岸地方のシドン・チル両市が代表するフェニキアは陸上貿易の外に海上貿易を営み、遠く大西洋上にまで活躍するに至ったのは、史上に有名な事実である。

　メソポタミア南部に於けるスメル人の都市国家が次第に統一され、アッカァド王サルゴンの帝国となり、その領土はシリアに及んで地中海に達した。これ以来、東西交通の要衝たるシリアは東方メソポタミアと西方エジプト両勢力の角逐場となった。アッカァドの版図を継承せるバビロニア王朝が衰えた頃、エジプト新王朝の勢力遽かに張り、シリアを占領してユウフラテス河岸に屯戍を置き、一時はバビロン市にまで侵入した。

　次いでバビロニア王朝を倒して興りたるアッシリア帝国はシリアを席捲し、進んでは一時エジプト本部を征服したこともあった。斯かる大領土を支配する帝国の継起によって、多くの古代都市国家は次第に帝国なるものに吸収せられてその独立性を失って来たが、只シリアに発達したる都市国家のみは次々に大帝国の領土に包含せられ乍らも遥か後世まで、その自主性を保存して独自の存在を続けたことは注意すべきである。

都市国家は歴史上に現われたる最初の国家様式である。その特色として挙ぐべきは、先ずその領土の比較的狭小なることであり、中心より国境まで概ね一日行程を出でない。次にその住民は殆んど全部が、領土の中心に集団住居して都市を形成する。都市の周囲には、城壁を廻らして敵襲を防ぎ、この城壁外郊野に定住する人民は極めて少い。斯かる都市は完全なる独立国であって、他の何者にも隷属せぬを原則とする。従って孤立して存在することなく、集団的に発生する。もし一都市国家が必要あって新たに領土を獲得したる時は、その地に本国と同様なる植民都市を建設し、之と特殊な同盟関係を結んで支配下に置く。古代文化は実に斯かる都市国家を温床として生長したものであった。

世界に於ける最初の国家群が何故に都市国家の様式を採ったかは論ずべき幾多の問題を提供するが、今は暫く触れることを避ける。只政治的に独立する無数の都市国家相互の対立の形勢は其の儘に永続することが出来なかった。利害の衝突、嫉視反目の果てに生ずる国家間の争闘は、次第に強国が弱国を支配下に置くことを可能ならしめ、同盟の名の下に、支配と服従関係を生ぜしめ、此に覇者なる者が出現し、漸(ぜん)を逐(お)うて権力の集中が行われる。斯くして一の強力国家が他国を征服してその独立性を奪い、大領土国家を建設する場合も生じ、或いは都市国家群の紛争に乗じて外部より遊牧的未開民族が侵入して大帝国を形成する場合もある。何れにもせよ、分散していた、多数の主権は次第に一個の強力な主権に吸収されてゆく。多数の都市国家の消滅、広漠たる領土を支配する大領土国家の継起、これが古代史的発展の特長である。

サルゴン王のアッカァド帝国よりも、次に現われたるバビロニア帝国の領土が大であり、次のアッシリア帝国はまた更に大である。而して最後に出現せるペルシアのアーケメニド王朝は完全にエジプトを平定し、小アジアを包含し、バルカン半島に渡ってヨーロッパに国境を進め、前代未聞の大領土をもつ帝国を建設した。

都市国家の解体より大帝国の建設へ、割拠より大統一へと進むのを古代史的発展と名付けるのは、余りに外面的事象に拘泥したものではないかとの非難が起るかも知れぬ。併し乍ら歴史学に於いて取扱う大事件には必ずその裏面に之に相応する理由が潜んでいる。恐らく人類が最初に都市国家なるものを創設するに至ったのは、必然的にそうせざるを得なかった理由によったであろうが、その当事者にとっては非常な大努力を要したに相違ない。同様なことは大帝国の建設についても言えるのであって、従来何も先例のなかった所へ、尨大な帝国を建てて之を支配するのは、余程の大事業であり大発明でもある。而して斯かる大事業の達成には、一方に於いて之を可能ならしめる為めの基礎的条件が具備していなければならぬ。要するに人智が或る程度まで発達していなければ大帝国は生れない。大帝国は勿論武力的征服によって発生するが、それは外敵に対して質的量的に卓越したものでなければならず、防禦（ぼうぎょ）に遠征に十分な機動力を発揮しうるようにも組織されていなければならぬ。一旦成立した大帝国を維持するには政治力が必要であるが、統治の組織、法制、記録などの技術方面と共に、苟くも永きに亘って尨大な人衆を支配するには、矢張り何人をも納得させ得るだけの大帝国統治の理想が不可欠の条件となる。軍事力、政治力の地盤は結局文化力であるが、これには質と同時に量の問題もある。大帝国維持に必要な相当多数の知識階級・指導階級を擁する為めには一定の経済力を前提とする。即ち生産力に於いても、分配の手段に於いても相当高度の発達を遂げていなければならぬ。而して斯かる経済力はまた国内に於ける治安の維持、政治の安定、文化的創造力の進歩に俟つものであり、要するに、あらゆる方面に於いて所要の条件が満たされねば、大帝国の成立は不可能である。大帝国は決して突如として偶然に生れたものでなく、その広袤（こうぼう）の大いさは即ち人智発達の高さに比例する。而してスメル人の都市国家よりペルシア大帝国が出現する迄には、凡そ二千五百年の歳月を必要としたのであった。

ペルシア大帝国の完成者はアーケメニド朝第三代のダリウス大王である。彼の帝国統治の方法はそれ以後に継起せる諸帝王に対して一の好（よ）き模範を提供した。彼の広大な領土は数十の行政区域州（サトラピイ）に分割され、国王の任命する知事（サトラプ）によって支配された。州知事は兵権を有せず、且つ絶えず中央より派遣される監督官によって其の政治が査察せられた。軍隊は国王の直接掌握する所であり、要地に分屯し、全国に張り廻らされた軍用道路によって密接に結合され、迅速に兵力を移動することが可能である。軍用道路の大幹線は国都スーサより小アジアの鎮台サルヂスに至るもので、石材を以て舗装され、延長千五百哩（マイル）に及び、この間に官設の駅逓（えきてい）が備わり、普通には三月行程を要する全路程を、急行の通信は僅かに六日にして伝達されたと称せられた。軍用道路は平時は一般の交通にも利用せられ、帝国内の物資移動、各地間の経済的結合に重要な役割を果した。領土内の各都市は外交軍事の権を失い乍ら、内政には高度の自治を許された。特にペルシア人は領内の各民族に宗教の自由を認めた。ペルシア人自らの信仰はゾロアステルを開祖とする所謂拝火教であるが、彼等は之を異民族に強制することをしなかった。而してこの宗教は世界史上に現われた最初の最も寛大にして且つ正義を宣揚せんとする宗教であった。

ダリウス大王によって完成せしめられた古代ペルシア王朝は前後二百年の繁栄を保ちたる後、マケドニアのアレキサンデル大王の為めに滅亡せしめられた。アレキサンデルはギリシアの北方に起り、ギリシア種族出身に相違ないが、彼の歴史上に於ける位置は寧ろ、ペルシア王朝の後継者に外ならなかった。西アジアの歴史には、彼はイスケンギャルの名を以て正統諸王朝の一に数えられている。彼は西アジアの古都バビロンに都してペルシアの旧領を支配したが、その治世は僅かに十年を越えず、彼の死と共に其の大帝国は土崩瓦解した。これより以後西アジアに於いては、大統一に向う傾向が一転して逆に分裂的割拠的傾向が顕著に現われる。この転期を以て吾人は西アジアに於ける古代史的発展の終焉、中世史的発展の開始と看做そうと思う。求心的に発展する古代史的傾向に対して、遠心的に分裂しゆく傾向こそ、中世史的発展の最も顕著な特色である。

西アジア地域に対抗して絶えず反撥的に発展して来たヨーロッパ地域はもと西アジア地域より分裂して発生したものである。この分離独立を完成した中心力は古代ギリシアの都市国家群であった。ヨーロッパの古代史的発展もまた、最初の国家形態として都市国家なるものを有し、而してこの都市国家は、その傍らに西アジア地域の先進文明を控えたるが為めに、絶えずその刺戟を蒙ること強く、都市国家的性格を比類なき高度にまで発揚するを得た。これギリシア古典文明が他地域の古代に比して卓越せる所以であったのである。而してギリシアに於ける都市国家的性格の強さは、一方に於いてその政治的大同団結を妨げる原因ともなった。ギリシア都市国家群の指導者たるアテネもスパルタも遂にギリシア民族の統一を完成して之を大帝国に鎔鋳(ようちゅう)することが出来ず、ギリシアはその世界史的任務に於いて、単にヨーロッパ地域を西アジア地域より分離せしめたるのみにして止まり、ヨーロッパの古代史的発展の完成は、更に西方に起りたるローマ民族の出現を待たねばならなかったのである。

　嘗(かつ)てギリシアの盛時、アテネの海上勢力を背景としてその指導の下に所謂デロス同盟が成立し、宛然(えんぜん)たる海上帝国の観を呈したが、その範囲は東地中海に限られ、且つ継続すること幾(いくば)くもなくして、同じギリシア国家スパルタの反撃に遇い、脆くも雲消霧散して了った。然るにこのギリシア文明の余波を受けて更に西方、地中海中央に突出せるイタリア半島上に勃興したのがローマ共和国である。ローマは初めフェニキア植民地カルタゴと地中海を隔てて相争い、先ず西地中海岸を平定して後、東地中海に向い、ギリシア諸国及びエジプトを征服し、更にシリアを併合して、此に東西地中海沿岸の大統一を完成した。ヨーロッパ地域の古代史的発展はギリシアに始まり、ローマによって達成せられた。而してローマはこの大統一を完成せる暁、もはや古の都市国家でもなく、人民共和国でもなく、宛(えん)として西アジアの古代ペルシア王朝に擬する大帝国に変形していた。実年代を以て計るならばローマ帝国の完成者ケーザルの時代は、ペルシアのダリウス大王に後れること約五百年である。ヨーロッパ地域が大統一に向って驀進する時は、恰も西アジア地域が既に古代史的発展を終って中世に入り、分裂的傾向の顕著に現われ居たる時代である。この相異る二つの現象の間には、何かしら必然的な相互依存関係が存在することを推察せしめる。恐らくそれは、両地域の中間に位するシリア地方の向背が鍵となっているであろうと思われる。即ちヨーロッパ地域は西アジア地域に向ってその領域を拡大し、従来は西アジア地域であった小アジア、シリア地方からエジプトまでを含めて、その傘下に収め、西方に大ローマ帝国が出現すると同時に、旧西アジア地域は著しくその領域を縮小されたのである。領域の拡大はいよいよその内部における交通貿易を旺盛ならしめる反面、領域の縮小された地域では景気の下降、生産の不振が起り、それが商業の衰微となり、地方の分裂を招き、いよいよ景気の下降を招来するという悪循環に陥るのである。ヨーロッパと西アジアとは、この時にはシリアを支点としたシーソーの形となり、ヨーロッパが上れば上るだけ、西アジアが下降するという関係におかれていた。さりながら、両者を比較した時、文化の伝統の深さは勿論、同日にして語ることは出来ない。シリア、小アジアはもちろん、これに隣接するギリシア・エジプトもまた古い文明の栄えて社会の発展の進みたる地域である。さればローマ帝国の内部に於いては、文明の潮流は東地中海より西地中海に向って動いた。而して更に大いなる文明の動きは、西アジアの政治様式のヨーロッパ地域への輸入であった。原来はローマ共和国の市民代表者に過ぎざる歴代のケーザルは、西アジア地域と接触する間に、次第にその外貌を改め、王衣を服し王冠を着け玉座に上り、その実質もまた純然たる東方流の専制帝王と化した。東方の経済もまた、ローマ的古代市民社会を変質させて行った。ローマが政治力と軍事力とによって搾取した地方の金銀貨は、一たんローマに運ばれたが、それはやがて東方の物資を購入するために流出を続けた。東方における組織された大農地経営の生産物に圧倒されて、イタリアの小農、自作農は次第に没落して行ったのである。所詮、人為的な好景気は永続きしない。ヨーロッパは先進地域たる西アジアが嘗て辿った運命に追従しはじめ、ローマ帝国は大ケーザルの出現以後約三百年にして東西分治のことあり、漸く遠心的分裂的傾向を示し、この傾向は更に百年を経て、北方よりするゲルマン民族の侵入によって決定的なものとなった。東ローマ帝国が僅かにバルカン半島東西近傍を保って、ローマ文明の命脈を維持するを除き、帝国の領土は挙げて侵入者の占領割拠する所となり、四分五裂して、此にヨーロッパ地域古代史の終焉を見るのである。時に西紀三七五年、西アジアに於ける古代史の終末に遅れること約七百年である。

東アジア地域に於ける古代史も、また都市国家の対立抗争より始まる。中国に於ける確実な歴史、年代的記録は春秋初年より始まるが、春秋諸国はその祖国周を始めとし、鄭・衛・魯の諸国、何れも彼のギリシアに相似たる都市国家であった。只これ等諸国の多くは、周王室より出たる姫姓の君主を戴き、一種の封建連合を形成するが、斯かる社会の上部構造はさして重要視して中国の特性とするに及ばない。若しこの姫姓の系譜に代うるに、ギリシアに於ける神々の系譜を以てするならば、両者の間には殆んど実質的な区別が存在しなくなるであろう。

華北に於ける春秋時代の都市国家が、独自に中国に於いて発生せしものか、或いは西アジア地域のそれを模倣して成立せしものかについては何れにも確証がない。併し乍ら其の後に於ける都市国家群の消滅、大統一に向っての発展に対しては、絶えず西アジア地域よりの刺戟が働いていたことは争われぬ事実と思われる。春秋時代に数十国を数えた都市国家は、ギリシアに於ける覇権争奪戦にも比すべき弱肉強食の結果、戦国時代に入って七強国の対立となり、この頃より都市は次第にその政治的生命を失い、代って強力な集権国家の活動が現われる。更にこの七強国の解消、一歩進みたる大統一に向う為めに、騎馬戦法の輸入が大なる役割を演ずるが、これは西アジア地域より蒙疆を経て先ず趙に輸入され、秦に伝わって完成されしものと認められる。最後に秦の始皇帝が現われて、中国史上最初の大統一を完成するが、始皇帝の中国統治の様式は、ダリウス大王の夫れと殆んど符節を合する如くである。空前の大領土は三十六郡に分ち、中央より任命する郡守によって支配され、軍用道路の幹線は幅五十歩、国都咸陽(かんよう)を中心とし、南は呉楚を窮め、東は淮斉に達し、北は燕代に至ると称せられた。

始皇帝の大統一は西アジアに於けるダリウス大王の夫れに遅れること約三百年である。三百年の歳月はおそらく、中央アジアに長く延びる交通路線上における困難に打ち勝って、西アジアの進歩せる思想乃至は学術を東アジアに齎(もた)らすに十分であったであろう。始皇帝の事業は其の死後の短い混乱時代を経て、漢の高祖によって受け継がれた。漢は前後漢合して四百年、その盛時に当って何れも遠く領土を西方に延ばして新疆省の沙漠地帯を包含せんと鋭意努力したのは、之によって西アジア地域との交通を確保せんとの強烈な希望の表現に外ならなかった。而して漢の領域の西方に対する延長は、同時に西アジア領域に対する圧迫であり、西アジアの分裂傾向に拍車をかける結果となったことは疑いない。

後漢の政治衰えて内乱起り、以後三国南北朝の分裂時代に入るが、東アジアの古代史的発展は此に停止して中世史に入る。而して東アジアにおける古代史的発展の行き詰りもまた、ローマ帝国のそれと軌を一にするものであろう。畢竟するに社会経済の未熟がその大きな原因である。漢の有力者は争って黄金を支払って、西アジア地域から珍奇な奢侈品を求めた。絹の輸出も、漢からの黄金の流出を阻止する力がなかった。長い年月の間に中国の黄金は減少の一途を辿り、正貨の減少は慢性的な不景気をひき起す。地方豪族はこの不景気に対応する自衛手段として、自給自足を目標とする荘園経営に腐心する。そこに自ら地方割拠の形勢が成立し、世は挙げて遠心力の方向に分裂しようとする。この形勢を一層助長し、最後の転換をもたらしたのが、北方遊牧民族の南下であり、この点においてもまた、中国の動向はローマ帝国のそれと軌を一にするものであった。この新傾向は既に後漢の末に現われて居り、後漢の天下を滅亡に陥れた最初の混乱は、蒙古系遊牧民出身の傭兵に長たる董卓（とうたく）、呂布（りょふ）等将軍連の権勢争奪にあったこと、宛としてローマ帝政末期に於けるゲルマン傭兵の蠢動を偲ばしめるものがあるのである。

四　中世史的発展

中世史的発展はその外貌に於いて分裂割拠の形態をとる。分裂割拠はそれ自体に於いて確かに一の退歩を意味する。然らば何故にこの退歩が生じたかを考えると、それは古代史的発展が外面的にひたすら大統一へと驀進し乍ら、一方内部には幾多の社会的矛盾を包蔵し居り、遂にその矛盾を弥縫することができず、最後に破綻を表面に暴露するに至った結果に外ならぬ。而してこの破綻の暴露は外界よりする異民族の圧迫によって更に拍車を掛けられた事実を見逃してはならない。

西アジア地域について言えば、征服者アレキサンデルの大帝国それ自身が既に一種の異民族の侵入であった。この異民族の侵入は、古代西アジア地域に最後的大統一を齎したるよりも、其の後に起りたる後継者時代の分裂を招きたる点に於いて更に大なる意義が認められねばならぬ。即ち大王の死後、その領土はシリア・エジプト・パルチア・バクトリアの四大部に分裂した。この中バクトリアは軈て北方よりする大月氏遊牧民族の侵入を蒙らねばならなかった。シリアはまた西方よりローマの侵入を蒙ってその領土に併合された。パルチアの後を受けたペルシアのササン王朝はその盛時と雖も、西方に於いてシリア・小アジアを確保する能(あた)わず、東方に於いては、絶えず嚈噠(エフタル)・突厥(とっけつ)等のトルコ民族の圧迫を排除することが出来なかった。

中世的分裂傾向は内部的にも見られた。パルチア王国の政治組織は分明でないが、一種の封建制を採用したらしく思われる。ササン王朝は貴族的官僚政治を樹立したが、注意すべき事実は土地の荘園化である。即ち全国の耕地が地干（ディフカーン）と称する土豪の占有する所となって、その農民は農奴的存在と化した。これもまた一種の退歩的現象であり、古代史的発展の内容の空疎なりし為め、一歩退いて内容を充実するの必要ありしより生じた必然的の帰結であった。

熟々（つらつら）考うるに、領土の政治的分裂は、古代史的発展が外面的統一を追うにのみ急であって、土地の特殊事情を考慮することなくひたすら劃一政治を行おうとしたことに対する反動に外ならず、中世に入りて普遍化せる封建的割拠制は寧ろ其の土地、其の土地に適した弾力性ある政治様式の復活と見るべきである。土地の荘園化は無主の土地の私有化なる一面、土地に対する個人資本の投下、労働力の結集であり、之によって従来企てられなかった僻遠地域の開発が遂行された。耕作者の農奴化も、一方より見れば自由民の顚落（てんらく）であると同時に、農民の集団化組織化であり、他方奴隷の側より見れば寧ろ地位の向上でもあった。且つ農奴は已むを得ざる境遇として、土地に定着せざるを得ず、定着せる農奴は自然にその耕地に愛着を感じ、且つ時間の経過と共に軈てはその領主に対しても或種の発言権を獲得するに至る。此に荘園なる形式の下に自治的農村部落が発生し、一般社会に対して揺ぎなき根柢を据えることになったのである。

要するに中世は、古代史的発展の中絶なると共に、更に大なる発展を遂げんが為めの準備の時期、内容充実の時期、反省の時期であったのである。分裂的・封建的・農奴的の中世社会は外見上暗黒時代の感を与えることもあろうが、内実は必ずしもそうでない。而してこの時代はまた宗教伝播の時期でもあった。中世時代に於いて古代の氏神的民族宗教は漸く旧殻を脱却して、世界的普遍宗教となった。尤も夫れが君主に信ぜらるれば国家主義的となり、貴族と接触すれば貴族的色彩を濃厚にするが、その根柢に於いては個人対象の宗教であった。専ら上流貴族社会に流行したが、貴族は同時に地主であったので、斯かる地主的貴族の媒介によって、宗教は下層庶民の間にも流通するに至った。但し農奴的社会を背景とせることとて、当時の宗教はなお陰惨な勧善懲悪主義を以て下民抑圧の具に供せられたことは否定すべくもない。さり乍らこれまた不自由民社会にも神の法の及ぶものなることを知らしめる点に意義があったであろう。

ヨーロッパ地域の中世史はゲルマン民族の大移動に始まる。ゲルマン民族の侵入は同時にローマ帝国の分割であったが、帝国内部に於ける土地の荘園化はそれ以前より顕著に現われていた。新征服者たるゲルマン諸君長は斯かる土地の細分化の上に立って、上部構造としての封建制度を樹立した。中世としては例外的な大領土を建設したカール大帝の如きも、その朝廷の歳入の大部は自己私有の荘園より上る租税を以て占められていた。

ローマ帝政時代より文化西漸の波に乗って、東方より帝国内に流伝したキリスト教は、軈て新征服者たるゲルマン諸侯を教化改宗せしめ、次いで教会は寺領として荘園を獲得し、諸侯と比肩し得る俗権政治力を掌握した。何等の文化的恩恵に浴せざる荘園内の農奴社会に於いて、キリスト教のみが慰安の源泉であり、暗黒中の一道の光明でもあった。

諸侯の根拠地には城下町が発達した。最初は領主の隷属下におかれた商工民の細やかなる集団は軈てその営業の繁栄と人口の増加との為めに隠然たる経済的潜勢力を獲得し、機会ある毎に地歩を占め、遂には領主の羈絆を脱して自治権を掌握し、古代世界に栄えた都市国家の再現が見られんとした。中世的ヨーロッパ社会は斯かる都市の発達によって、近世的社会への飛躍の地盤を与えられたのである。

中世は確かに古代社会から逆転退歩した点があるが、また必ずしもそうでない面もある。なるほど、ギリシアやローマの繁栄は破壊されて、空しい廃墟をあとに残した。併しながら実は古代の文化はあまりに集権的でありすぎたのである。この集権的な中心地域の破壊は悲しむべき現象であったと同時に、従来の集中的な文化を地方に分散させる効果があった。全体的に見れば、中世社会の弾力性は、古代社会の脆弱性を克服した点がある。殊にその経済は一面に退歩でありながら、一面には更に大きな発展でもあった。何れの地域よりも先んじて中世社会に突入したのはやはり西アジア地域であるが、この西アジアの中世社会の経済力は、その両隣なる東アジア、ヨーロッパの古代社会のそれに比して遥かに強靱なものであったことを認めねばならぬ。その何よりの証拠は、東西の古代社会から、当時の正貨たる金銀が、この西アジアの中世社会めがけて流入してきたからである。

西アジアに対する東西からの金銀の流入は、漸くにして西アジアの中世社会を近世の段階に発展せしめる原動力となったと共に、金銀の不足を感じ出した東アジアとヨーロッパの古代社会は、慢性的な不景気の継続の下に、中世社会に変質して行く過程が見られた。

東アジア地域では、後漢帝国の滅亡を端緒とする三国の分立から中世的な分裂が始まり、ついで南北朝の対立がこの形勢を決定的なものにした。中国中世史の特徴は矢張り内部における土地の荘園化、荘園領主たる貴族群による政権の独占によって代表される。中国古代都市国家の市民社会は、大統一の進行と共に崩壊しかけるが、殊に後漢に入って地方に豪族の大土地所有が発達し、没落した人民を農奴として大農経営を行い、このことは益々自由自作農の顚落を招く結果を招いた。魏の曹操が実行した屯田なるものは、実は当時の豪族がやっていた荘園経営を主権者が真似て行ったものにすぎない。三国魏の屯田は、次の晋代の課田となり、北魏・隋・唐の均田に続くが、これらは言いかえれば天子の荘園とも称すべきものである。当時、自由民の没落が甚だしくて、人民は豪族に分割、私有されるものが多かったが、豪族の上に立つべき天子は、豪族に土地人民を横取りされたので、これではならぬと、天子私有の土地を定め、そこに人民を召集して耕作させたのである。当時政府の収入財源は専ら、天子の私有地たる性質を有する屯田や均田からの収益に頼っていた。だから中世の天子は万民の上に臨む主権者というよりも、貴族豪族と並んで、大土地所有者の一人であるという性質が強かったわけである。

中世の中国はまた絶えず北方蒙古地方より南下する遊牧民族の侵寇に苦しめられたが、これもこの際の特異な時代色たるを失わぬ。即ち三国鼎立の機運を促進した後漢末の内乱には董卓部下の胡兵をはじめ、異民族出身傭兵の活動が著しく、続いて起る中国の南北分立に当り、華北に継起せる諸帝王は概ね異民族出身の酋豪であったのである。

分裂を特長とする中世に、唐代の如き、大統一が起ったのは寧ろ異例の現象たるを失わない。しかし仔細に観察すると唐が大統一を保ったのは国初より玄宗治世の末までの約百二十年間に過ぎず、而して唐王朝なるものが抑も華北に侵入した異民族軍閥勢力の集大成したものに外ならぬ事実を考慮すべきである。そは寧ろ中国社会当然の進展を中絶して、外部より迎えた養子とも謂う可きものであった。果して玄宗末年に起りたる新たなる異民族出身の軍閥の安禄山の叛乱以後、唐王朝の宏大なる領土は事実上、軍閥割拠の分裂状態に陥った。更にこの形勢を決定的ならしめたものは、唐朝末期の黄巣の叛乱であり、その主動勢力は矢張り異民族軍人の集団であった。これを機会に更に新たなる沙陀等の異民族の侵入あり、異族出身の軍閥は、軈て中国史上最後の大分裂たる五代十国の割拠時代を出現せしめる原動力となっている。

東アジア地域中世の宗教を代表するものは仏教である。中国中世の仏寺はヨーロッパ中世の教会の如き政治力を獲得することは出来なかったが、なお広大な寺領を有し、僧侶は免役などの特権を享受し、消極的とは言い乍ら国家の経済に損害を与える程の強力な存在であった。斯かる状態を背景として屢々俗権と教権との衝突が起ったが、それはヨーロッパに於けると趣を異にし、常に諸帝王の宗教に対する迫害となって現われた。所謂三武一宗の法難と称するものがこれである。

中国中世の都市は州県の治所に置かれた官衙寺院を母胎として生育した。隋代に中国南北を貫通する大運河が開鑿せられ、運河内河の沿辺の州県治は商業的繁栄を齎し、そこに大都市の発生が見られた。但し中国の都市は遂に政権の羈絆を脱して自由都市として活躍するに至らなかった。只都市文明が間接に中国社会に影響し、根柢より徐々に近世史に発展せしめる推進力を与え、陰にあっても絶えず見えざる役割を果した事実は否定すべくもない。

西アジア・東アジア・ヨーロッパを通じて、その中世史的発展は一見して退歩・逆転・混乱・無秩序の観を呈するが、実はこの間にこそ、跛行的表面的に驀進を続けた古代史的発展の欠陥が反省され是正されたのである。斯くてこそ矛盾に満ちた古代社会は浮動する表皮をかなぐり棄てて中心に掘り進み、最も強固な地盤にまで到達し、此に新たなる社会の出発点を見出し、再び徐々に確実な発展を開始するを得たのであった。斯かる再発展が或る高度に達した時、遽かに様相を変じて近世史的発展となって顕現するが、そは実に中世の間に準備蓄積せられたものに外ならぬ。而して最初に近世史的発展の階段に到達したのは、矢張り従来までの先進者たる西アジア地域を措いて他になかったのである。

五　近世史的発展

中世から近世へ飛躍するためには、知識と技術と、資本と貿易手段と、其の他いろいろなものの準備と蓄積とが必要であった。すべて歴史の進行は、毎年同じような速度で小刻みに進歩するものでなく、反って長い期間の停滞が続いたかに見えた後、急に著しい発展の時期が訪れるものである。悪い譬えであるが、それは丁度戦争のようなもので、長い準備期間の後に華々しい戦闘が行われる。

近世史的発展は多く古代の復興をスローガンとして掲げる。併しこれはあまり重要でない。寧ろ重要なのは其の中に含まれる中世否定の精神である。而してその当時にあって、中世の否定とは即ち現状の否定に外ならなかった。そして現状の否定とは、何か急激な進歩が片寄って起った結果として生ずる。その現状の打破が時には古代復興を標榜し、時には改革となり革命ともなるのである。宗教改革、学芸復興、古代的統一への憧憬、人道主義、科学尊崇、迷信排除、これ等はその根柢に於いてみな一連の連絡を有し、凡て現状の打破を以て基盤とする。

西アジアに於ける近世史的発展はイスラム教宣布運動によって代表される。イスラム教はもと西アジア地域に於ける宗教的無政府状態に刺戟されて起り、キリスト教・ユダヤ教・拝火教等の堕落を慨歎して、真の一神教を樹立し、庶民の救済を念願として奮起せしものである。そは宗教運動なると共に社会運動であり、思想革命なると同時に政治革命でもあった。

イスラムの教義と新興アラビア民族武力の赴くところ、西アジア地域に未曾有の広大な宗教帝国が出現した。時恰もヨーロッパ地域は中世的分裂時代なるに際会し、イスラム宗教帝国は、久しくヨーロッパに奪われていた小アジア・シリアを恢復したるのみならず、アフリカ北部一帯を越えて、更にヨーロッパ西南端のイベリア半島までも西アジア地域に包摂するに至った。

イスラム教団は帝国内部に於いて、旧サザン朝時代の中世的貴族制度を顚覆し、従来の地干（ディフカーン）なる土豪地主を追放して、耕地を農民に分配した。イスラム法制の根本は個人主義である。それは無限に継続する家督権、世襲財産なるものを認めない。個人の財産は本人が死亡すれば凡て遺産として近親の個人の間に分配さるべきである。血統による貴族の特権は存在すべくもなく、只学徳による指導者のみが要求される。宗教は万民のものであり、神と民との間に僧侶の如き階級の存在は許さるべきでない。凡そ斯かる神の啓示を基本とする新宗教は、たとえその実行が、アラビア民族の旧習と、西アジア社会の伝統とによって、幾分歪曲せられた所があったとは言え、当時の中世的世界に於いては誠に天来の福音であり、あらゆる地域あらゆる階層より熱烈な追随者を出したことは怪しむに足りない。

マホメット及び其の直後数代の教主の事業が西アジア地域に於ける宗教改革ならば、同地域の学芸復興は其の後二百年、アッバス朝教主、ハルナラシッドの時代を中心として行われた。その国都バグダッドは当時世界に於ける文化の中心であり、ペルシア・ギリシア・インドの古代文献は殆んど残る所なくアラビア語に翻訳せられた。当時のイスラム文明は、西方ヨーロッパの中世社会に対し、東方より照らし耀ける光明であった。古代ギリシアの重要文献はアラビア語の翻訳を通してヨーロッパに紹介せられた。常に敵対意識の下にあったキリスト教僧侶すら、イスラム諸国に留学しその寺院において神学の理論と実際とを研究せざるを得なかった。

イスラム教の興隆時代は東アジアに於ける唐帝国の初期に当る。アラビア人に追われたペルシア貴族は遠くその財貨と文化とを携えて東アジアに逃れた者があり、唐の国威発揚は彼等の刺戟による所が少くなかったであろう。次いでイスラム帝国の領土は中央アジアに延長し、陸上より唐の版図と接触を保つと共に、また海上を経て東アジアとの間に活潑な交通貿易を開始した。唐王朝が滅亡して五代十国の分裂時代、華南に割拠した小王国がよくその独立を維持したのは、海外貿易の経済的利益を享受した為めであり、かかる海外貿易は中国の国内市場をも開拓する結果を招き、各地に商業都市の繁栄を齎した。最後に五代列国は宋王朝の統一する所となり、此とともに東アジア地域は近世史的発展の時代に入るのである。

中国に於ける宗教改革は仏教及び道教によって代表される。仏教に於いては、既に唐代から中国の習俗を多分に摂取した浄土教及び禅宗の興隆が見られ、少数貴族権門の喜捨になる私有的寺院から、多数の檀越（だんおつ）によって維持される公共的寺院となった。道教もまた禅宗に範を採り、中世の迷信的色彩を払拭して道行（どうぎょう）と学理を尊ぶ新宗教に更生した。更に儒教の革新がこれらと同時に起っているが、宗教性の稀薄な儒教におけるこの新運動は寧ろ之を学芸復興の一種として見るのがよいかも知れない。

東アジア地域の学芸復興は確かに儒教に於いて最も顕著に現われる。朱子によって大成された所謂宋学は中世の訓詁学における注釈尊重を排して、直接に儒教の経典本文から孔子の教訓を汲み取ろうとした。またその所謂道統なるものを見ると、古代聖王から始まる儒教の学統は孔子を経て孟子に至って中絶し、晩唐の韓愈が之を嗣ぎ、再び宋代に及んで周・程諸子によって復興されたことになっている。宋学の立場からすると中世は儒教の暗黒時代であって、其の間に真儒としては僅かに韓愈一人を認めるのみである。彼等が参与した宋学の樹立こそは中国近世の代表的な学芸復興運動であったのである。

宋代の文化が前代に卓越した点は、猶お其の他に美術及び工芸の飛躍的発達を挙げなければならない。絵画に於いては宋代に入って南画、特に山水画の発達があり、工芸に於いては当時の世界に誇り得る陶器製作術の完成がある。そして斯かる宋代文化の近世史的発展はまたその社会組織の発展を背景として行われた。即ち中世的貴族は概ね唐末五代の間に没落し、貴族所有の荘園の農奴たる部曲は解放されて、自由平等を原則とする新社会が出現した。従来の門閥貴族が独占した政治上の特権は認められなくなって、官吏の地位は科挙制により、万民に向って公平に解放せられた。但し貴族制が倒れたあとに、新たに資本主義的潮流が発生したので、旧貴族に代って財閥地主階級が擡頭し、教育権・参政権が次第に彼等の間に独占される傾向を生じた。さり乍ら科挙の有する進歩的な性格は当時の世界において、猶お他の地域に比してその公正を誇り得る長所を有したものであった。

中国を一員とする東アジア地域全体を見渡す時、その近世史的発展は、別にまた民族主義（ナショナリズム）の勃興によりて特色づけられる。中国宋代の文化が抑も民族的色彩の強いものであるが、中国を取巻く異民族もこの時代に至って急に民族主義の覚醒が顕著になって来た。彼等は各地に於いて民族中心の強力国家を建設したが、その代表的なるは蒙古系の遼、満洲系の金、西蔵系党項（タングート）族の西夏などである。安南・大理もまた中国の羈絆を脱して完全な独立を贏（か）ち取った。中国民族が近世的な社会文化を背景として大統一を再現しようと欲し乍ら、遂に前代のような大領土の獲得に失敗したのは、かかる周囲民族の民族的自覚の旺盛なのに妨げられた為めである。そして中国が欲して遂げ得なかった東アジア地域の大統一は、反って北方より起った異民族、蒙古人の覚醒によって実現された。成吉思汗、及びその子孫の継続事業たる空前の大征服が即ちそれである。

蒙古の大征服の世界史的意義は、それが東アジアと西アジアとを打って一丸とし、政治的に之を結合した点に存する。更に注意すべきは、蒙古の西アジア征服によって、イスラム世界とキリスト教世界の執拗な反目が一時的に解消し、西アジアとヨーロッパとの間の交通の障害が撤去された事実である。結局東アジア・西アジア・ヨーロッパの三地域が、この時のように密接に結合せられしは、嘗てなかったことであった。

中世的ヨーロッパ地域は、これより先に二世紀間に亘る十字軍によって、近世的西アジアと密接に接触した結果、次第に中世よりの蟬脱（せんだつ）に向いつつあった。それが今や蒙古大帝国の出現により、西アジア的近世と同時に、更に進んだ東アジア的近世を門前に迎えたのであった。この二つの近世に刺戟されて起ったのが、ヨーロッパ地域に於ける世界第三番目の学芸復興であり、宗教改革であったのである。

ヨーロッパの学芸復興は西暦十三世紀から十六世紀に亘る継続的文化運動であるが、この潮流には二回の起伏が認められる。而してこれは西アジアに於ける蒙古民族の活動に二回の大波があった事実と無関係には考えられない。その第一回とは、十三世紀中葉、蒙古民族のペルシア・ロシアに対する遠征があって、その直後に、ヨーロッパ地域で学芸復興機運が芽生えた事実であり、その第二回とは十五世紀前半に、西アジアに於ける帖木児（チムール）王朝文化の全盛期がありこれに刺戟されたらしく、その直後にヨーロッパ学芸復興運動が爛熟期を迎えた事実である。

抑も学芸復興のスローガンは中世の否定、古代の復興であるから、既にその中に宗教改革の理念が包含されている。而してこの理念に決定的な実践への踏切りを行うべく原動力を与えたものは、帖木児王朝の後に現われたオスマン・トルコ帝国の膨脹、就中そのバルカン半島を経てヨーロッパ心臓部へ侵入した影響であろう。先に帖木児の第二回蒙古大帝国が分裂した後、代って西アジアに覇を唱えたのはこのトルコ民族を代表する新興オスマン帝国であった。その国王メフメット二世はコンスタンチノープルを陥れて、由緒深い千数百年の歴史を有する東ローマ帝国を滅した。かくてヨーロッパ地域に足溜りを得たオスマン帝国は、バルカン半島を席捲し、ダニュウブ河に沿いて北上し、ハンガリー王国の征服に着手し、ドイツ帝国の首都ウィーンを脅したことすら一再ならずあった。嘗ては蒙古の侵入軍を防ごうとしてワールシュタットに惨敗した経験を有し、その悪夢が未だ醒めやらざるに再びオスマン・トルコの侵寇に遇ったのであるから、当時のドイツ諸国の恐慌は察するに難くない。常には神の恩寵にも見放された戎狄（じゅうてき）と蔑視する異教徒が、いざ戦場で遭遇すると、その武器の優秀、隊伍の整斉、統帥の卓越など、凡て中世封建的欧州諸侯の水準を遥かに擢（ぬき）んでているのを見る。而してその宗教感情上では魔道として排斥するイスラム教徒も、之と接触する間には、軈て幾多の長所をその中に見出して畏敬の念を起すを禁じ得なかったであろう。所詮、イスラム教とキリスト教との間には近世と中世との相違が横たわっていた。ルーテルの宗教改革こそは、中世的キリスト教をして近世的水準にまで向上させようとする運動に外ならなかった。そしてその説くところはと見れば、信仰の根拠を根本経典たる聖書に求めようとし、聖徒の奇蹟を含む一切の迷信を排斥し、僧侶は単に宗教的知識の宣布者たるべくして信仰の媒介者であってはならず、また彼等の結婚生活を承認すべし等と説く。それらの事柄は、何れもその規範を当時のイスラム教に見出すことが出来る。ただルーテルによるキリスト新教がイスラム教よりも一歩進んだと見るべき点は、巡礼の利益ないことを説く所にあり、この差違は蓋しイスラム教の発生とキリスト新教の出現との間に横たわる九百年の歳月の差違によって説明さるべきであろう。

中・東欧に於いてヨーロッパ地域が常に西アジア地域よりの政治的、文化的攻勢に曝されるに反し、西欧に於いては全く別個の現象が見られた。即ちヨーロッパの西南端イベリア半島では従来イスラム教国に圧迫されながら北部山間に残存していたキリスト教諸王国が俄然新活動を開始し、次第に南に下って、西アジア地域の尖兵たるコルドヴァ等のイスラム教王国を亡した後、更にその対岸に渡って、北部アフリカまでもヨーロッパ地域に編入してしまった事実がある。但しこのように異った結果を示したとは言え、その根柢には共通の軌道があり、等しくイスラム先進文化の摂取に終始した点に於いては異る所がなかった。即ちイベリア半島を分割したスペイン・ポルトガルの二国はイスラム地域に栄えた航海術を習得することによって大西洋を舞台とする最も活潑な海洋国民となった。斯くしてアメリカ新大陸は発見され、喜望峰迂回の新航路によってインドへの途が開かれ、世を挙げて所謂地理的発見の時代を現出した。

当時に於ける航海術は、あらゆる科学技術の集大成なること、なお今日に於ける航空術が現代科学の精粋なるに比すべきものであった。西欧諸国民の航海熱の昂揚は科学技術分野に於ける其の後の飛躍的な発展を齎した。斯くして諸種の重要な発明が次々と行われ、西欧の発見時代は同時に発明時代でもあったのである。

此に注意すべきは、近世ヨーロッパが成就したと言われる諸種の発明の重要な部分が、実はその模範を早く東アジア・西アジアの文化の中に求め得られる事実である。例えば活版印刷術や、羅針盤や、火薬や、科学技術知識は幾世紀の昔に既に東アジア・西アジアの社会に知られていたのであった。只ヨーロッパ地域はこの旧知識を更に進歩させて完成の域に迄発展せしめた。これが為めにヨーロッパの近世文化は、世界史上に嘗て無かった程の威力を発揮し、旧世界へ向って、ヨーロッパ勢力が滔々たる勢をもって滲透しだしたのである。オスマン・トルコ帝国の南下した勢力と、ポルトガルの東漸した勢力とがペルシア湾頭に於いて遭遇したとき、ポルトガル艦隊がトルコ艦隊を破って快勝を博したる結果、インド洋の制海権がその手に帰し、以後数世紀に亘るヨーロッパの優位が決定されたのであった。

中世的分裂が極度に徹底したヨーロッパ社会も、近世に入ってその進歩した科学知識、就中卓越せる火薬武器の出現により、徐々に統一に向って進行し出した。併し余りにも細分されたヨーロッパは、一躍して全ヨーロッパ的大統一に達する前に、先ず民族を基調とした中間的統一を経過しなければならなかった。此にヨーロッパの至る所において民族主義(ナショナリズム)の勃興が見られる。科学技術はこの際に当っても微妙な作用を呈した。フランスをはじめ、ドイツ・イタリアなどで民族主義に利用されて、民族的統一を果した科学は其の儘民族主義に隷属して、それ以上の段階に飛躍しようとせず、反って民族と民族との相剋に拍車をかける結果となった。そしてこのような民族的争覇の道具として奨励された科学技術は、益々驚異的な発達を遂げ、僅々数世紀の間に全く面目を一新し、東アジア・西アジアの両地域を遠く後方に引離して了ったのである。

民族主義に妨げられて、ヨーロッパの大統一を成し遂げ得なかった科学力は、抵抗の微弱な旧世界、東アジア・西アジアの地域に向って活動の領域を求めて進出した。近世ヨーロッパの拡大、植民地獲得競争なるものがその必然的な結果である。

六　最近世及び現代

東アジア・西アジアの両地域よりも遅れ、最後の番として近世に突入したヨーロッパ地域のルネッサンス文明は、言わば時の利を得たわけで、それだけ他の地域よりも優越せる高度の段階に進んでいた。併しそれが宗教改革乃至は学芸復興の段階に止まる間は、本質的には東アジア・西アジアのそれと殆んど差違のないものであった。さればこの間に、ヨーロッパの旧世界に対する侵入が開始されたと言っても、その勢力拡大には自らなる限界があった。

西アジアに対し、インドに対し、東南アジアに対し、ポルトガル、オランダ、イギリス、フランス諸国が植民地を建設したと言ってもその勢威の及ぶ所は僅かに海岸地方に止まり、深く内地を蚕食（さんしょく）するという程のものではあり得なかった。況んや更に地理的に遠隔する東アジアに於いては、中国に対しても日本に対しても、ヨーロッパ諸国は、その自由貿易権を主張することが出来ず、中国や日本が与えた恩恵主義の貿易の利に浴するだけで満足していなければならなかった。

然るにヨーロッパ地域の近世文化は、やがて更に新たなる、最近世史とも言うべき段階に発展した。それは十八世紀中葉から始まった産業革命によってである。産業革命こそは東アジアにも西アジアにも全然先例のない、人類の最大傑作と言うべきものであった。この最近世的産業革命文化に対しては、東アジア・西アジアの両地域は全く顔色を失わざるを得なかった。オスマン・トルコ帝国はバルカンから逐われ、エジプトから締め出されて西アジアの一隅に逼塞し、インドは全土をあげてイギリスの植民地となり、中国にはヨーロッパ諸国の任意に設定する勢力圏なるものが成立した。ただ日本のみは明治維新の改革により、国内の体制を整備して、鋭意ヨーロッパ的産業革命文化を模倣しようと努めた。その結果として東アジア地域も日本を先頭として遅れ馳せながら徐々に最近世史に突入し始めたのである。

日本が産業革命文化を殆んど無抵抗に、従って殆んど犠牲を払うことなく輸入することに決心したのに反し、中国は初めの中、最も頑強に抵抗を試みた。その結果は阿片戦争となり、英仏連合軍の北京占領となり、最後に義和団事件となり、その都度、中国は莫大の犠牲を支払わざるを得ず、その犠牲の重圧が更に中国の近代化を阻む原因となった。併し乍ら欧米による植民地化の重圧の下に、中国旧社会の崩壊が進行し、最後に辛亥革命となり中華民国の誕生となったのであるが、結局中国の自発的な最近世史の開始は日本に比して約五十年も遅れることになった。

日本が明治中葉以後、東アジアに覇を称えることのできた理由は実に此の五十年の先制にある。併し乍ら今にして思えば、日本があまりに容易に最近世文化に順応した結果は、その内部に於いて当然排除しなければならなかった旧時代の残滓を其の儘に放置するの怠慢を招き、また外面的繁栄を追うに急なあまり、内省を欠き、東アジアの民衆を指導すべき義務を忘れて反って之を圧迫するの愚をも敢てした。凡そこのような欠陥が今次の大戦に於いて宿命的な欠陥となって破綻を現わしたのであった。

之に反し中国に於いてはその最近世史に進向する途上において払った莫大の犠牲は決して徒爾（とじ）でなかったことを示した。例えば中国の思想界は清朝が滅亡すると同時に言論抑圧の枠が外され、以後、急速度を以てその水準を上昇させて行った。あらゆる問題が自由に討議され、論評するを許された。此に於いては最近世の世界に入りたる自覚が常に言論の基調となっていた。最近世文明の威力に対する深い認識は、たとえ強がりの国粋主義を唱えても、民族主義を謳歌しても、国際的には飽（あ）く迄（まで）常識的な制約の中に止まって、之を突破することを敢てしなかったのである。この点に於いて、神代日本に逆転するを理想とする動向が最近の我国に存在したのを憶う時、中国と日本の位置が全く入り換っていたと言わなければならない。

西アジア地域の最近世史は東アジアに比して更に遅れた。恐らく前次大戦の影響としてトルコ帝国の滅亡、新生トルコ共和国の誕生を以て西アジア最近世史の第一歩と看做すべきであろう。

産業革命文化の発展は駸々乎（しんしんこ）として殆んど底止する所を知らない。輓近に至って、この発展は寧ろ産業革命の段階を超えた、更に新しい異質的な段階に迄到達したのでないかと思わしめるものがある。その第一は航空機の驚異的な発達である。現代のあらゆる科学文明は航空機に於いて結晶せしめられ、更に航空機の要請する所によって科学研究の方向が指示されるようにも見受けられる。前大戦に於いては航空機は重大な戦略の要素であり乍ら、未だ決定的な役割を果すに至らなかった。然るに今次大戦に於いては、航空機が凡てを決定したと言って過言でない。現代はこの点に於いて見るも、従来の最近世史とは異った段階に入ったらしく思われる。更に特筆すべきは電気力・原子力の新しい利用である。原子力が戦争以外の如何なる利用価値をもっているかは今後の成行に待たなければならないが、蓋しその影響する所は測り知るべからざるものがある。或いは従来の国際問題・社会問題を一挙に解決して了わぬとも限らない。

世界最近世史は終焉したか、若しくは終焉に近づきつつある。少くとも日本の場合に於いては、約八十年の最近世史は此で終って貰いたい所である。この間、日本は善かれ悪かれ、為すべき事は大凡そ為し尽した。日本の東アジアに対する、従ってまた世界に対する最近世史的役割は一応終了したらしい。日本はその慢心の為めに、東アジアに於ける先進指導の地位から、何時の間にか後進劣敗の地位に顚落して了った。併し乍ら、戦時・戦後の深刻な苦悩も、最近世史から、来るべき現代史へ飛躍する為めの不可避的な犠牲であったならば、それは全然無意義には終らぬであろう。

（某出版社の日本叢書の一冊として起稿、社の倒産によって未刊。昭和三十三年〔一九五八年〕七月訂補）

〔『アジア史研究』第二、東洋史研究会、一九五九年〕

素朴主義と文明主義再論

　私は今から四十余年前の昭和十五年〔一九四〇年〕に『東洋に於ける素朴主義の民族と文明主義の社会』〔冨山房〕という、恐ろしく長い名の本を著わした。これは中国を中心とした東亜の長い歴史を、漢民族と周囲の異民族との対立という立場から、私流に分析を加えながら総合することを計ったものである。凡そ文明というものは、進歩するに伴って必ず一方では毒素が発生して堆積し、やがてはその社会を腐敗させ、崩壊させてしまうのが、これ迄の歴史が辿る運命であった。中国もその例に洩れないが、但し中国ではそういう場合に、周囲の未開な異民族が中国文明の刺戟を受けて成長し、やがて中国に侵入してこれを占領支配する。これは中国社会にとって災厄であるが、併し新しい支配者の下で秩序が恢復されると、中国社会は再び新しく生気を取り戻して復活し、従前にも増して積極的な活動を開始する。その最近の例は明に代って中国を支配した満洲族の清朝の場合である。明政府の下では乱れに乱れて手のつけられなかった中国の社会が、清朝が統治すると空前の繁栄を誇るようになる。これは歴史上の事実であって、何人も疑うことができない。このような対立を私は素朴主義の民族と文明主義の社会と名付けて、過去の沿革を辿って見たのである。

　この私の叙述が、先頃の満洲国成立の頃の時局に対して全く無関係であったとは私も言わない。日本という国は、古来中国と同じような文明国ではなく、反って周囲の素朴民族の仲間として分類されていたのも事実である。併し私はその故に全く時局向きの出版物であったと見られては不満である。私のこのような分析の仕方は、東亜の場合に限らず、世界の至る所の歴史を読む時の理解を助ける有効な指針になると信ずる。そして現代の中国社会に深く根ざしている病弊をも指摘する手痛い探針になることを疑わない。

現在の中国は人民中国建国以来の長い鎖国状態を脱して、学界もある程度開放され、少くも外国の書物を読んだと公言しても構わぬ程度の自由が認められるようになった。そこで我々の著書も次第に読まれることになったわけだが、私の『素朴主義と文明主義』などは、もちろん評判の良かろう筈はない。日本の侵略主義を帮助するものだと攻撃される。それはよい。併しただそれだけでは困るのだ。何となれば私の本はそれ以上に歴史上の事実と真理を語っているからである。そしてそれは正に中国社会の急所を衝いていて、読者のお気には召さないであろうが、読む以上はそこまで読まなければ何にもならない。

日露戦争当時までの日本の政策を侵略的だと非難する権利はどこの国にもない筈である。あれば中国だが、併しそれならその中国は当時何をしていたか。それからの日本は少しずつおかしくなってきたが、それが日露戦争という事実を出発点として考えれば、ある程度は弁解の余地がないことはない。

四人組時代の紅衛兵の狂態は他の国では考えられぬ極めて特異な現象である。これは文明の爛熟し切った老大国にして初めて起り得るもので、私の言う文明主義の病弊である。国を挙げて狂うが如く、一切の産業施設を破壊し、学校の教育設備にまで暴力の手が及んだ。この騒動で最も悪い点はその裏に、利己的な打算が匿されていたことである。自己を顕示し、自己の地位を上昇させんが為の暴力競争であって、言わば科挙と同じ原理の上に立っていたのである。この点はフランスの五月騒動と全く性質が異なる。紅衛兵の輸入が行われかけた日本では、流石にそこまでは文明主義が爛熟していなかった。併し相当な打撃を蒙ったことは事実で、余燼は未だに燻っている。

日本はもともと素朴主義の民族であったが、明治以後、国力の進展と共にその変質が始まった。不幸なことに一番早く腐敗し出したのが軍部であった。殊に支那事変と称せられる中国との交戦以後、権力が軍部に集中すると、本来は素朴主義の中核たるべき本山の軍部が、国民の困苦を他処にして、一路堕落の淵へ落ちこんで行った。無名の師を起しては、代る代る凡庸な将軍連が出征し、戦線を拡げて帰って来ては大きな勲章にありついた。これは中国で科挙と並行して行われた軍人の科挙、すなわち武挙の精神なのである。これには満洲事変の火元である石原莞爾がすっかり失望した。現役の師団長であった彼が京都大学在郷将校団に招かれて来て講演し、上級の軍人精神が如何に堕落しているかを、無念の涙をおさえながら告発した。その師団長の車の傍に、東条方の憲兵が絶えず付き纏って監視していたのも異様な光景であった。

一方蔣介石の国民政府は、日本軍と交戦する度に強くなった。どうやら日本が放出した素朴主義を吸い取ったかに見えた。揚子江下流の要衝を次々に日本軍に占領されながら、上流の重慶に立て籠り、見事に国内の統一を維持して、度重なる空襲にも堪え抜き、徹底抗戦を続けた。私の友人、東亜同文書院教授の小竹文夫などは、古典の文句を引いて、沈竈鼃（ちんそうあ）を産すれども、民叛反せず、とは正にこの事だと賛歎したものだ。これは戦国の趙襄子（ちょうじょうし）が居城を敵に水攻めにされ、民家の窯が浸水して蛙が住みつくまでになっても人民に叛意がなかったという故事である。併し日本軍が敗退して、久しぶりに繁華な大都会を奪回すると、もういけない。今まで国難に際して引っこんでいた文明主義が一挙に表面まで吹き出してしまったのである。共産軍の侵攻にあたって、まことにあっけなく大陸の全領土を譲り渡さねばならなかった。

国民政府に代った中国共産党は、辺境の地に雌伏している間に、中国が忘却していた素朴主義を復活したかに見え、これこそ中国の文明主義社会に対する救世主かと思われた。ところがこの共産党も、前の国民政府と同様、海岸地域の文化先進地帯に足を踏み入れると、たちまちどこかがおかしくなってきた。党の首脳からは何度か形を変えては、整風運動が発令された。四人組時代の紅衛兵騒動も本来の趣旨は、一種の整風運動であり、私に言わせれば素朴主義への復活を目的としたものの如くであった。ところがそれが文明主義の社会の中で動き出すと、収拾のつかぬ大混乱を世上に巻き起すだけの結果となったのである。

敗戦直後の日本は総てのものを失った廃墟の上に立たされた。東亜におけるどの民族よりもみじめな状態におかれた。併し困苦の中にも何とか立ち直ったのである。何よりも注意さるべきは国民的団結を失わなかったことである。一昔前の日本人のように、威勢よく言挙げすることはなかったが、それは言う必要がない程、一人一人が情勢を理解していたからである。国勢を盛り返すには働くより外はない。決して自民党政権を謳歌するのではなかったが、政権交代による時間のロスが惜しかったのである。資源のない日本は、物資を輸入して商品を生産して輸出するより外に手段はない。最初アメリカは日本商品の輸出先として、南洋諸国だけを特許地域に指定して許可するつもりでいたらしい。ところが戦後三十余年を経て日本の生産力は、アメリカ本国、EC諸国にまで進出してその市場を席捲するに至った。日本の社会は戦時中の腐敗した首脳が敗戦によって一掃されると、本来の面目を取り戻した。素朴主義はまだ日本社会の底辺に温存されていたのである。

日本は明治維新直後の近代化に続いて、戦後二度目の産業復興という奇蹟に近い放れ業を演じたことになる。併しこの成功が急激に齎（もた）らされただけに、その間に各種の矛盾を内蔵していることは避けられない。素朴主義は決して民族に先天的に具わっているものではない。歴史によって培われて成長したものである以上、また環境によって衰退する。素朴主義の発するエネルギーが、どこまで続くかが今後の問題である。

職業の区分の上から言えば、美術、音楽、文芸、学術などの分野は、最も文明主義の弊害に侵され易い性質をもつ。此等の職種は本質的に個性的であるが故に、同時に個人主義的であり、孤立的であり、しかも一方、名声や営利と離れ難い。だから文明主義の害毒はしばしば社会の最も綺麗であるべき分野の、しかもその頂上から始まることが多い。更にその病弊は潜伏して拡大する傾向があって、世人の目に触れにくい。一、二の発覚した事例は、その幾十層倍もの事実の存在を物語るものとして警戒するより外ないであろう。

中国人が私の本を読んで、本当によい歴史の見方を教わった、と喜んでくれるようにならなければ、中国の自由化は本物でない。それと同時に日本人が私の本から、素朴主義とは如何にうつろい易く、はかないものであるかを知って、自戒して貰うのでなければ、私の本は全く期待外れに終ったことになる。

（昭和五十七年〔一九八二年〕四月『日華月報』）

〔『独歩吟』岩波書店、一九八六年〕

歴史と塩

一

今度の戦争は我々の日常生活に就いて甚深なる反省を促す機会を与えた。米は申すに及ばず、木綿や麦やの有難いものであることがつくづく分った。併しながらまだ幸いに、非常に大切なもので其の有難さの徹底的に感ぜられないものが大分残っている。塩などはその中の尤なるものであろう。塩は云うまでもなく食品の中では穀物についで大切なものである。

昔徳川家康の侍女にお梶の局という利発な女性があった。家康が臣下を集めて雑談の際に、世の中で何が一番うまいものかという問題が出た。本多、大久保など云う歴々が、おのがじし嗜むことを云い出して一決せぬ時に、お梶の局が側に笑顔をつくりているを見て、さては局も云うて見よと促せば、局の答うるよう、「凡そ物のうまきは塩にこしたるはあらず、如何なる調理も塩なければその味い調い難し。又万民一日も塩なくしては口腹を養うこと能わず」と云う。諸人手を拍って驚歎し、「さらば天下にまずきものは何ならん」と問えば、局、又申すよう、「まずきものも又塩にすぎたるはなし。いかばかりうまきものも塩味すぐれば食うに堪えず。その本味を失えばなり」と答えしに、家康始め、伺候の人々何れも局の聡明に感じたり、とある。あまり面白い話とも思われないが、そう云われれば成る程、反対する理由を発見し得ない話でもある。

　塩が社会経済上に重要な位置を占める所以は、第一に産地が限られていること、第二に外に代用品の存しないことの二点にあると思われる。産地が限られていると云っても日本のように四面環海の国では、ぴったり来ないが、中国のような大陸国で、陸地の面積に比して海岸線の短い所では塩の分配が大問題になる。中国社会の特殊相は斯ういう地理的な基礎から説明される点が多い。

　中国では塩の産地は海岸線の外に、内地に所々あって、最も有名なのは山西省南部の所謂河東の塩池と、四川雲南の塩井とである。塩池には塩分を含んだ水が溜っていて、この水を塩田に引き水分を蒸発させて塩を作る事が出来、塩井では塩を含む地下水を、井戸から汲み上げて塩を製するのである。海から採るものを海塩、池から採るものを池塩、井戸から汲むものを井塩と称する。

　中国最古の文明は実に河東の塩池の附近から起った。夏殷周三代の都は大体、河東の池塩が消費される地域にあったと思われ、塩池こそは三代文明の経済的基礎をなしたものに相違ない。中国に於ける商業の起原も塩に関係があり最初の重要商品は即ち塩に外ならなかったであろう。

　西洋の古代でも塩は重要な役割を演じている。イスラエルの住民が何故に、不毛なカナーンの荒地を、神の約束したる土地として占領するに熱中したか。恐らく彼等の欲したものは、沙漠の土地その物ではなく、沙漠の中の死海から塩を採取するのが目的であったであろう。羅馬(ローマ)の勃興も亦塩と関係があるという。即ち伊太利(イタリア)半島を南北に貫く、Via Salaria 塩街道というのがあった。トラキア地方の塩がブリンデシに荷揚され、そこから塩街道を北上するのであるが、街道の北端が羅馬であり、羅馬に入る所に、塩の門というのがある。羅馬帝政時代に官吏の俸給に塩を与えたので、それが今日迄欧洲諸国語に残って Salary となっている。

Sel, Sal という綴(つづり)のつく語は大方塩に関係あるらしい。Salade は云う迄もなく塩をふった野菜である。Soldier 軍人は Sold を受ける人の謂で、Demi-solde 退役軍人は、俸給を半分貰う所からこの名が出た。Sold は羅馬の貨幣であるが、何故に Sold が貨幣を意味するか。滅多にない Seldom からでも、堅い Solid からでもなく、矢張り塩 Salt, Salz と関係ある言葉らしい。英語の売る Sell, Sold は、字引にそうとは書いてないが、どうも塩が重要な商品であった時代の言葉から出たものと思われて仕方がない。ドイツ共和国総統ヒットラーの名前も、Hütte（小舎）という語から出たので、塩を蓄えておく倉庫の主人という意味だと考証した人がある。

二

塩が日常生活の必需品であり、その産地が限られているという所から、古来それが専売の対象となった。尤も昔は専売と云っても、それは国民生活を保証してやるという親切心から出たのではなく、単に為政者の便利の為め、即ち国庫の収入を増加して、専制君主の権力を増大するの目的から出ている。

欧羅巴で封建制度を打破して、最初に中央集権に成功したのは仏蘭西であるが、その仏蘭西のルイ王朝時代には厳重な塩専売制度を実施して、高い塩税を課した。その収入がルイ王朝の財政を豊かにして、専制君主の独裁を可能にし同時に宮廷の奢侈の財源ともなった。だからヴェルサイユの宮殿は塩で建てたと云っても過言ではない。この政策が又人民、特に商人階級の怨嗟の的となって、例の大革命が起ったのであるから、世界史的な大事件にも、塩は重要な一役を買っているのである。

大革命の後、塩専売は廃止されたが、革命以前の塩税のことをGabelleと云う。この語の語原に就いては、非常に多くの仮説が立てられ一定しなかった。最近になって、それはアラビア語から来たことが公認されたので、西洋に於ける塩専売は、イスラム世界から輸入されたらしい見当がつくが、余は不幸にしてイスラム世界に於いて如何に塩専売が行われたかを知る材料を有しない。

世界に於いて塩専売の本家は何といっても中国である。その歴史が最も古く、且つ最も永続して来たのは、中国の地形が然らしめるのであり、之が又中国の専制政治を永続せしめる原因となった。既に春秋時代に、五覇の随一なる斉の桓公が、管仲の説を用い、塩を以て富国強兵の資とした伝説は有名であるが、但し此時は未だ専売を実施したのではないらしい。確実に塩専売を行った最初は、漢の武帝であり、外征のために財政困難となったので、元狩五年（紀元前一一八年）に塩と鉄の専売を始めた。其後は時に罷め、時に復して唐代となり、粛宗の乾元元年（七五八年）に第五琦（だいごき）が塩鉄使となり、天下の塩を専売とし、一斗十銭の原価に、十倍の百銭を加え、百十銭として販売せしめた。この後、塩の専売制度、特に重税を加えて搾取する制度が確定し、多少の変革はあり乍（なが）ら、大体今日に至っている。仏蘭西の塩専売はその専制政治と共に、僅々数世紀で終了したが、中国では塩専売が十二世紀間も引続き行われて、その専制政治を助けて来た。中国社会の停滞性ということが唱えられるが、確かにそれは事実であり、而してその根柢には、之を可能ならしめる地理的条件が横たわっているのである。

三

中国古代に於いては、山西南部の河東の塩池が、最も主要なる塩の産地であり、歴代之を以て中央政府の重要な財源として来たのであるが、其後次第に海岸地方が開けて来て、海塩

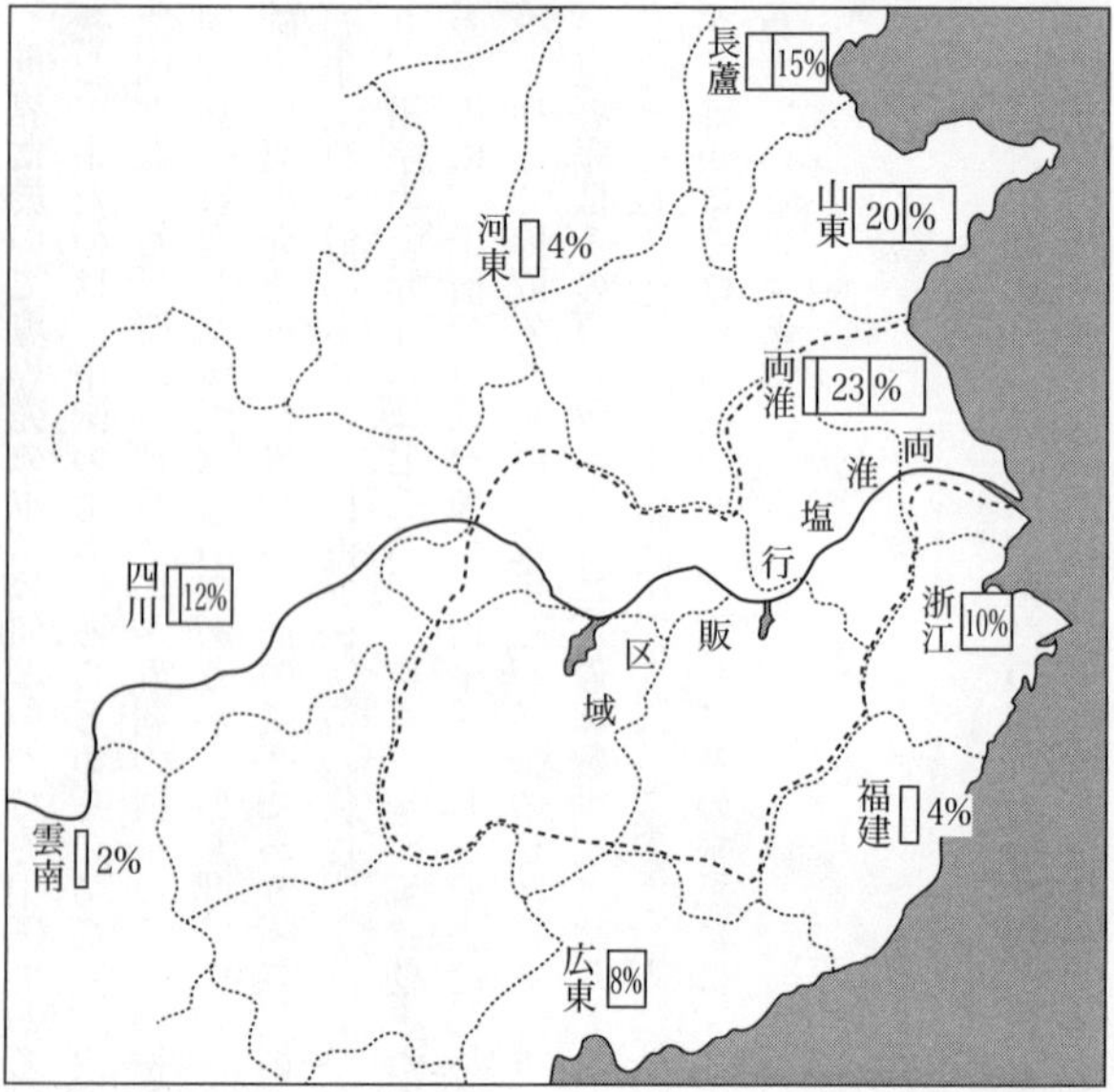

第１図　中国塩業に於ける両淮塩の比重

の製造が盛となり、特に江蘇省の海岸、即ち揚子江附近の産額が増加して来た。之は揚子江流域の開発が進んだ為であって、元来海水は無尽蔵であるから、需要があればいくらも増産が可能である。揚子江流域の中、湖北・湖南・江西・安徽の各省は、省内に塩の産地が無く、是非外省の塩を消費せねばならぬが、それには揚子江の水運によって、海岸から塩を取寄せるのが最も便利である。尤も湖南省などは四川省に近接しているとは云うものの、四川省の塩産地は奥地深く、富順県の辺にあるから、之を運び出すのが容易でなく、且つ何分にも井戸から汲み上げる塩であるから産額も少く、価格も高いので、海岸の塩と競争にならない。海岸の塩が揚子江の中流以下をその販路として獲得したのは古代からであろうが、塩の専売が始まると、之を其儘法制によって行販区域と定め、他の塩が侵入することを禁止したので、揚子江流域の開発が進み、人口が増加すると共に、海岸地方の塩産額が増加して来たのである。特に江蘇省沿岸の製塩事業の発達が目醒ましく、現今でも、中国全産額の約二十三%を産出し、之を江蘇、安徽、江西、湖北、湖南の五省の大部分に供給している（第1図）。

四

このように大切な塩であるから、食塩の生産確保は中国の歴史上重要な場面において、全局の勝敗を決定する程の重要性を示すことが屢々(しばしば)ある。

第一は清朝の初期、康熙年間の三藩の乱である（第2図）。この叛乱は康熙十二年に始まって康熙二十年に平定されているから、今から凡そ二百六十年程前のことである（一六七三—八一年）。当時雲南に封ぜられた平西王呉三桂が清朝に対して叛旗を翻し、雲南、四川、貴州、広西、湖南が大体その支配に帰し、北は陝西・甘粛、南は福建・江西・広東にも及んだから、仲々の大叛乱である。清軍と呉三桂軍の衝突の正面は湖南省の北部であって、岳州、長沙の周囲で両軍が対峙し、長期戦に入って康熙十三年から十八年迄足掛け六年というもの睨み合いを続けた。其間に福建の耿精忠、広東の尚之信、其他陝西の王輔臣などの呉三桂同盟軍は逐次清軍に平定されて呉三桂軍の旗色悪く、呉三桂は士気を鼓舞する為に康熙十七年、湖南の衡州に出て、皇帝の位に即き、国を周と号した。この頃の戦線が大体図に示した通りである。即ち呉三桂の領土は雲南・四川・貴州・広西・湖南五省の大部分である。之を塩供給の立場から云うと、四川の塩は四川・貴州を賄い、雲南は自給自足するが、広西は広東の塩を仰ぎ、湖南は遠く江蘇海岸の塩を要求するので、湖南・広西が最も弱点を現している。就中湖南の戦線は康熙十三年以来、双方の大軍が相対峙し、死力を尽して攻防に努めている所であるから、此処で最初に退いた方が敗けになる。呉三桂の領地は皆山地であって湖南に物資を供給し得るのは四川省のみである。そこで頻りに四川の物資、就中重要な塩を湖南に運んで軍隊に配給したが、道路が長いので非常に骨が折れる。彼が根拠地の雲南から、態々湖南の衡州まで出て来て、天子の位に即いて見せたのは、実に湖南戦線の軍隊を鼓励する為に外ならなかったであろう。所が間もなく呉三桂が病歿して叛乱軍が動揺したる一

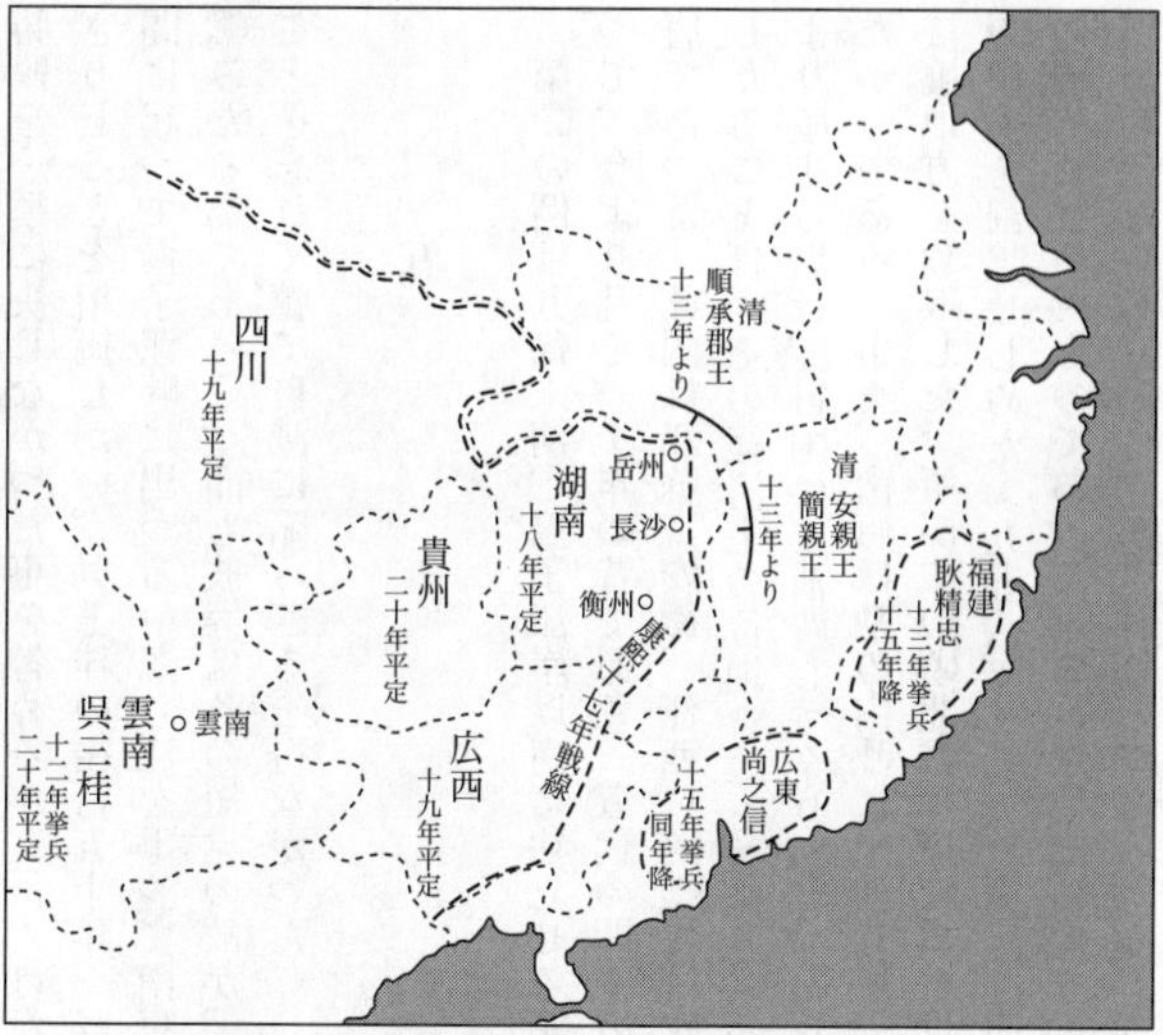

第２図　清三藩之乱要地図　康熙17年（1678年）

方、清軍は洞庭湖中の君山を占領して、四川と湖南の物資往来の道を絶ったので、意気沮喪せる湖南の叛軍が先ず潰え、延いて全軍崩壊の緒となった。

呉三桂の叛乱は前述の通り、一時全国に瀰漫し、或は清朝の命取りともなるかと危まれた程であったが、明君康熙帝は少しも動ぜず着々と打つ可き手を打ったのであった。その成功の原因としてこれ迄種々の政策が数えられたが、吾人の見解に従えば、その最も重要なるは、主戦場を湖南・江西の方面に選び、同時に海岸線を逸早く掌握した点にあるであろう。康熙帝の成功は同時に呉三桂の失敗である。史家は常に彼が江を渡って勝敗を一挙に決しなかった事を咎めるが、吾人は寧ろその揚子江を下って海岸地方を占領せざりしことを指摘したい。呉三桂の後百五十年を経て太平軍の動乱あり、太平軍が広西の山間に起って揚子江畔に出づるや忽ち江を下って南京を占領したるは、恐らく呉三桂の先轍に鑑みたる為であろう。而も彼等はその短見の故か、将又兵力不足の故か、海岸線を確保することを忘れて軈て自滅に陥らざるを得なかった。

五

第二の例は五代末期、揚子江岸以南に独立せる諸国が次第に北方より圧倒される場面であって、今より凡そ一千年の昔である。五代の間南方に独立せる諸国の中で最も強大なのは南唐であった。此国は江蘇、安徽、江西に跨って国を立てたが、就中江蘇の海岸大部分を領有したることは、その経済上の位地を最も強固なものとした（第3図）。何となればその海岸より産する塩は、自国にて消費して余りあり、更に之を隣国の荊南（南平）・楚に供給し得たからである。事実、南唐は楚の内乱に干渉して一時之を併合し、更に閩国にも攻め入って接壌地方を奪取した。所がこの頃北方の周に名君世宗が現われ、南唐を撃破して揚子江以北の領土を割譲せしめた（九五八年）。この事は南唐をして第一流国の位置より第三流の国家に顚落せしめたものであって、これ迄他国に塩を供給していた立場から、急に外国から塩を買わねばならぬ立場に立たされたのである。而も列国対立の世智辛き際に、その塩価の不廉

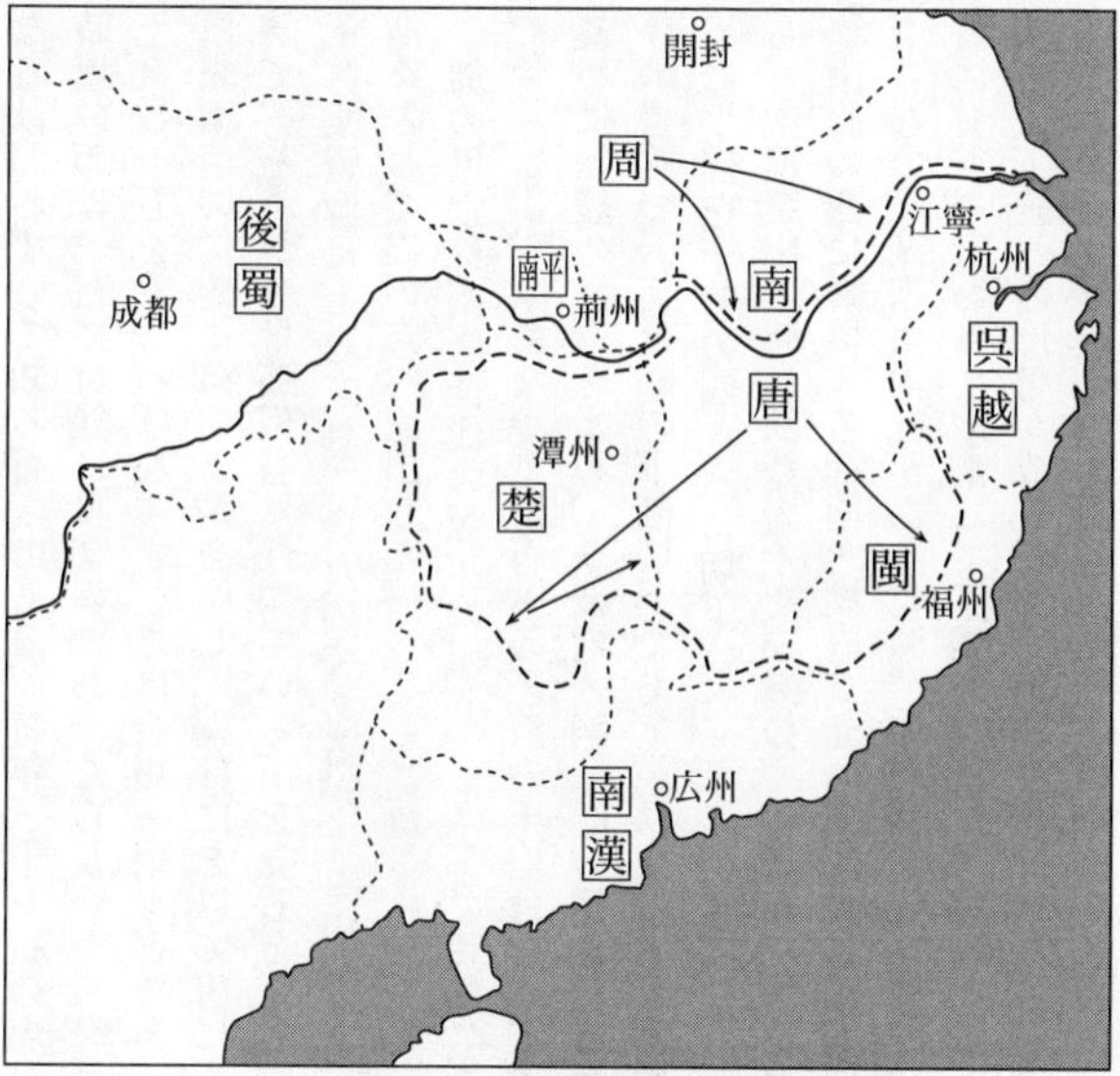

第３図　五代末期形勢図

なるは問わずして知る可きである。毎年三十万石の塩を周より支給される約束であるが、当時塩の価は一石に付銭二貫文程であったらしいから合計銅銭六十万貫にも上る。其外に毎年土貢数十万を奉らねばならず、之は金銀茶絹などであろうが、併せると莫大な負担になる。原来南唐の領内には銀と銅を産し、銅は之を以て唐に模した開元通宝、及び唐国通宝などを鋳て、それが今日迄相当に残っている所を見ると、非常に多く流通して居ったので、南唐はそれ丈資源にも恵まれていたのであるが、この敗戦以来、南唐の銅銭は塩を買う為めに、滔々として周の方へ流出した。

周の世宗は南唐征伐の翌年に殂し、その翌年には革命があって宋の太祖が位に即いたが（九六〇年）、宋になって南唐への経済の圧迫は益々加重された。南唐では銅銭の不足を補う為めに鉄銭の鋳造を始め、鉄銭六・銅銭四の割合に混合併用す可きことを発令したが、之は今の言葉で云えば銭の平価切下である。鉄銭の実質価値を銅銭のそれの十分の一とすれば、実に平価を十分の四・六に切下げたことになる。但し鉄銭は南唐領土外では通用しないから、国境を出る時は鉄銭の十を銅銭の一に替えて帯出せしめた。

南唐の西に隣接する荊南・湖南（元の楚）の二国も同様塩の点だけでも、北方の宋に頭が上らない。湖南に内乱があった時、宋は兵を出してその地を併合し、通路に当る荊南をも同時に有無を云わさず取潰して了った。既に南唐は服属し、荊南、湖南が版図に入って、茲に宋の天下統一の形勢が成り、蜀、南漢と次々に南方諸国が平定されて行くのであった。而してその緒をなしたものは実に前代周の世宗の江蘇省南部、当時の所謂淮南地方の海岸占拠にあったのである。

六

第三の例は後漢の末期、三国鼎立の形勢が成立する間際の場面であり、今より凡そ千七百余年も以前のことである（第４図）。魏の曹操がなお漢の大臣として黄河沿岸の中原一円を掩有(えんゆう)し、若しも之が更に二、三百年も前ならば、天下統一の事業は略々(ほぼ)完成したのであるが、この頃揚子江流域の開発が進み、上流の益州（蜀）には劉璋(りゅうしょう)、中流の荊州には劉表及びその客将劉備、下流の揚州には呉の孫権あって、曹操の命に服しない。曹操即ち百万と号する大軍を提げて荊州に侵入し、恰(あたか)も劉表死してその次子劉琮(そう)は魏に降り、長子劉琦(き)は劉備と共に、孫権の援助を求め、揚子江中赤壁に戦って大いに曹操の軍を破り、曹操をして旗を捲いて北帰するの已(や)むなきに至らしめた（二〇八年）。劉琦は間もなく病死したので荊州は劉備の手に帰し、劉備は更に益州に入って劉璋を追い、荊益二州を領有して、孫権よりも強大となったので、孫権は先の援助の代償として、荊州の割譲を求めた。荊州は大体今日の湖北・湖南の地に相当する。劉備は惜しんで与えることを肯(がえん)ぜず、恐らく諸葛孔明の諫により、荊州の一部分、湘水以東を割(さ)いて孫権に与え、和平条約が成立したが、固(もと)より孫権はこれ丈では不満であった。後に蜀漢の関羽が荊州の兵を率いて、曹操の軍を襄陽(じょうよう)附近に破り、奮戦している最中に、孫権は背後より荊州に侵入し、関羽をして進退谷(きわ)まりて戦死するの悲

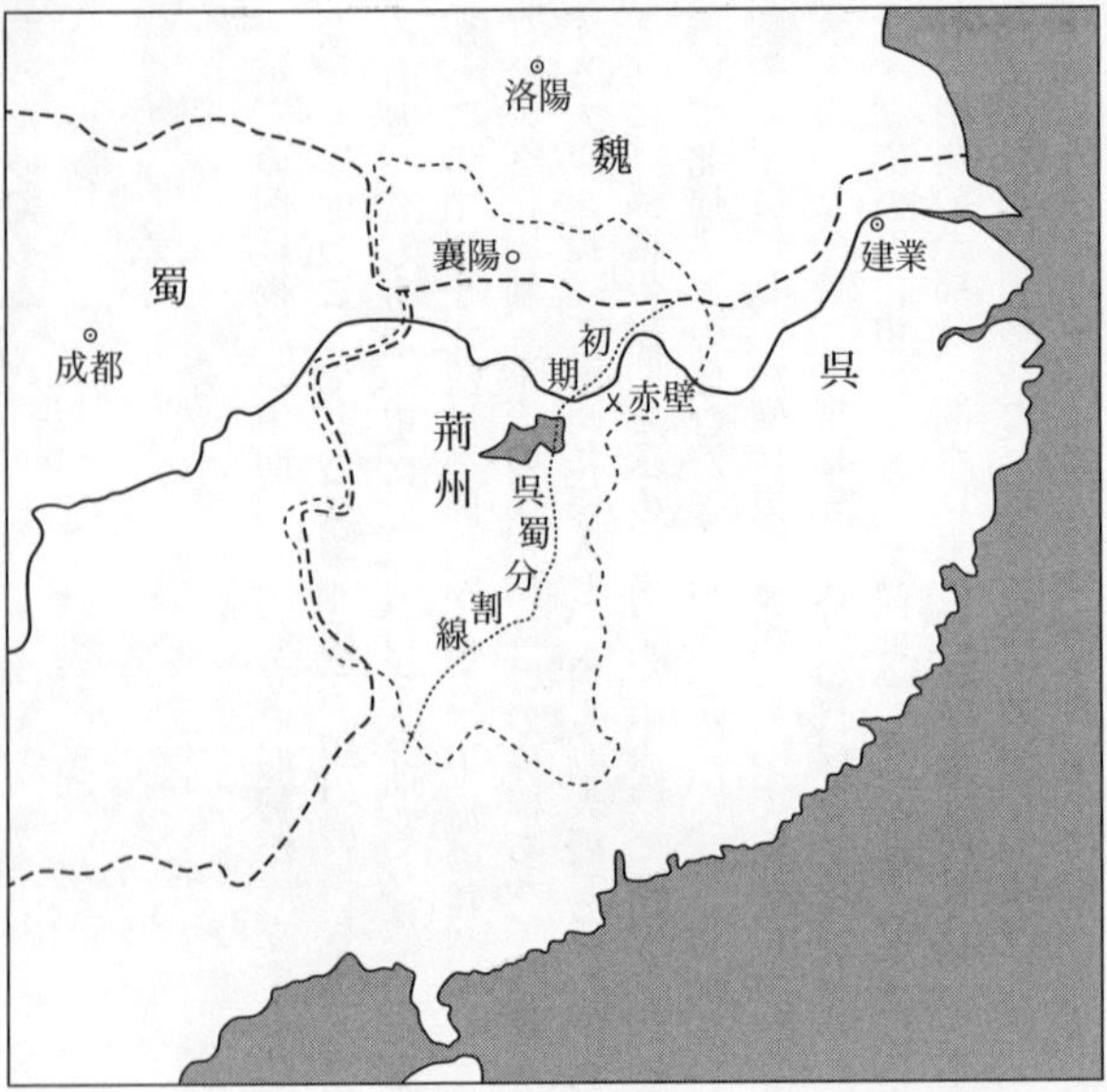

第４図　三国形勢図

運に陥いれた。万夫不当の勇将関羽としては、余りに其の最期が脆すぎるので不思議に感ぜられるが、一体荊州の地は、軍事的に見て地形が東方よりの攻撃に対して弱く、蜀よりの応援が困難なるのみならず、当時より既に経済上、下流の揚州に依存する点が多かったのである。恐らく塩の消費の上に於いて荊州は揚州の勢力範囲であり、従って揚州の塩商が活躍する舞台でもあり、之に伴って揚荊二州の間には、経済的に不可分の結合が存したに違いない。されば孫権の将呂蒙（りょもう）が関羽の留守を襲うにも、精兵を船艙中に伏せ、賈人（こじん）の服装をしたる水夫に船を漕がせて揚子江を溯っている。更に関羽の留守として南郡を守りたる糜芳（びほう）は、江蘇の北部東海附近の大富豪で、或は塩の商売に関係していたかも知れず、呂蒙の恐喝にあたって直に降参しているのは、呉の地方に知合の多かった為にもよるであろう。されば諸葛孔明はくれぐれも関羽に対して、孫権との協調を失わざることを忠告しておいたのであるが、関羽は孫権よりの結婚の申込を拒絶したりして、自ら破滅を招いたのであった。大体に於いて平時には買手が売手よりも強く、戦時には売方が買方よりも強いものである。

結局三国の形勢は、蜀漢は益州を、呉は揚荊二州を、魏は北方中原を占領して一時固定したのであるが、これは大体に於いて、塩の配給区分に従っている。塩の配給は商業上の大動脈をなしているから、これは又同時に最も自然なる経済ブロックをも現していることになる。この三つの経済ブロックは三国が一統された後も引続き長く存在したのであって、宋代の商人に、北商、南商、蜀商の三グループがあったのは有名な事実である。清朝時代の山西財閥と浙江財閥は夫々（それぞれ）北商、南商の系統を引くものであろうが、近代になると蜀の財閥は段々に影が薄れて来て、代って広東財閥が登場する。

七

歴史をやっている者の癖として、現今の実状を述べているかと思うと、急に千七百年も昔に返ったりして、甚だ申訳けないが、以上三つの例から結論し得ることは、揚子江口の江蘇省海岸を確実に領有する者は、容易に中流以下の湖南・湖北・江西・安徽等の沿江各省を支配し得るという事実である。逆に云えば四川・雲南を根拠として湖南・湖北を占領しても決して永続しない。蜀漢は呉と荊州所属問題について紛議を生じてから五年目には荊州を奪取され、五代から宋にかけ、江蘇海岸が北方政権に占領されて後六年目に、荊南・湖南が滅亡し、呉三桂の湖南戦線はよく頑張った方ではあるが、それでも、矢張り六年目には崩壊している。

中国社会の特殊性ということが八釜(やかま)しく論ぜられるに拘わらず、現今多くの経済史家の見当は、少しくピントが外れて居はしまいか。アジア的生産様式論などいうものも、名前の方が先に出来て、後から内容を造ろうというのであるらしいから、その内容に黒と白との喰違いが出て来るのは怪しむに足らぬ。斯ういうものを中国に当嵌めて、中国社会発達のありの儘(まま)の姿を、攪乱されるのは甚だ迷惑である。個々の農家、村落の経済調査は誠に必要なことであるが、単にそこから田租や地代の問題、地主と小作人との関係を引き出しても、それは其儘（そのまま）中国社会の特殊性にはならない。

凡そ人間の造っている大きな社会には、そう飛び離れて特殊なものはある筈がない。又そう特殊な発達を辿る筈もない。東洋と西洋とは中間にイスラム世界を挟んで、何れも地続きに互いに相往来、相影響して来たので、只社会の進展について、後になったり先になったりしたに過ぎぬようである。子供と大人を比べて大きさが違うから、人種が違うと云ったら笑われるであろうが、所謂アジア式何とかいうものの中に斯ういう議論が多いようである。

中国的社会というからには、中国の原始社会から今日迄の発達の全体を問題に取入れなければならぬ。中国社会を西洋社会に比較するならば、中国社会の発達の仕方と西洋社会の発達の仕方と全体を比べて始めてそこに中国的な特殊性が見出され得るのである。

今此処に問題とした塩による搾取政策が中国に行われても、それが嘗て仏蘭西にも行われたのであるから、それは中国的な特徴にならぬという人があるかも知れない。併し問題は仏蘭西では僅々数世紀で廃止されたのに、中国では十二世紀間維持して来た点に存する。永続したこと自身が中国社会の一特殊性をなすのみならず、この事が又他の方面に影響して中国社会の一特殊性をなし、又斯かる政策の維持を可能ならしめた原因自体が抑（そもそ）も中国社会の一特殊性をなしていたのである。

中国に於いて塩専売の維持が可能であった原因の一は、生産地が限られている上に、土地が広くて、産地から消費地へ至る道程が長いので、密売買を取締るに便宜であったという地理的条件も存在する。そこで中国社会の特殊性はその社会が平面的に厖大であったという、量的なものが一要素になってくる。密売買の取締りは斯くて実施し易い訳ではあるが、之に乗じて政府の搾取も最大限に及び、人民の堪え得ざる程度に迄塩価を吊り上げるから、人民の側では安価な塩を要求し、若しも闇取引を行えば売買双方に大なる利益があるので、中には危険を冒して私塩を密売する者も生ずる。私塩を放行すれば政府の塩は売れなくなるので、政府は酷刑を設けて密売買者を処罰する。密売買者の方でも之に対抗する為に地下に潜行して、秘密結社を組織し、団結の力によって官憲の眼を掠めて、有利なる商業を遂行せんとする。中国に秘密結社の多いのは、之が為である。井上紅梅氏の『匪徒』という興味ある書によると、中国の現今にも大潜勢力のある、青帮、紅帮という二大秘密結社も、塩の密売買をやって団体維持費に当てているらしいことが知られる。這般の消息を理解しなくては、水滸伝などを読んでも分るまいと思う。

（『東亜問題』第三巻第七号、昭和十六年（一九四一年）十月〔初出時は「事変と塩・歴史と塩」〕）
（『アジア史研究』第二、東洋史研究会、一九五九年）

〔**編集部注：初出には以下のような個所があった**〕

〔①六三頁、「五省の大部分に供給している（第Ⅰ図）。」に続き以下の文章があった〕

このことは今日の支那事変に於いても重要な意義を持つてゐる。

支那事変の発生以後、重慶政府は塩の立場から見て、重大な危機に直面してゐる。即ち皇軍の手によつて、塩の重要な産地を悉く掌握されて了つたので、彼の手に残つてゐるのは従来の約三十三%の産額を挙げ得るに過ぎない（第二図〔支那塩産地分布図。以下、図番号は初出と一つずつずれている〕）。このことは重慶政府にとつて二重の苦痛である。第一は国家財政の上から云つて、これ迄歳入の約二十一%が塩税から来てゐたので、今その三分の二を失つたことは大きな痛手である。加ふるに歳入の四十二%を占めてゐた関税が、全然皇軍の手に帰してゐるので、現在は全歳入が従来の二分の一以下になつてゐる筈である。第二は重慶政権下にある民衆に対する塩の配給の問題である。皇軍占領区域と重慶政権下の人口との比例は凡そ一対二の割合と思はれるが、之に対して塩の産額の比例は前述の如く、二対一となつてゐる。加之戦争によつて、南方海岸地方の塩生産は可成の減額を来して居ると思はれ、四川省の塩は井戸水を汲むのであるから急に増産が出来ない。四川の塩井と云ふのは、時によると地下四五千尺の底に塩水が沸くのであり、之を汲み上げるに一往復十分間もかゝる。石油の井戸を掘ると同じやうな難工事であるから急に井戸の数を増やすことも不可能なのである。事変の始ると共に、多額の塩を内地に運びこんだと、英国製の年鑑が云つて呉れるが、何年分もの塩があつた筈もなく、あつても運びきれるものでもない。最近（昭和十六年〔一九四一年〕六月末）の新聞紙の報ずる所では、重慶に於いて塩一斤が八十銭に売られると云ふことであるが、恐らく之でも尚表面に出た所のことで、実際はいくら金を出しても仲々手に入るまいと思はれる。支那の一斤は日本の百六十目一斤と殆ど同量であり、一人一年の塩消費量は十五斤と見積られるから、塩が何とか買へたとしても、尚且つ一人当り一年十二円の負担になる。重慶はそれでもまだ塩の産地、富順県に近いからよいが、従来江蘇の塩を消費してゐた湖南、湖北、江西の辺はもつと塩に不自由してゐるに違ひないのである。塩の点のみから云つても、抗日戦線が崩壊するの

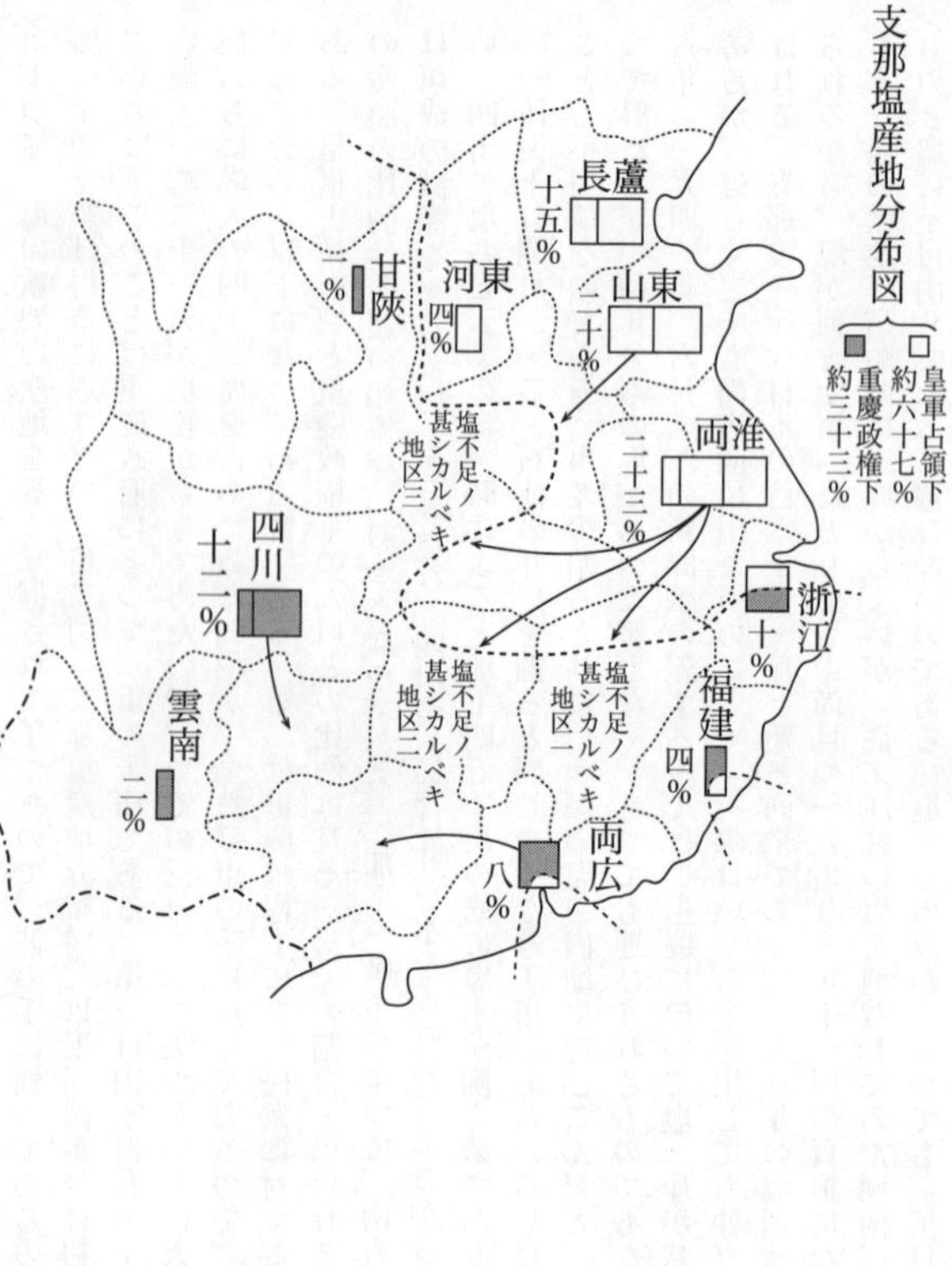

支那塩産地分布図
皇軍占領下 約六十七%
重慶政権下 約三十三%
長蘆 十五%
山東 二十%
河東 四%
甘陝 一%
両淮 二十三%
四川 十二%
浙江 十%
福建 四%
両広 八%
雲南 二%
塩不足ノ甚シカルベキ地区一
塩不足ノ甚シカルベキ地区二
塩不足ノ甚シカルベキ地区三

は遠くなく、而して第一に潰えるのは、江西、湖南の前面であらうと思はれる。

〔②六三頁、「このように…」で始まる段落の代わりに以下の文章があった〕

我々は諜報機関を有しないので、今日支那の民衆が如何なる生活を送つてゐるかについて、新聞の記事以外に材料を有しない。それで近い将来の事を予言するのは、少しく大胆になりすぎる虞があるが、今手許にある古い材料から今日の状態と相似たる歴史上二三の場面を拾ひ出して、比較研究して見ようと思ふ。

〔③七二頁、「矢張り六年目には崩壊している。」に続き以下の文章があった〕

支那事変は既に五年目であるから、従来の例で云ふと江西・湖南の抗日戦線は没後の一歩手前に到着したわけである。

尤も余は斯く云へばとて、時代の変化に従つて、情勢も変り、又時々の特殊事情が存在することを無視する者ではない。併し乍ら、特殊の事情によつて修正され乍らも、根本的の実状は依然として厳存する。塩の問題は正に重慶政府にとつて、アキレスの腱であるといふ根本事情は抹殺す可くもない。只彼等は之を人為的な長靴によつて、何処迄隠蔽しおほせるかゞ問題なのである。従つて目下の急務もまた、一日も早くこの長靴を擦り切れさするに過ぎたるはない。

現今皇軍占領地域内の塩が如何に配給されてゐるかを詳かにしないが、最も大切なことは、その生産を確保し、奨励を加へて増産を計り、その配給機構を統制することである。能ふ可くんば福建・広東海岸地方の塩場をも占領するがよく、若し海岸地帯全体を確保すれば、実に全塩産額の八十五%を利用し得る立場に立てる。

次に之が配給の問題であるが、従来支那の専売法に於いては、最も強度の統制を加へて、官自ら運び、官自ら小売するといふ徹底した方法から、或程度に統制を弛めて商人を利用し、一定の行販地域を指定して、運搬販売を請負はしめて単に税を徴収する制度に至る迄、寛厳幾通りかの方法がある。現時の状態に於いては余りに精密な方法は行はうとしても失敗しようから、最も簡明直截の方法を択ぶ可きである。少くも占領区域内の民衆には十分に塩を行き亘らせて其の生活を保障してやる義務がある。

敵地の民衆に対して如何なる態度をとる可きかは大問題であるが、全然搬入を禁止して塩攻めに会はすのは武士道の立場からも、為すに忍びまいが、或程度の窮屈を蒙らすことは已むを得まい。その為には皇軍の前線に於いて、皇軍保護の下に商人をして、敵地の特殊物産と物々交換をさせるのも一法であらう。苟も恩を以て招けば、戦乱に疲弊した内地の人民は、自己保衛の当然の権利として、相当の危険を犯しても接近を求めて来るに相違ない。

斯かる塩の攻撃政策に対して、重慶政府は勢ひ防禦に奔走せざるを得ない。民衆の和平気運を抑圧するには、武力のみでは十分でないから、僅かに残されたる西北ルートによつて蒙古塩を、西南ルートによつて外国塩を輸入しなければなるまいが、この事は重慶側にとつて、軍需輸送能力の減退と、対外支払の増加とで二重の苦痛となり、それにも恐らく一定の限度があつて、到底取残された七十%の全民衆の期待に副ふことは出来まいと思はれる。斯うして和平気運が敵地に瀰漫した時が、汪政権に吸収される時であるから、今後塩政策を強化すれば、少くも事変解決の時期を二分の一以下に短縮することが出来よう。

新聞紙の報道によると、重慶政府は租税の物納を始めたといふが、これで法幣に対する攻撃は一先づ一段落がついたことになる。幣制の崩壊だけでは、重慶政府が消失しないであらうから、今や戦争は最後の段階に入つたものとして、物資攻勢に出づ可き時である。

『宋詩概説』吉川幸次郎著〔書評〕

私等が学生だった頃、京都大学の東洋学を代表していたのは「支那学会」であったが、その後次第に萎靡（いび）振わなくなり、最近は殆んど開店休業の状態に陥ったが、これには私もその責任者の一人として甚だ心苦しく感じている次第である。併（しか）しそれには又それ相応の理由もあることなので、学問の細分化、専門化は別に人文科学にばかり限ったことではなく、自然科学の分野においても顕著に現れる傾向であり、いわば普遍的な趨勢といってもよいであろう。いわゆるシナ学が歴史と文学と哲学とに分化しても、分化しながら前よりも一層活潑に動いておればそれでよい。併し学問の分化が、そのまま互いに無縁となっていい筈はない。むしろ分化したためにこそ、前よりも一層密接に寄り添う必要を感ずるようにならなければならない。何となれば分化は即ち深化のためであり、一つの学問を深化するためには、隣の領分に跨がらないで出来ることではない。もっと端的にいえば、隣接科学に役立たぬような研究は本当の研究ではない。

吉川幸次郎博士の『宋詩概説』は近頃最も大きな期待と深い関心をもって読んだものの一である。それは一つには、宋という時代は私が大学の卒業論文の題目に択んでから以後、最も長く私につきあってくれた時代だからである。しかも実のところ私は宋代の詩や文章は殆んど読んでいない。そこで見おぼえのある詩人や文人の名に出あっても、それが政治家でない限り、文学上にどんな地位を占めているかについても甚だ疎いのである。こういう偏った智識をこの書によって補いたいからであって、この点に関しては私の願いは私の力量に応じた分だけを即座に満たしてくれたと信ずる。但しこの書中で指摘された、宋人の詩中にも社会経済史の好史料が眠っていることは、前からうすうす感付きながら、まだ掘起しにも着手していない。怠惰をしみじみ恥入る次第である。

他のもう一つはもっと重要な問題についてである。吉川博士の著書はいつも広い視野と遠い見通しをもって書かれているので、私が最近考えていることを、この書が裏付けをしてくれぬかという期待であった。と言えばすぐ、何だ、又もや内藤史学の時代区分論かと、すぐ反撥を感じる向もなきにしもあらずだが、併し私の時代区分論は決して何時迄も同じ水平に止まっているものではない。私は近頃、単に時代区分の問題ばかりでなく、中国経済史の方法について、今迄よりも少し違った角度から見直す必要を感じているのである。実はまだ正面切って公表するまでの準備が出来ていないのであるが、大体の構想は述べることができる。それは中国史上には古くから、現今の世界に似たような景気変動が行われていて、それが社会のあらゆる方面に影響を与え、この角度から歴史を見たときに経済も文化も同時に視野の中に入って来るのではないかという着眼である。

私は自身、社会経済史研究者の一人に加えられているが、この頃よく考えることは、いったい今まで経済史のつもりでやっていたことが本当に経済史だろうかという疑問である。なるほど経済の用語は使っているが、用語は何も経済史の専売品にはなっていない。経済史という以上、やはり当時の人も皮膚で直接に感じ得た経済現象を取上げねばならぬのではないか。万人が感ずる経済現象とは、要するに今年の暮しが昨年よりも良いか悪いか、来年は今年よりも良くなるだろうか悪くなるだろうか、或いはもっと長い期間をとって、子の代、孫の代は、親の代、先祖の代よりもよくなっているかどうか、という相対的な問題より外にない。当時の人と喜憂を分ち合える立場でなければ血の通った歴史と言えない。そしてこのような経済条件の変動を最もよく、一言でいい現わせる言葉は「景気」である。ところで私が今までに到達し得た限りの想定においては、中国史上の景気変動は次のように言い現わせる。そして、これに対して『宋詩概説』が如何なる反応を現わしてくれるかが、推理小説の山場以上に私にとって、スリリングである。

先ず私が描こうとする景気曲線は、上古から前漢時代までは、概して上昇線をたどっていく。人間の生活は極めて徐々にではあるが良い方に向って行くのである。貨幣経済も次第に盛んになってくる。もっと具体的に言えば、貨幣が手に入り易くなってくるのである。これは単に支配階級ばかりのことではない。人民の地位はこれに伴って少しずつではあるが向上してきている。勿論、当時の人民の生活が困苦に満ちたものであることは言うまでもない。要は前に比べての話である。

ところで『宋詩概説』はどんな反応を示すであろうか。曰く、

古代的な楽観とは、人間の運命よりも人間の使命をより多く説く、儒家の古典のそれ

である。『詩経』三百篇について見ても、悲哀の詩の分量は、歓喜の詩のそれをこえる。ただし『詩経』の時代には、人間の善意が個人のまた社会の幸福を作り得るのが、少なくとも人間の本来であるとする楽観が、失われていない。

『宋詩概説』にこれ以上古代についての詳細な記述を望むのは無理であるが、ここにあげた短い言葉からだけでも、著者の見通しは私の意見と一致していることが知られる。

ところが中国の社会は後漢頃から、一転して不景気時代に陥入する。これを個人の立場から言うと、貨幣が手に入りにくくなってきたのである。銭は一度手を離れたら最後、何倍もの努力をしなければ再び返ってこない。そこで各人は出来るだけ、銭を使わない工夫をするのである。そこに自給自足を建前とした荘園制度が成立する。この深刻な不景気風は、時に立直りの気配を感じさせながら、唐末五代まで続く。不況の影響するところ、単に支配階級を萎縮させたばかりではない。一般人民の地位も次第に低下して、豪族の農奴的な身分に落ちこんで行くのである。ところでこの時代について『宋詩概説』は何と言っているであろうか。曰く、

漢代以後、六朝の詩では、人間を絶望的な、悲哀にみちた存在だと見る見方が、詩の基調となる。絶望はまず、人間は微小な存在であり、その努力をこえた運命の支配下にあると見ることによって生まれた。更にまた絶望あるいは悲哀は、人間の負うもっとも大きな運命として、人間の一生は死に至る短い頽廃の過程であると見ることによって、深められた。その時期の文学と思想のすべてが、その方向にあったとまではいわない。

少なくとも詩のジャンルでは、以上のような人生観を地色として、希望よりも絶望を、幸福よりも不幸を、歓喜よりも悲哀を、歌うのが、惰性的な、しかしそれだけに強い、習慣となった。習慣は唐詩に至っても、清算されていない。

唐人の詩は、悲哀を止揚しない。悲哀に富んでいる。悲哀からの離脱を志した杜甫さえも、「一生愁う」といわれる。唐の末期、いわゆる「晩唐」の小詩人に至っては、悲哀、というよりも絶望、もっぱらそれを歌うのを、職掌とするごとくである。晩唐詩の代表者の一人、杜牧、……人間の歴史は、すべて絶望の連続であるとするのである。

恐らくこれには仏教の無常観の影響もあったであろうが、両者に共通する地盤として、身動きもならない経済界の不況の重圧があったであろうというのが私の考えである。

ところが中国社会は宋代に入ってから、再転して今度は好景気の訪れを迎えるようになる。石炭を利用することによって火力を支配することの出来た宋代の産業は、銅鉄の製錬を容易にし、銅は貨幣に鋳造されて商業を盛大にし、鉄は安価な工具に造られて、他の産業のあらゆる部門に能率を発揮させた。絹や茶や、時には陶器すらも世界的な商品となって中国の対外貿易を有利に導いた。好景気は労働の価値を高め、庶民の地位も再び向上しはじめ、内乱外禍も前代に比べて少い。中国史上稀に見る平和な時代を現出せしめたのである。これが文学の上に反映しない筈はない。果して『宋詩概説』にいう、

宋人の詩を通観して、まず感ぜられるのは、悲哀の詩の少ないことである。あるいは悲哀を歌っても、なにがしかの希望を残す。絶望ではない。宋人の多角な目は、人生は

悲哀の部分だけではないことを、はっきり感ずるに至ったのである。哲学によって、それをたしかめたばあいは、信念ともなる。

宋の哲学者たちの命題の一つは、古代的な楽観の恢復にあったように見うけられる。

これは文学史、ないしは思想史の上における甚だ大きな転換である。

新しい人生の見方とは、多角な巨視による悲哀の止揚である。人生は悲哀にのみは満たないとする態度を、それは底辺としてはじまる。このことは、従来の詩が、人生は悲哀に満ちるとし、悲哀を詩の重要な主題として来た久しい習慣からの、離脱であった。唐人の詩が悲哀に富むのは、漢六朝以来の詩の連続として、人生を、死に至るあわただしい頽廃の過程と見るのが、詩の感情の基調となっているからである。……宋詩はちがう。人生を長い持続と見る。長い人生に対する多角な顧慮がある。巨視がある。目は詩の生まれる瞬間ばかりに、釘づけにならない。また対象の頂点ばかりを見つめない。ひろく周囲を見わたす。故に平静である。あるいは冷静である。

然らばこの多角的な見方とは具体的にいってどんな角度であろうか。その一つは哲学的な思索である。著者は言う。

宋詩の性質は、やや別の方向からもとらえられる。詩人がそれぞれに哲学を抱き、それを詩によって語りたがることである。……人間の現実に対し、従来よりもきめのこまかな、あるいは従来よりもはばのひろい目をむける以上、人間とは何であるか、いかに生きるべきかを、一そう切実に考えるに至るのは、当然であった。

次には日常茶飯事に対する、愛情をこめた観察である。著者はいう。

> すなわち日常の生活に対する観察である。従来の詩人が見のがしていた日常生活の細部、あるいは事がらは見のがすべくもなく普遍に日常的であるが、あまりにも身近であるために、詩の素材とはならなかったもの、それらを宋人はさかんに詩にする。そのため宋人の詩は、従来の詩よりも、ずっと生活に密着する。

ここで著者は非常に面白い例をあげる。唐人の詩には酒が多く、宋人の詩には茶が多いという事実である。曰く、

> ふたたび唐詩と比較して、一つのたとえを立てれば、唐詩は酒である。容易に人を興奮させる。しかし二六時中のめない。宋詩は茶である。酒のごとき興奮ではない。しずかな喜びをもたらす。それはまたたとえだけでない。茶をのむ詩は、宋の蘇軾（そしょく）、陸游（りくゆう）に至って、はじめて盛んに現れる。唐詩には少ない。宋人も酒をのまなかったわけではもとよりない。しかし、茶をのむ量が、唐人より多かったのである。

たしかに歴史的に見て、唐代までの社会はまだ充分に合理化されないで非常に無理があり、公私ともアンバランスな生活を余儀なくされていたようである。唐人が必要以上に深酒を嗜むのは、確かに欲求不満の現れである。唐代までの生活は、たとえ貴族であっても、外観が豪奢なように見えながら、実は内容の甚だ貧弱な、粗末なものにすぎなかった。料理はまずく、器物はきたなく、着物も垢じみていたにちがいない。その上に政情も経済界も不安定であったから、そのように貧しい生活さえ、いつ何ん時、根柢からひっくりかえされるか

分らない。こういう時代には酒でも呑んで一切を忘れるより外なかったであろう。その酒も決してうまくはなかった。ただ人を酔わせる力だけがあったのである。

それが宋代になると、生産力が向上し、輸出超過で好景気時代に入る。外敵とは金銭で平和が確保されるし、官吏は滅多に殺されたり、家族が奴婢に落されることもない。生活にゆとりが出来るとともに調和がとれるようになった。料理も酒もずっとうまくなったが、それには節制を加えねばならぬと悟れるようになった。小金がたまればそれを死蔵することなく、商人にかしつけて利息をとることもでき、貸家業を営むことも、額に相応した土地に投資することもできた。金持だけがらくをしたばかりではない。貧乏人でもそれに応じた散財をして飲食を楽しめるようになった。完成された陶器は上下の別なく用いられて食味をそそった。今から考えるとそれ以前、唐代の人たちは金属器や木盃や、土器に似た三彩でよく酒が飲めたものだと思う。正に著者のいうように、

宋の人々の生活環境が、それまでの中国のそれとは、画期をえがいて、現代のわれわれに近づいていた。

のである。このような社会情勢の下で始めて詩人も日常生活の中に喜びを見出すことができるようになったのであろう。

ここで一つ気になることは、宋代の詩人が政治を視野の中にとりいれるようになったことを、著者が「連帯感」という言葉で表現している点である。そしてその理由を、

詩人の多くが、市民の間から出て、一般の人々の生活を、よく知っていたということ

があるであろう。

前代に比べてずっと縮まってきている。たしかに宋代の支配階級たる官僚と一般庶民との距離は、前代に比べてずっと縮まってきている。別に大した家柄の出身でなくても、宰相になって廟堂に立つことができた。この点、近頃の歴史家の傾向が、官僚を封建的支配階級とし、多数の労働者を農奴と規定する傾向は是正するを要する。併し我も彼も同じ社会の一員だから、その生活について責任を分ちあわなければならないという所まで行ったかどうかは疑問に思う。詩人が政治に責任を感じるのは、私はむしろ官僚としての自覚ではないかと考える。即ち、「君を堯舜にす」べき筈の官僚たる自身がその任務を遂行しなかった自責の言葉ととりたい。いいかえれば、君臣一体、天子と官僚とが休戚を同じくせねばならぬという面がまっさきに胸にぴんと響いているのではあるまいか。蘇東坡などもそうであるが、宋代の官僚はずいぶん官僚の特権を主張して、人民の迷惑を無視する行為を一方では臆面もなくやっているからである。我田引水の説になるが、宋代以後の官僚は、科挙によって密接に天子に結合され、天子を通じて人民の安寧に責任をもつような気風を醸成した。但しその奥には、やはり人間は本来平等で、万民はその貧富に応じて幸福な社会生活を送る権利をもつという原則が、たとえ原則としてでも認められていたことは否定すべくもない。

さて再び私の景気史観の立場に戻るが、宋代以後の景気変動線は大体上昇の方向を辿るが、但し一直線に上るのではない。前代の景気変動線においても、それは決して単純な上下ではなく、そこには別に第二次的な短い周期の上下線が入り雑っていたので、ただそれがあまり強く現れなかったところ、宋以後になると、この短期変動線が著しく現れるようになり、その周期は大体、一王朝の興亡と並行する。

北宋時代の好景気は南宋に入ると下り坂に向い、景気の沈滞、更には不景気が訪れてくる。これは朝廷の財政不如意が不換紙幣の濫発を余儀なくし、その結果が貨幣の死蔵、海外への流出を促したからである。このような世情は文学の上に如何に響いたであろうか。著者はいう、

以上のべて来たような宋詩の諸性質は、それにさきだつ唐詩の性質と対蹠的であるとする認識がある。認識は、宋自体でも、その末年にはおこっている。

北宋末の過渡期が、しばらく晩唐詩の悲哀を祖述したのは別として、南宋末にはふたたび晩唐詩への郷愁がおとずれる。

彼（陸游）の詩は、従来の宋詩、ことに北宋の詩とは、印象を一にしない。もはや悲哀を拒否しないのであり、感傷をあらわに示す。あるいは感傷こそ、大海のような彼の詩の、平均した地色であると思われる。……北宋の詩がしばしば示した過度の冷静、それに対する反撥が、彼にはあったように思われる。反撥は、詩壇全体の問題として、南宋のはじめから、先輩たちの間に、すでに動いていた。前章で説いたような唐詩への郷愁は、そのためであったと思われる。

もちろん、既に北宋を経験したあとの南宋であるから、それは決して唐人の人生観そのままでないことは、著者が何度も念をおしてことわっているのであるが、私はいま私に都合の

いい個所だけを引用したのである。どうも私の景気史観は非常によく文化の上に反応を示すことが確かめられたらしい。

前述のように、宋以後の中国経済界の景気は、だいたい一王朝の存続期間を周期として曲線を描く。これがどの程度に文化の上に現れるかが甚だ気がかりである。というのは、著者によれば、

> 元以後、清に至るまでの詩の歴史は、唐詩、宋詩、そのいずれを模範として祖述すべきかを、課題として発展して行ったといえる。
>
> 平均していえば、唐詩の祖述された時期の方が多い。

とあるのみで、その詳細を知り得ないからである。私の立場からいえば、時代が下るに従って文人の生活は時の景気と密接に結びつく。それは文人のアルバイト、或いはそれ以上に重要な収入源となる潤筆料の多寡が、景気の好し悪しによって左右されたに違いないからである。だから私としては、王朝の盛時たる好景気時代には宋風であり、初期と末期が唐風であって貰いたいところであるが、そうは簡単には問屋がおろさないかも知れぬ。同じ著者による次の書物、『元明清詩概説』が人一倍、私に待望される所以である。但し著者のいう、

> もし宋詩が排他的に祖述された時期を求めるならば、前世紀後半の清朝末年に至って、はじめてあったといってよいかも知れない。

とあるのは大いに人意を強くするに足る。というのは、清朝末期には景気の地域差が非常に甚だしい。中国の奥地は、嘗ては異常に栄えたところでも、文化に取残されるとともに、経

済的な荒廃が支配する。これに反し、大都市、開港場、特に外国の租界には変態的に好景気が展開された。こんなことをいうと、そこらから叱られそうだが、当時の知識階級は、一方では外国の侵入に反撥を感じながら、一方ではヨーロッパの物質文明に限りない信頼を寄せていたのである。宋代の文化をルネッサンスとすれば、清末の文化は、たとえそれが借物であろうとも、産業革命である点には変りがなかった。宋詩が前代にもまして模範とされたのは必然の帰結であっていい。

むかし蘇東坡が司馬温公のために行状をつくり、長文一万言に垂んとするが、その半ばは王安石に対する非難をもって占め、古来この種の文体なし、と称せられた。ところで私の『宋詩概説』の紹介は、自分の意見を述べること半ばを占める結果になり、紹介の体を失したとの譏りをうける虞れがないでもないが、但しこれには理由がある。その一は、私はこの書の紹介のために、私が考案した観測気球を始めて打上げてみたのであり、従ってその構造を説明するのに言葉をこれ以上省略することが出来なかったからである。その二は、著者は大体において私の考える歴史上の意見に同意されていると信ずるので、私説を語ることは同時に著者の意見を敷衍することにもなると考えたからである。最後に諸科学は互いに意見を持ちよることが学問の進歩に必須の条件であり、「支那学会」の精神は、その外観に拘わらず、われわれの心中から決して消失したのでないことを、この機会に表明したかったからである。（中国詩人選集二集ノ一、二四八頁、岩波書店　昭和三十七年〔一九六二年〕十月〔のち吉川幸次郎『宋詩概説』岩波文庫（岩波書店）、二〇〇六年〕）

（『東洋史研究』第二十二巻第一号、昭和三十八年〔一九六三年〕七月）

〔『宮崎市定 アジア史論考』下巻、朝日新聞社、一九七六年〕

II 歴史学各論

II

[illegible]文学論

古代

中国上代の都市国家とその墓地――商邑は何処にあったか

一　小屯は殷虚でない

周の武王に滅ぼされた殷(いん)の都、商邑(しょうゆう)は堂々たる都市国家であった。詩経の商頌(しょうしょう)、殷武は殷に都を遷した盤庚(ばんこう)の甥、高宗武丁(ぶてい)をたたえた詩であるが、その中に、

商邑翼翼
四方之極――

商の都城は何と壮麗なるかな、
四方の模範たるにふさわしく

とあって、その偉容が偲ばれるのであるが、さてこの商邑は何処にあったのであろうか。もっとも今時、こんな質問を出すと、言下にこの頃盛んに考古学的発掘の行われた殷虚にそれは定っているではないか、と反って不審がられるかも知れない。ところが私は実は、現今普通に殷虚と言われている中国河南省の安陽県下の小屯附近が、果して本当に殷虚であるかどうかに疑問を抱いているのである。そもそも殷虚なる地名が現今のように広く常識化したの

は決してそんなに古いことではない。前世紀の終り頃までは河南省のどこにも殷虚などという地名は知られていなかった。土地の人も知らなかったし、地図にも書かれていなかった。二千年ほどの長い間、全く忘却されていた地名が古典の中から探し出され、現今の安陽県下の小屯附近に比定されるようになったのは、清朝末期、そこから卜辞（ぼくじ）を刻した甲骨片が出土することが知られて以後のことである。

古代の占卜に用いられた亀甲獣骨片は、最初は熱病に効能があるという迷信的な意味で民間薬として売りひろめられたが、これを考古学的な遺物として正しく評価し、自らその蒐集品を図録とし、『鉄雲蔵亀』の一書を世に問うたのは、文学者としても有名な劉鶚（りゅうがく）である（一九〇三年）。彼はこの甲骨文が殷代の文字であることを想定したが、その出土地については正確な認識をもたず、人伝ての誤聞そのまま、河南省湯陰県だと信じていた。同じ誤りは日本における最初の甲骨文研究家、林泰輔博士によっても踏襲されている。

甲骨の出土地を正しく安陽県下の小屯附近と突きとめたのは、ついで研究に着手した碩学羅振玉（一八六六―一九四〇年）であり、文字の読解を更に進めて、殷代の帝王の名がその中に見えることを主張し、いよいよ甲骨が殷代遺物に相違ないと断定した。彼はその弟子たちを河南省に派遣し、小屯附近において実際に卜辞を刻した甲骨片が地表に散在し、更に文字のないものが各地に堆積しているのを見届けさせた。この小屯附近に殷虚なる地名を与えたのは、実に羅振玉に外ならなかった。このことは正に彼のよき協力者、王国維が述べている通りである。

（甲骨）文字を審釈するは、自ら羅氏を以て第一と為す。其の小屯の故殷の虚たるを考定し、及び殷帝王の名号を審釈せしは、みな羅氏より之を発したり（静庵文集続編、最近二三十年中中国新発見之学問）。

このことは言いかえれば、殷虚なる地名は当時において、学界はもちろん、民間にも全く知られていなかったことを物語るものである。ところで私個人の今の気持から言えば、羅振玉が甲骨文字の読解に多大の業績をあげたのは、その功績を認めるに吝かでないが、甲骨の出土地に殷虚なる地名を比定したのは、あまりに物を多く識りすぎた大学者の勇み足として惜しまれるのである。小屯は単に殷代甲骨の出土地、或いはせいぜい殷代の遺蹟というだけに止めておいて貰いたかったと思う。

羅振玉が小屯を漢代まで伝わった古い地名の殷虚に比定した根拠は、史記項羽本紀に彼が秦の将軍、章邯を鉅鹿に破った後、これと和睦したことを記した次の文、

羽すなわち与に、洹水の南、殷虚の上に期う。

に依ったものである。ところで羅振玉は、

洹水南殷虚上。

の句を、洹水の南に密接する殷虚のほとり、と解して小屯がその条件にあうと考えたらしいが、もしそうであるとすれば、これは誤解という外ない。というのは史記の中に殷虚の位置を記した個所が外にあり、恐らく司馬遷は両者を読み合せて、始めてその場所が正確に把握できるような表現を故意に用いたと思われるのである。蓋し中国古典に屢々見られる常套手

段というべきである。それは史記衛康叔世家に、

周公旦は成王の命を以て師を興して殷を伐ち、武庚禄父と管叔を殺し、蔡叔を放ち、武庚の殷の余民を以て康叔を封じて衛君となし、河・淇の間、故商の墟に居らしむ。

とあり、ここにいう故商の墟は即ち殷虚に外ならない。そしてそれが淇水と黄河の間にあることを言っているから、前の項羽本紀の洹水の南という文と併せて、始めて殷虚は洹水と淇水と黄河とによって囲まれた中にあることが判るのである。更に詳しくいえば、

洹水の南、淇水の北、黄河の西。

ということになる。果して然りとすれば、殷虚は小屯のように、あまりに洹水の南岸に密接しすぎているのは適当でない。これでは淇水と黄河との間とは言えない。殷虚はもっと東南に下って、黄河に近い平坦部の中央に出てこなければならぬのである。

二　殷・衛都市国家は何処にあったか

そもそも殷虚とは如何なる意味であろうか。これも自明の理のように見えて、実はそこに大きな誤解が初めから存在したように思われてならない。先ず殷虚という時の虚は、或いは土偏を加えて墟につくり、後世では寧ろこの方が多く用いられるようになったが、音も訓も両者同一である。虚・墟には色々な意味があるが、この場合に最も適当した訓は亡国之墟という時のそれであろう。もっとくどく言えば、亡びた国の都城の廃址の意味である。劉向の

新序巻四、雑事第四の中に、

> 昔は斉の桓公、出て野に遊び、亡国の故城、郭氏之墟を見る。野人に問うて曰く、是は何の墟たるか。野人曰く、是は郭氏の墟たり。桓公曰く、郭氏なる者は、曷んぞ墟と為りしや、云云。

の如き用法がある。されば殷虚という場合、それは単に殷の故蹟というだけに止まらず、殷王朝の最後の都城、すなわち周の武王に滅ぼされたる朝歌の邑の廃墟という意味にとらねばならぬのである。これは虚という文字の解釈の上から必然的に生じた意味であるが、殷虚の場合には更にその上に、歴史事実の上から必然的に生じた第二の意味が加わっていることを忘れてはならない。それは殷虚はそのまま周代の衛国の都城に利用された事実である。

史の伝える所によると、周の武王は紂王を滅ぼした後、直ちに殷王朝の命脈を絶ったのでなく、紂の子、武庚禄父を立てて殷の民を支配せしめ、これに弟の管叔と蔡叔を配して政治を監督せしめた。いわゆる三監である。然るに武王死して成王が嗣ぎ、叔父の周公が摂政となると、これに反感を抱いた管叔と蔡叔とは、禄父と共に周に叛して兵を挙げた。そこで周公は三監を征してこれを平げ、管叔と禄父を殺し、蔡叔を放逐した。さてその跡始末であるが、残余の殷民を支配するために、少弟の康叔を衛君に封じ、殷虚をそのまま都とさせた。このことは諸書にほぼ一致した記載があり、史記衛康叔世家の文は既に上に引用したが、外に左伝、定公四年〔前五〇六年〕の条に、

> 康叔に分つに、大路少帛、綪茷旃旌、大呂、殷民七族（中略）を以てし、命ずるに康誥

を以てして、殷虚に封ず。

とあり、もしこの「殷虚に封ず」という句を単に「殷の領土をそのまま与えた」と解するならば、それは歴史的な解釈ではない。当時の社会は、われわれの研究が明らかにしたように都市国家の時代であり、殷も周も、また衛もその本質においては一個の都市国家に外ならなかった。故に「殷虚に封ず」というのは、都市国家殷の滅びた跡へ、新しい衛なる都市国家を建設せしめたという、甚だ限定された意味なのである。そこで殷虚は今や新興の衛の都として生れかわり、以後史上において衛と称せられることになった。然るにそれが再び殷虚と称せられるように逆戻りするのであるが、その理由を知るためには、その後の衛の歴史を辿らなければならない。

衛は初代康叔の後、第十七代懿公の時に北方の異民族、狄（翟）の侵入を蒙った。伝説によれば懿公は奇妙な癖があって鶴を好み、鶴を大夫の位に任じて高禄を与え、出入に軒車に乗せて厚遇する一方、国人の困窮を顧みなかった。そこで狄人の侵入を受けたさい、国人に武器を分配して防禦に当らせようとしたが、国人は口々に「鶴を使え」といって君主の命に応じなかった。この隙に乗じて狄人は衛に入って懿公を殺したが、恐らく都城はこの時に大なる破壊を蒙ったものと思われる。衛人は東に走り、殺された懿公の伯父昭伯の子、戴公を立てて曹に止まったが、(1) 戴公は一年ならずして死んだ。戴公の弟、文公は当時東方に勃興しつつあった斉の桓公の許に走って救いを求めた。斉の桓公は諸侯と共に狄人を伐って衛を助け、文公を楚丘に都せしめて遺民を収容させた。文公はよくその位を守り、中興の業を成したが、その子成公の時、更に都を濮陽に移した。この頃南方に楚国が盛んとなって北方の晋と覇を争い、衛はこの国際紛争に捲きこまれて災禍を蒙ること屢々であったが、その地が交通の要衝に当るために経済的な繁栄を保った。春秋末の孔子が幾度か寄寓した衛はこの濮陽の衛である。

さて狄人の侵入によって破壊された衛の最初の都はその後どうなったであろうか。不幸にしてわれわれはその消息を知るを得ないのであるが、恐らく長期に亘って廃址として放置されたのではあるまいか。斉の桓公の力をもってするも狄人を完全に駆逐して衛都を奪還し、衛人を故郷に復帰せしめることができなかった。晋が斉に代って覇を唱えるに及び、この地は晋の勢力範囲に帰した。漢書地理志、河内の条にこのことを述べて、

河内・殷虚は更めて晋に属す。康叔の風既に歇んで、紂の化猶お存す。

といっている。遷都後の衛が晋・楚の争覇戦に際して、楚に与して晋と争う態度をとった理由は、晋が狄人退去の後も、衛の故地を押えて返さなかったことに起因すると思われる。右に引用した漢書の文に、殷虚なる言葉が使われていることは注意されてよい。もちろんこれは漢書の地の文であり、遥かに後世のものであるが、狄人が衛都を占領破壊し、衛が最初に曹、次に楚丘、更に濮陽へと転々と都を移すに及んで、従来衛とよばれていた地点が再び殷虚とよばれるようになり、それが漢代に及んだのである。何故かといえば、一たび廃滅した衛都は実は他に適当な呼び方がなかったのである。衛虚と言おうとすると、衛はまだ滅びていないから、亡国扱いにするわけに行かない。衛の故都と言おうにも、衛はあまりに

度々都を移しているので、数個の故都ができており、その何れかを判別するに困難である。そこで衛国が封ぜられた以前の名、殷虚という名に返るのが最も適当である。それは恰も曹、楚丘、濮陽が、次々に衛の都となった時には、何れもその間だけ衛とよばれていたのであるが、都が他に移ればそれぞれ再び元の名に返って、曹、楚丘などと呼ばれるようになったのと同然である。ただ今の場合は、殷だけでもよいのであるが、殷はむしろ王朝名として通っているので、間違いないよう虚字をつけ加えて殷虚としたのである。故に殷虚なる名称は決して文学的に粉飾した結果でなく、また後世普ねく行われるようになった雅名でもなく、実に歴史的必然によって自然に生じた名称に外ならない。

そこで繰返して言えば、殷虚なる地名は単に殷の故都たるに止まらず、不可避的に衛の最初の都であったという意味を兼ね有し、歴史上には両者を分離して考えることはできないのである。そしてこの都市国家は少くも三回の破壊を経験した筈である。伝説によれば殷王の盤庚がこの都に遷ってきてから二百九十年の後に紂王の時、周の武王の侵入による最初の破壊が行われ（前一一二二年）、ついで周公による禄父討伐の際の破壊があり（前一一一三年）、最後に狄人による衛懿公に対する攻撃があった（前六六〇年）。そこでもし何人かが殷虚において考古学的発掘を行ったとしたならば、そこには少くも三層の文化遺蹟が重なっているのを発見する筈である。恐らくそれは西方におけるトロイの遺蹟を彷彿させるものがあろう。先ず上部には衛時代凡そ四百五十年の遺址があり、その下に禄父時代の約十年間の遺蹟、更にその下に殷代二百九十年の遺蹟がある。禄父の時代は極めて短いからこれを無視することができるかも知れないが⑶、衛時代の遺物層は断じて無視することは許されない。衛代の遺物を避けて、その下から殷代の遺物だけを取り出すことは不可能である。逆に言えば最初から殷代の遺物だけが出土するような遺蹟は決して殷虚ではない、と断言できるのである。

安陽県下の小屯においては、国民政府時代になって度々考古学的な発掘調査が行われたが、遂に城郭の存在を認めることができなかった。そして出土遺物が、もし発掘調査に従事した学者たちの断定するように殷代又はそれ以前の遺物遺蹟ばかりであったなら、これは反ってこの地が殷虚ではなかったことを証明するものに外ならない。

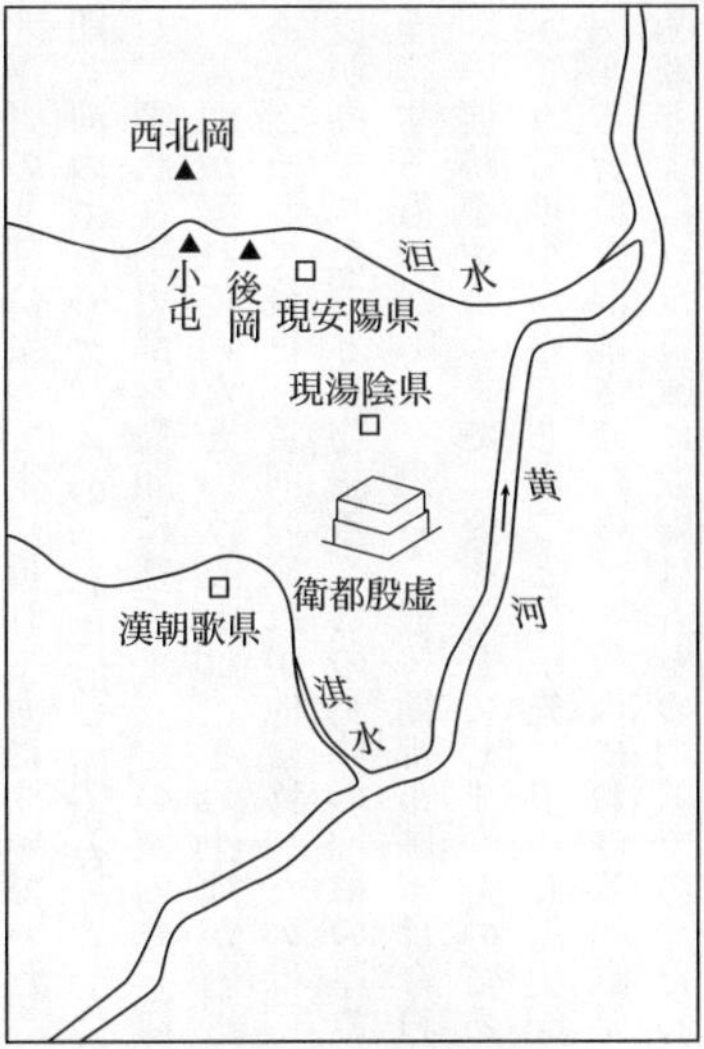

小屯及び殷虚附近概念図

然らば殷虚はいったい何処に存在したであろうか。それは史記の言う所に従って、

洹水の南　淇水の北　黄河の
西

の示す範囲内で探すより外はない。但し当時の黄河は今の開封のあたりから急角度に北へ曲り、大行山脈と殆んど並行に北行し、河

北平野の北部に至って東に折れて海に注いでいた。この黄河の大きな彎曲に包まれた地方が即ち河内であって、その中心に殷・衛が存在した。恐らくこの都市国家は黄河に近く位置し、肥沃な平坦部を周囲に控えて、その城内の人口を養わねばならなかったであろう。

黄河が流れていたということは、その土地が附近に比べて最も低かった事実を示す証拠である。そして後世、黄河の流れが他に移ったのは、この地方が泥沙や黄土の堆積によって地表が高まったことを物語る。この土沙の堆積の厚みは甚だ大陸的であって、われわれの想像を絶するものがある。恐らく殷・衛都市国家は今日では完全に地下深く埋没し、地表には何等の痕跡を留めぬまでに姿を匿してしまったのであろう。項羽の時代まで、確かに殷虚と指示しうる地点が存在したことは、先に引用した史記の記載によって知られるが、この殷虚に関する智識を混乱させたのは、漢代における朝歌県の成立である。周知の如く殷の都はまた朝歌とよばれた。故に殷虚はもとの朝歌であったわけである。然るにそれとは別に新しい朝歌が出現したのであるが、その起源は項羽の覇王時代にあったと思われる。彼は秦を滅ぼして全国に対して覇権を握ると、対秦戦争上の業績について大いに論功行賞を行い、その好むところの将軍を抜擢して諸侯に封じたが、その中にもと趙に属した部将、司馬卬があった。

史記項羽本紀に、

　趙の将司馬卬は河内を定め、数々功あり。故に卬を立てて殷王となし、河内に王たらしめ、朝歌に都せしむ。

とあり、河内を領して殷王と号し、都を朝歌と称した。この朝歌は、すぐその上文に殷虚なる地名が出ているのに一言もこれとの関係に言及されていないから、殷虚とは別の地点であったに違いなく、むしろその後の漢代の朝歌県に接続するものであろう。何となればこの後、漢楚の争いに際して、殷王司馬卬は殆んど無抵抗に漢に降り[4]、恐らくその都の朝歌も大なる被害を受けず、漢の天下一統の後、それがそのまま朝歌県として河内郡に属せしめられた、と考えるのが最も自然だからである。

漢代の朝歌県が、当時殷虚として知られた地点と全く異っていたことは他にも証拠がある。北魏の酈道元（れきどうげん）の水経注に洹水と淇水の二流を述べ、

淇水は元甫城より東南し、朝歌県の北を逕たり。

洹水は山を出で、東して殷虚の北を逕たり。

とあって、殷虚は史記の記載と全く同じく、洹水の南にあるに対し、朝歌県は更に下って南方にあり、淇水の南に位置しているのである。

このように殷虚を漢代の朝歌県と区別する智識は北魏時代まで続いてきたのであるが、朝歌なる名が古い殷都の名であったことから、何とはなしに漢代の朝歌が殷代の朝歌と同一であったような錯覚を生じ、唐代になると混乱紛糾して収拾すべからざる事態に立至るのである。漢書地理志、河内郡朝歌県の条下、唐の顔師古注に、

「朝歌県」紂の都せし所、周の武王の弟の封ぜられし所にして、名を衛と更む。

と説明するなどは、その最も著しい例である。併（しか）しながら殷虚に関する智識がまだ明瞭であった史記の時代までの史料を整理し、殷虚なる土地の特殊性、その位置、漢代の朝歌県との

関係を明らかにして行けば、唐代人の認識の誤りなることは問わずして知るべきである。

三　小屯地域墓地の年代

羅振玉が殷虚と比定命名した殷虚は実は殷虚でなく、真の殷虚は他にあったとすると、そんならいったい殷代の遺物と思われるものの出土する小屯は何なのであろうか。答は至って簡単である。考古学は最も実証的な学問であるから、調査の結果に即して、ただ事実のままに理解すればよい。併しもしこれを古文献に連絡を求めて比定を行うならば、文献学上の約束に従って誤りなきを期しなければならぬわけである。羅氏の時代にはまだ中国上代の社会が都市国家の状態であったというような認識がなく、また十分な調査発掘も行われないで、ただ甲骨が出土するという事実しか判っていなかったので、単に殷代の遺物が出るから殷虚であると結論したと思われる。殷虚は必ず衛都でなければならぬということまでは考え及ばなかったのである。

国民政府の統一完成後、中央研究院所属の歴史語言研究所により初めて小屯地域の科学的調査発掘が行われ、事業の進行に従って夥しい遺物遺蹟が発見されて世界の学界を驚かすに至った。特に世間の耳目を聳動（しょうどう）したのは、大規模な墳墓群とその豊富なる副葬品の発見である。ここでわれわれにとって不思議なのは、発掘調査の当事者がこのような新事実に直面して、従来の殷虚なる比定に対して些かも疑惑を抱こうとせず、反って一層この地が殷虚であることに間違いないという自信を深めるに至ったらしい心理状態である。どうやら彼等は思いがけぬ莫大な収穫に狂喜して、文献的な考証などは最早や不要に帰したと勘違いしたのではあるまいか。もっともその背後には、一世の碩学羅振玉、王国維等に対する無条件の信頼もあったであろう。宏大な墳墓の一群が発見され、しかも予期した都城の城郭らしいものが一切見当らなかったとき、彼等は当然これが殷の国都であり得たか否かにもっと疑惑を抱くべき筈だったと思う。常識で考えても、都城の中に大なる墳墓群が存在する筈がないではないか。

古墳墓の存在する範囲は最初は洹水の南岸に限るように思われたが、やがて北岸に及び、西北岡においても大なる墳墓の発掘が行われた。すると殷虚の範囲は何の疑念もなく洹水北部にまで拡張されたが、考えてみるとこれもおかしな話ではないか。羅振玉が小屯附近を殷虚に比定した最も重な理由は、それが洹水の南にあるという史記の記載に合致するからであった。殷虚が洹水の南北に亘っては、この前提が崩れてしまうのである。

殷代の遺物の出土する小屯附近はその故に殷虚である。殷虚であるが故に、そこから出土するものは殷代の遺物である。

明らかにこのような循環論法が彼等を呪縛し、これ以外の考えを容れる余地なからしめたと思われる。その後、発掘した学者たちの手によって、殷虚調査と銘打った報告が次々に出版された。併し私の立場から言えば、墳墓群の発見が行われた時、この地は新たなる事実に基づいて、そのまま墓地と規定さるべきであった。そして古代の墓地は如何なるものかを改めて検討すべきであった。

西洋の諺に、いかなる理想的な目的をもってするにせよ、新しい植民地を建設する時には、先ず墓地と牢獄を必要とする、と言われているそうである。中国上代の都市国家はその近郊に丘陵を求めて墓地とした。洛邑の北方には邙山があって最も有名であるが、その外にも折にふれて史に記載が散見する。

斉の桓公に代って晋の文公が春秋第二の覇者となった時、彼は衛の東南方にある曹国を攻めたことがある（前六三二年）。城門まで押しよせた晋軍は、曹人の必死の反撃にあって敗れ、多数の戦死者を遺棄して後退した。勝ち誇った曹国は敵軍の屍体を集め、城壁の上に曝しものにした。晋の文公は部下の献策に従い、曹国の郊外にある墓地に陣を移した。これは曹国の人民に大きな衝撃を与えた。晋軍が墓を掘って祖先の遺体を辱しめはせぬかと恐れたのである。そこで曹国側は急に態度を改め、晋の戦死者を丁重に棺に収めて、晋軍の許へ送りかえしてやった（左伝、僖公二十八年〔前六三二年〕の条）。この時は晋軍は威嚇しただけで、曹の墓地を実際に発掘するに至らなかったが、相似たる場合にそれが惨劇となって実現したものに、戦国時代における即墨の例がある。

斉・燕の間の二回目の戦いで、燕軍に敗れた斉は七十余城を悉く失い、ただ莒と即墨のみが斉のために守った。即墨の守将が田単で、城中の士気を鼓舞するために反間を放ち、ことさらに燕軍の暴虐の行為を挑発した。史記巻八十二、田単列伝に、燕軍が郊外の墓地を荒したことを述べ、燕軍は尽く壟墓を掘り、死人を焼く。即墨の人、城上より望見し、みな涕泣し、共に出て戦わんことを欲す。

とあって、即墨の墓地は城上より望見しうる郊外にあったのである（前二七九年）。

小屯地方は殷虚そのものではないが、殷・衛都市国家、すなわち殷虚の近くにあったことは疑いない。そうとすれば小屯附近の墓地は殷・衛附属の墓地であったであろうことは、十分な理由をもって推測され得る。ところでこれまで発見された大墳墓は、中国の考古学者たちによってその悉くが殷の王墓に比定されているのであるが、それはそもそもどれほどの根拠を有するものであろうか。前述の如く、単に殷虚であるから殷の遺蹟に違いないという循環理論にすぎぬのではあるまいか。というのは、既に都市国家そのものが殷から衛に継承している以上、その附属の墓地も亦、殷から衛へ継続したに違いないのである。少くも衛の人民中に含まれたもとの殷民の七族は、主権者が変ったからと言ってその墓地を変えたとは思われない。もともと殷民の方が文化的には先進であったから、新しい衛は万般について前代殷の規模をそのまま踏襲したと見るのが至当である。

衛の時代、その近郊に君主の墓地があったことを示す明瞭な記載が歴史に残っているのは甚だ興味深い。史記衛康叔世家に第十代の君主、共伯の非業な最期を述べた条がある。

衛の第九代の君主釐侯が死んで、その長子共伯余が代って第十代の君となった。共伯の弟に和なる者があって父に寵愛され、特に多くの賜与を給せられた。和はこの財をもって死士を養い、ひそかに時機を覘っていたが、（恐らく釐侯を埋葬する際に）共伯を墓上に襲撃した。共伯は釐侯の墓の羨（連絡道）に入って自殺したので、これを釐侯の傍に葬った。和が自立して衛君となったが、これが第十一代の武公であり（前八一二年）、武公の四十二年に周の幽王が滅び、翌年平王が東遷するに際して武公は周を助けて功があった。

この話は衛君釐侯の墓の羨に言及している点が特に面白い。小屯附近で発見された大墓には何れも東西南北の四道、もしくは南北二道の羨が設けられている。或いはこれらの墓の一つが実際に釐侯の墓であったことも、決してありえない空想ではない。

商代の君主の地位の継承は果して常に平穏に行われたか否か、史に殆んど記載がない。併し衛国においては釐侯以後の歴史は殆んど革命の連続である。第十一代の武公の五十五年に亘る長い治世と、これに続く荘公の二十三年の世を終えると、次の桓公は弟の州吁に殺され、州吁は国人に殺され、代って弟の宣公が立てられた。宣公は不徳で一女子のことから太子伋とその弟の寿を殺したので人望を失い、宣公の死後代って立った子の恵公は国人に追われ、その子の懿公は前述の如く、鶴を愛して国人に叛かれ狄人のために殺された。

小屯附近のいわゆる大墓において夥しい殉死者の遺体が見出されたのは甚だ衝撃的な事実で、これを古代野蛮の風習と言ってしまえばそれまでであるが、何か異常な感を免れない。もしもそのあるものを、衛墓と見て、これを衛における歴代革命の事件と結合して考えるならば、何等かの説明が可能になるのではあるまいか。特に小屯の対岸における大墓の発掘の際に認められた注目すべき事実は、数個の墓において羨の入口が重なりあっていることである。言いかえれば後の埋葬によって、その前の埋葬の際の羨が破壊されたのである。これは後の埋葬者が、前の墓の主に対して敬意を払わなかったことを意味する。もしも前に埋葬の行われた墓の主が、自己の先祖であることを知り、敬意を抱いていたならば、新しい羨によって古い羨を壊すような仕業は努めて避けようとしたに相違なく、又それはさして難事ではなかった筈である。

小屯附近がもし殷・衛都市国家附属の墓地であるとするならば、その墳墓が殷・衛二代に亘ることがありうるとともに、その附近から出土する銅器などの遺物も亦、殷と衛とを含むものと見なければならぬ。事実、殷から衛への移り変りには、もちろん断絶の面もあるが、同時に連続の面も相当強く残っていたと見なければならぬ。君主が殷から周の一族の衛に変ったのは断絶であるが、その下に仕えた殷民七族は連続の面を代表する。恐らく衛の文化は先進の殷の影響を蒙ること多く、従って銅器等の形象も今日から殷と衛とを判別することは、学者にとって恐らく容易であるまい。

同じことは甲骨片についても言えぬだろうか。学者は甲骨とさえ聞けば、直ちにそれを殷に結びつけたがるのであるが、占卜の方法においても、殷から衛に変ったその時から遽(にわ)かに卜辞が姿を消すようなことがありうるであろうか。左伝、僖公十九年（前六四一年）の条に、

衛はこの年大旱(たいかん)であったので、文公は山川に祭りすることについて卜を行ったところ不吉と出た。

という記事がある。[5] この時は衛が既に新都の楚丘に移った後のことであるが、この地は旧都

たる殷虚からそれほど遠くは離れていない。従って新都と旧墓地との関係が急に絶たれたとも断言できない。もし文公の時に用いられた甲骨が他のものと一緒に旧墓地に運ばれて、穴を掘って埋められ、それが僥倖にも二十世紀の考古学者によって発掘されたとしたならば、学者たちは果してそれを殷代の甲骨とはっきり見分けをつけることができるであろうか。

　更に史記巻一二八、亀策列伝によると、漢代の司馬遷の頃まで亀甲による占卜が普通に行われていて、別に珍しい現象ではなかったことが記されている。曰く、

> 高祖の時に至り、秦の太卜の官は天下始めて定まりしのみにて兵革未だ息まず、孝恵に及びても享国の日少く、呂后は女主にして、孝文孝景は因襲するのみなるにより、掌故は未だ講試するに遑あらざりき。父子疇官の世々其の精微を相伝うありと雖も、深妙は遺失する所多し。今上の即位に至り、博く芸能の路を開き、悉く百端の学を延く。一伎に通ずるの士は咸な自ら効すを得しむ。絶倫超奇なる者を右となし、阿私する所なからしむ。数年の間、太卜大いに集会す。上の匈奴を撃ち、西のかた大宛を攘い、南のかた百越を収めんと欲するや、卜筮は表象を預見し、先ず其の利を図るに至る。猛将の鋒を推し節を執り、彼に勝を獲るに及んで、蓍亀・時日も亦た力あり。此に於いて上尤も意を加え、賞賜或いは数千万なるに至る。丘子明の属、富溢貴寵、朝廷を傾く（中略）。余江南に至り、其の行事を観る。其の長老に問うに云うならく、亀は千歳にして乃ち蓮葉の上に遊ぶ云云と。

なおこの下に褚〔少孫〕先生の補記が続くのであって、亀甲による占卜は決して殷代の専

有ではなかったのである。

四　今後の課題

いわゆる殷周革命は中国の歴史の一つの出発点として重要な意義をもっている。それにも拘わらず、私は長い間その際の具体的なイメージを得ることができぬのに苦しみながら、そこに何かもやもやしたものが纏っているのを払拭することができなかった。このもやもやは中国上代を都市国家時代と規定することによって次第に薄くなり、それとともに古代の社会状態も漸く明瞭に把握できそうになってきた。ところが今度は殷虚の問題が前面に立ちふさがって、私の古代史理解を妨げるのであった。そこで凡て(すべ)の問題を白紙に戻し、原点に立返ってから、私の理解する所を主として歴史を再構成して行くと、どうしても今迄一般に行われてきた殷虚に関する通説は成り立たなくなったのである。そんならどうしてこのような通説が成立するに至ったか。

従来の上代史の編年体系は王朝の存在を過大に評価しすぎたと思う。先ず、夏に始まり、夏の次は殷、殷の次は西周であり、西周の次は東周であり、東周に至って初めて列国の存在を意識に上せ、春秋から戦国となり、戦国が統一されて秦となり漢となる。それはそれに違いないが、具体的な文化の発展を辿ろうとする時、この年表の体系は甚だ不親切(せんせい)ではなかろうか。殷から西周へは具体的に言えば河南省の安陽附近から一挙に陝西省の長安附近へ飛ぶのであるが、この間の空間的な距離を無視して、殷の滅亡の直後をすぐ西周で受けて果して適当であろうか。現時中国考古学の成果によれば、殷代の豊富な遺蹟、遺物の後を受けて、暫く周代の空白な時代が続くと言われるのは、おかしな話であるが、これはこのような年表に依拠した当然の結果といえる。

私は都市国家時代の社会においては、後世のような統一国家の時代とは異った観点に立ち、異った研究方法を用いねばならぬと考える。それは何よりも事実の連続に重きをおき、多数の都市国家の中から、最も適当なものを選んで一貫した年表を作成し、これを座標として遺蹟、遺物の編年体系を考案すべきだという提案である。私がいま考えている年表は、

殷――衛――戦国魏――秦――漢

を主軸とする。殷衛の二時代は私の考えでは小屯がその大部分を蔽うに足ると信ずる。問題は衛の末期濮陽時代と戦国魏とである。現在の中国はまだ純粋な学術的目的のために大がかりな考古学的調査を行う余裕はないであろうが、われわれとしても別に急ぐ必要はないではないか。将来濮陽と大梁すなわち開封の地下調査が行われたならば、衛の文化がいかに魏に影響を及ぼしたかの経緯が知られ、更に魏の文化が秦に、ひいては漢に感化を与えた次第を知る手懸りを摑むことができるであろう。

私は常に中国古代史研究の成功か否かは、それがうまく漢代まで接続するかどうかに懸っていると考えている。もし遺物の編年体系の上で上述の文化継承図が実証されたならば、それに洩れた西周、東周、更には鄭、魯、斉などの地位は、そこから演繹して説明することが

できるであろう。

現代中国の考古学者たちの調査や研究において成し遂げた業績は、それなりに高く評価されなければならない。併し実際に発掘に従事し、現に実物を手にして観察する有利さがあったというだけで、歴史上の根本問題に対してまで、一々彼等の意見に従わねばならぬ理由はどこにもない。正直に私の感想を述べるならば、中国史の研究はもし従来のままのやり方が続くならば、現今の中国本土の学者には安心して任せておけないような気がする。彼等は学問の周囲を取巻いている気流においては甚だ進歩的であり、時には急進的であるに拘わらず、学問の中身そのもの、すなわち専門家でなければ言えない部分においては反って保守的であり、時には封建的とも見られるほど事大的である。私がこんなことを此処で言わねばならぬのは、これをわが国でこれから研究を始めようとする若い学者たちに対して言わねばならぬ義務のようなものを感じているからである。

中国考古学について全くのアウトサイダーである私がこのような論考を纏めることができたのは、日本の専門家が手際よく一目瞭然に問題を整理しておいてくれたからである。殊に貝塚茂樹編『殷帝国』〔『古代殷帝国』みすず書房、一九五七年〕、樋口隆康著『北京原人から銅器まで』〔新潮社、一九六九年〕の二著を多く利用させて頂いたことを感謝する。

（1）　戴公の曹は衛に属する小邑で、史記曹叔世家の曹とは異る。

（2）　殷都の継続年数。朱右曾輯録「古本竹書紀年」に、盤庚の殷に徙りしより紂の滅ぶるに至るまで七百七十三年、更に都を徙さず。

なる文を史記殷本紀正義より引用するが、王国維の校補（海寧王静安先生遺書第三十六冊）には、

国維案ずるに、此れ亦た注文、或いは張守節が本書を隠括せるの語なり。

といって、右は竹書紀年の本文でないと主張する。何れにもせよ、七百七十三年というのは明らかに長きに過ぎる。いま普通の説に従って二百九十年としたが、或いはこれでも長過ぎるかも知れない。更に下に続く衛の都であった時代の四百五十年も同様に長過ぎる感を免れないが、今はこの点に深く立入らないで通説に従っておいた。

（3）殷の三監について。前漢書地理志に、

河内はもと殷の旧都なり。周既に殷を滅ぼし其の畿内を分ちて三国と為す。詩風の邶・鄘・衛国これなり。（師古曰く、紂城よりして北は之を邶と謂い、南は之を鄘と謂い、東は之を衛と謂う）。邶は以て紂の子武庚を封じ、鄘は管叔これに尹たり、衛は蔡叔これに尹たり、以て殷民を監す。之を三監と謂う。故に書序に曰く、武王崩じて三監畔く。周公之を誅し、尽く其の地を以て弟康叔を封じ、号して孟侯と曰い、以て周室を夾輔せしむ。邶鄘の民を雒邑に遷す。

とあり、これによれば康叔は領土としては三監の地全部を得たが、人民は先に蔡叔の領した殷民だけを与えられたのであって、禄父と管叔の領した殷民は洛邑へ移されたことになる。然るに史記衛康叔世家によれば本文中に引用した如く、康叔は武庚禄父の領していた人民を与えられたことになっていて不一致があるが、今は史記に従う。私はそこから康叔の衛国は禄父の国、禄父の国は紂王の殷と推測したが、この点については別の論も成り立つ。康叔の衛は蔡叔の衛の名を受けたに違いないので、その土地も蔡叔の国を襲ったとも受取れるのである。或いはここに引かれた師古注に従えば、紂王の本来の殷都は三監時代に一時放棄され、三監の叛乱平定後に、康叔の衛国によって復興されたという見解も成り立つ。併し何れにしても三監の時代は僅かに十年に過ぎなかったので、この長さを盤庚より紂王に至るまでの殷や、康叔から

懿公に至るまでの衛と比較すると、殆んど比較にならない短時日である。

（4）司馬卬と司馬遷。史記太史公自序によると司馬卬と司馬遷とは同原の一族であるという。従って司馬遷は司馬卬に対して特別の興味を有したらしく、彼が殷虚の位置について明確な智識があったのは、何等かの便宜を受ける機会があったのかも知れない。

（5）卜と筮との関係。文公による卜の結果が不吉と出たとあるのは明らかにおかしい。何となれば吉凶は亀卜の用語ではなく、筮占の言葉だからである。亀卜においては、その結果は最も具体的に言い表わされるのが常である。史記斉太公世家に周の文王が猟に出ようとして卜したところ、

獲る所は竜に非ず螭に非ず、虎に非ず羆に非ず、獲る所は覇王の輔ならん。

という答を得たとあるのがそれで、これが亀卜の本来の形である。これに対して筮占は陰陽の二極を立て、その種々の組合せによる形象から吉凶を判断する。亀卜はいわば汎神論的、筮占は明らかに二元論である（筮占については拙稿 Le Développement de l'Idée de Divination en Chine, Mélanges de Sinologie offerts à Monsieur Paul Demiéville, Paris〔Presses universitaires de France〕, 1966 参照）〔本書所収「中国における易占の発達」〕。

併し亀卜と筮占とは長い時間の経過とともに互いに相混淆した。特に私は甲骨上の卜辞の中に爻を成分とする文字、たとえば教という字が現れることを指摘したい。言うまでもなく爻は筮の用語である。私は寧ろこの事実から甲骨文字は必ずしもそれほど古くなく、またそれほど原始的なものではあるまいと想像する。そもそも書体が古いということは必ずしもそれが古い時代に書かれた証拠とはならない。占卜というような古風な職業には古い伝統が保存されるのは当然のことである。いかに古い伝統を有するにせよ、現実にそれが書かれた時代が新しければ、そこへ他の世界から新しい要素が流入する可能性が多いと認めなければならぬ。もう一つ、私が殷代の甲骨として間違いないものであっても、それは世間で考えられるほど実年代の古いものではないと主張したいのは、私の史観から来る。私の考えでは記録に見えるいわゆ

る西周時代の年代は余りにも長すぎると思う。殷の滅亡と周室の東遷とは、周民族の東方への移動という一連の事実であって、両者の中間に何百年もの時間があったのではあるまいと考える（『宮崎市定　アジア史論考』上巻〔朝日新聞社、一九七六年〕所収「中国古代史概論」参照）。

（『東洋史研究』第二十八巻第四号、昭和四十五年〔一九七〇年〕三月）

補遺

先に私は本誌第二十八巻第四号に「中国上代の都市国家とその墓地——商邑は何処にあったか」なる一篇を発表し、従来信ぜられているように、河南省安陽県小屯一帯の地は殷虚、従って衛都とは認むべきではなく、殷・衛都市国家の遺址は更に東南方の平地の中に求むべく、小屯一帯の地はその都市国家に附属する墓地にすぎず、従ってそこからの出土品には衛時代の遺物が混在する可能性の大なることを指摘した。

その後、ある方面から、衛代の遺址には濬(しゅん)県辛村の墓地があり、殷と衛とは混同してはならぬとの注意を受け、改めて「濬県辛村」の発掘報告をやや詳細に検討する機会を得た。

上代の遺址を含む辛村は河南省濬県県城から西方約三五キロ、京漢鉄道の濬県停車場から約三キロの地点にあり、黄河の一支流なる淇水の上流で、山地から平坦部へ流れ出る渓口部の北側にあり、丘陵の南は断崖が淇水に臨んでいる。辛村の東方一帯に存在する古墳墓は従来しばしば盗掘されてきたが、一九三一年、その報告を受けた国民政府中央研究院歴史語言研究所は郭宝鈞(かくほうきん)氏等に命じて調査を行わしめ、翌三二年から四回にわたる発掘が実施された。その出土品は河南省開封に運ばれたが、やがて対日戦争となり、戦火を避けて四川、雲南を転々と移動し、最後に南京から台湾に運ばれたという。その間、実物の公開展観も行われ、調査報告も部分的には数回にわたって印行されたが、一九六四年に責任者の郭宝鈞氏により、手許に残った調査書を整理して出版されたのが、この考古専刊乙種第十三号「濬県辛村」であり、日本流に言えばB5判、本文七四頁、図版一〇四頁を含む。著者であり、発掘担当者である郭宝鈞氏は、調査地域を三分し、辛村に近接した東北部を甲区、その南を乙区、両区の更に東方を丙区とし、甲区は西周成王乃至穆王時代、乙区は孝王乃至宣王時代、丙区は幽王より東周平王時代に相当する衛国の貴族の埋葬地であると推論している。

この書を読んで得た私の結論を約言すれば、同感できる点が一、異議を唱えたい点が一あり、その他は何れも何とも定めかねる点である。先ず共感できる点は、発掘を終った八十四基の墓地群を含む辛村地域を、事実のままに埋葬地と認めている点である。そしてこの墓地の被埋葬者を此処から二〇キロ離れて存在した衛の国の貴族としている点である。著者の考えた衛国の位置については異論があるが、都邑とその墓地を判然と分って別処とし、その間に二〇キロの距離を置いた点は私の考え方と符合する。ところでこの関係を、彼は何故に殷虚の場合に当てはめないのであろうか。これが不思議である。翻って私が前の論文において述べた趣旨の第一は、殷から衛にかけて、小屯一帯の地はその墓地であり、本国の都邑の位置はキロ数を明示することができぬが、ずっと東に離れて往時の黄河に近い地点に求めねばならぬことを説いたのである。私の説は決して突飛なものではなく、もし郭宝鈞氏が辛村遺蹟について用いた論法がそのまま認められるなら、私の考えも亦極めて自然に受入れらるべきものなのである。

小屯と辛村とを比較すると、そこに地形の相似を認めることができる。小屯は洹水の上流で平坦地から丘陵地帯に入る谷口に近く、辛村は同様に淇水の上流で、平坦地から丘陵地帯に入る谷口に近く位する。単に洹水と淇水の相違である。辛村をそのまま衛の都邑とできぬならば、小屯もまたそのまま殷の都邑とできぬ道理ではあるまいか。

小屯を殷の王宮とし、此処を中心として二四平方キロにわたる殷都商邑、即ち殷虚が存在したという想定は甚だ雄大であるが、もし本当なら、この大きさは漢の長安城に匹敵する。然るにその王宮というのが基壇の長さ二八メートル、幅八メートルの平屋では、あまりに貧弱ではなかろうか。これは京都の三十三間堂の基壇が、長さ約一三〇メートル、幅約二五メートルなるに比して、その約十五分の一にすぎぬ。三十三間堂はその中に一千二体の観音像を安置するが、その十五分の一の広さの建物では、一鼓して牛飲する者三千人を集めて、酒池肉林の宴をひらき、長夜の飲をなすことはできそうにもない。総じて考証の破綻はアンバランスから生ずるもので、結論のアンバランスなのは前提となる仮説の不備に由来すると見なしてよい。

次にこの書に最も強く異議を挿みたいのは、辛村一帯が周代の衛国の領域であることについての考証の方法である。このために引用された史料は、先ず詩経の国風であり、詩に淇水を詠じたもの十六カ処あり、その十二は衛風の中にあるという。これはよい。次に引くのは詩の柏舟についての鄭箋(じょうせん)である。これはどうしたことか。鄭玄は後漢末の人であり、この鄭箋に引くところは、漢書地理志の内容そのままである。次に史料として引用したのは書序であり、これは殆んど常識となっている通説にすぎぬ。この三種の史料で考証を終っているのであるが、凡そこのような方法というものがあるであろうか。もしもこれが実は商務印書館の『中国古今地名大辞典』に拠ったというならば、いよいよ以て不見識という外はない。苟(いやし)くも古典に一通りの常識を有する者ならば、漢書から更に溯って史記、特にその衛康叔世家、更には左伝、竹書紀年など重要なる史料に事欠かない。これを素通りして、筋違いの史料で匆々(そうそう)に事を了したのには何か理由があるに違いないのである。

私の立場から推測すれば、著者はこの問題が殷虚に波及するのを恐れたのである。衛国に関する歴史地理的考証を行おうとすれば、それは必然的に殷虚の問題に触れてこなければならない。何となれば殷の都は衛の都であったからである。そして恐らく殷の領土はそのまま衛の領土になったのである。故に衛に関する史料は殆んどそのまま殷の史料となり、殷に関する史料は殆んどそのまま衛の史料となる。然るに従来の学説は、誠に不思議なことであるが、共通の史料を一面的に殷にだけ利用して殷虚の学説を造りあげたのである。そこで今、もし本格的に根本史料を用いて衛の考証を行おうとすれば、それは勢い従来の殷虚の学説に批判を加えざるを得なくなる。そこで用心に用心を重ねて、殷虚という文字の現れない史料を探して、詩や、その鄭箋や、書序などを綴りあわせて体裁を整えようとしたのである。しかも著者が漢以後の朝歌県を衛の都と独り定めしたのは、漢書地理志の顔師古注によったものであるが、そこに見える紂の都という個所は全然省いて知らぬ顔をしているのである。こういう所は近時の中国の学風として、私が最も気に喰わぬとする点である。

公平にこの問題を処理するならば、殷虚の考証に用いた史料をそのまま用いて、殷は衛に外ならぬことを説いた上で、更に欲するならば小屯の遺物と辛村の遺物とが時代的に断絶的な差違があることを説くべきであった。それならば、その範囲内における限り私も賛成を惜しまなかったであろう。思うに郭氏を初め、小屯一帯の発掘関係者の中には、此処を殷虚、すなわち衛都とすることが成り立ち難いことを万々自覚する者が存在するのではないか。異国の非専門家の気付くことに、彼地の専門家が気付かぬ筈はない。併し彼等は幾重にも組織の中で縛られている。同輩に対する仁義や、先輩の怒りを買う虞れから、言いたいことを遠慮しているとしか思えない。こう考えてくると、毛沢東の文化大革命や、学者達の自己批判などの必然性が理解できるように思われる。

元へ戻って私の立場から言えば、小屯一帯は殷の領内であったとともに、また衛の領内であった。従ってそこには殷の遺物とともに衛の遺物も存在する可能性がある。同様に辛村一帯は衛の領内であったとともに、また殷の領内でもあった。従ってそこには、衛の遺物とともに殷の遺物も存在する可能性がある。辛村一帯の発掘はまだその東方において行われただけで、辛村自体の地下はまだ未調査のまま放置されているのである。

この書の著者は既出の小屯一帯遺物と、辛村遺物とを比較して、その間に時代的の距離を認めようとする。併し同時にその間に連続の面も存在することを認める。殊に辛村銅器の銘

識に出てくる人名に、十干を用いて父乙となっている点は甚だ興味が深い。甲区から出土した尊銘は二十四字より成り、

隹公□于宗周
□従公亥□洛（格）
于官□□貝用（……用いて）
乍父乙宝尊彝（父乙の宝尊彝を作る）

最後の一行は、その釈文が三十五頁の底に接続すべきものが、誤って三十九頁の下から五行目に錯出しているから注意を要する。その他に鼎銘に父辛あり、爵銘に父癸あり、僅かに有銘祭器五個の中に、十干の名が三個を数える。普通に十干の名を有するのは殷代、特にその王家の特色とされ、羅振玉等が小屯出土の甲骨文字をもって殷代遺物と断定したのは、その文字中に現れる十干名をもって、記録に見ゆる殷王の名に比定したからである。

ところで辛村遺物が疑いもなく衛国に限られた遺品とすると、いわゆる殷代特有の命名法は、濃厚に衛代に連続していたことになる。すると同時にこれは、従来命名を主たる理由として殷代遺物と決定されたものの中には、必然的に衛代のものが含まれていた可能性を示すものではあるまいか。要するに両者の間に大なる断絶は認められず、また歴史事実にも大なる断絶はなかった筈である。小屯一帯の遺物と辛村遺物との間の若干の断絶と連絡を、古記録に見える殷衛の歴史年代のどの部分に当てはめるのが最も妥当であるかが、なお今後に残された問題だと思う。総じて古代史の研究において、記録を主とする文献派と、実物実地を

主とする考古派、建築派との間に意見の齟齬を来たすことが屢々起る。そういう際には大局論においては、多くは文献派の所説が正しい。それは実物といわれる物だけでは体系を構成することが不可能に近く、考古学といっても、その出発点においては文献の助けを借りなければ見当のつかぬことが多いからである。

　私が大学の学生であった頃は、法隆寺の再建・非再建の議論が学界を賑わしていた時代であった。建築史のさる先生は私等を奈良に導いて古寺の実物を前にして様式論を講義され、「法隆寺の再建論というものがあるが、それは喜田貞吉博士の一人だけの説にすぎぬようだが」と前置きした上で話された。さすがに『日本中世史』の著者で西洋史の教授の原勝郎博士は、「日本書紀にある法隆寺焼失の記事が後世の竄入（ざんにゅう）であることが証明でもされぬ限り、記事自身が誤りである筈はない。平城京から望見できる寺の火事を間違えて書きこむことは考えられぬ」と喜田博士の肩をもたれた。果してあとで、詳細な実地の調査によって、文献派の正しいことが証明された。

　原勝郎博士はこの件について更に言われるには、「凡て慎重な歴史家ほど懐疑的で、いわゆる多数の通説に追随することをせぬものだ」と教えられた。私はこの教えを守って、現代の考古学者に対し更にもう一つの疑問を提出したい。それは考古学者によって発掘された出土品は凡て真物と認めてよいか、という疑問である。古来、中国には模造品、贋造品が極めて多い。古銅器の如きは特にそれが多い筈である。何となれば古銅器が宝物視されたのは二千余年前の漢代に濫觴し、約一千年前の宋代から盛んなる流行となっている。愛玩された歴史が古いとともに、その価格もまた貴い。これは贋造に対して絶好の条件となる。しかも中国の贋造は巧妙であるとともにその用意も周到である。その銅器に銹をつけるには、性急な薬物処理の如き方法によらず、長年月による自然の腐食を待つ。それには自分一代でその成果を収めようとせず、贋物を造って地下に埋め、子孫の代になって発掘するための世襲財産として残すという。一方古墳墓は殆んど洩れなく盗掘される。この盗掘は、公けから言えば盗掘であるが、土地の所有者から言えば自家財産と言えぬことはない。とすれば盗掘の折こそ、子孫に対する投資の好機会と考えられる。過去において夥（おびただ）しい盗掘が行われ、近時は夥しい学術的な発掘が行われるが、贋物が出土したという報告は殆んど聞いたことがない。いったい多数の贋造品は何処へ行ったのであろうか。贋物は一見して分る、などとは言うまい。本物には定冠詞がつくが、贋物には不定冠詞を用いねばならぬからだ。

敦煌遺書が発見され、伝世してからまだ一世紀とはたっていない。それにも拘わらず、巧妙を極めた伝世品が流布して、その道の専門家の目をくらますものが多いと聞く。私は世の考古学者が古銅器古物の蒐集家、先輩研究者に諛（おも）ねることなく、厳正なる批判的立場を崩さぬことを望みたい。

（『東洋史研究』第二十九巻第二・三合併号、昭和四十五年〔一九七〇年〕十二月）

〔『宮崎市定　アジア史論考』中巻、朝日新聞社、一九七六年〕

条支と大秦と西海

一　緒論

思うに条支（又は条枝）と大秦とが東西の学者によって論議せられたるや抑も久しい。かの〔フリードリヒ・〕ヒルトの名著『支那と大秦』（〔Friedrich〕Hirth：China and the Roman Orient 1885.）以来、吾国では白鳥〔庫吉〕博士・藤田〔豊八〕博士の好研究がある。[1]私は元来、斯かる方面には余り興味を有しなかったのであるが、近頃東西洋交通の推移に関して、些か考察を試みることあり、次第に古代に溯りたるところ、従来殆ど解決し尽されたものと信じていた此の大問題もなお論議すべき幾多の難点を有し、再びこの旧題を取上げて根本より検討し直すの必要を感じた。これ私には専門外の小論文ある所以である。

関係資料は史記・漢書・後漢書・三国志の範囲を出ないが、読者の便宜を計り、必要の箇所を左に摘出する。

条支関係資料

（一）史記大宛伝。条枝。在安息西数千里。臨西海。暑湿耕田田稲。有大鳥。卵如甕。人衆甚多。往々有小君長。而安息役属之。以為外国。国善眩。

（二）漢書西域伝。条支。国臨西海。（略）安息役属之。以為外国。安息。国王治番兜城。（略）西与条支接。烏弋山離国。（略）西与犂靬条支接。行可百余日。乃至条支。

（以下史記に同じ）

（三）後漢書西域伝。烏弋山離国。（略）復西南馬行百余日。至条支。条支国城在山上。周回四十余里。臨西海。海水曲環其南及東北。三面路絶。唯西北隅通陸道。土地暑溼。出師子犀牛。（略）転北而東。復馬行六十余日。至安息。後役属条支。為置大将。監領諸小城焉。

安息国。和帝永元九年。都護班超遣甘英。使大秦。抵条支。臨大海欲度。而安息西界船人謂英曰。海水広大。往来者逢善風。三月乃得度。（略）自安息西行三千四百里。至阿蛮国。従阿蛮西行三千六百里。至斯賓国。従斯賓南行度河。又西南至于羅国。九百六十里。安息西界極矣。自此南乗海。乃通大秦。

（四）三国志巻三十注引魏略。前世又謬以為。（条支）彊於安息。今更役属之。号為安息西界。

大秦関係資料

（一）後漢書西域伝。大秦国一名犂鞬。以在海西。亦云海西国。地方数千里。有四百余城。小国役属者数十。（略）其王常欲通使於漢。而安息欲以漢繒綵。与之交市。故遮閡不得自達。至桓帝延憙九年。大秦王安敦。遣使自日南徼外。献象牙犀角瑇瑁。始乃一通焉。其所表貢。並無珍異。疑伝者過焉。（略）従安息陸道繞海北行。出海西至大秦。人庶連属。（略）又言有飛橋数百里。可度海北諸国。

（二）魏略。大秦国一号犂靬。在安息条支西。大海之西。従安息界安谷城。乗船直截海西。遇風利二月到。風遅或一歳。無風或三歳。其国在海西。故俗謂之海西。（略）却従安谷城。陸道直北行。之海北。復直西行。之海西。（略）国有小城邑。合四百余。東西南北数千里。其王治浜側河海。（略）其国無常主。国中有災異。輒更立賢人。以為王。而生放其故王。王亦不敢怨。（略）常欲通使於中国。而安息図其利。不能得過。（略）従安息繞海北。到其国。人民相属。（略）前世但論有水道。不知有陸道。（略）沢散王属大秦。其治在海中央。北至驢分。水行半歳。風疾時一月到。最与安息安谷城相近。西南詣大秦都。不知里数。驢分王属大秦。其治去大秦都二千里。従驢分城。西之大秦。渡海飛橋。長二百三十里。（略）従思陶国。直南渡河。乃直西行。之且蘭。三千里。（略）従且蘭復直西行。之汜復国。六百里。南道会汜復。乃西南之賢督国。且蘭汜復直南。乃有積石。積石南乃有大海。出珊瑚真珠。（略）賢督王属大秦。其地東北（ママ）去汜復六百里。汜復王属大秦。其治東北去於羅三百四十里。渡海也。於羅属大秦。其治在汜復東北。渡河（海の誤か）。従於羅東北。又渡河斯羅。（略）斯羅国属安息。与大秦接也。

二　条支国比定の四条件

先ず条支国の位置比定を試みんに、之を決定す可き条件の中、最も重要なものは左の四項である。

一、安息の西にあり。

（史記）条枝。在安息西数千里。（漢書）安息。西与条支接。

史記に、条枝は安息の西数千里にありと。漢書に、安息は西のかた条支と接すと。

二、安息より大秦に赴く交通路上にあり。

（後漢書）甘英使大秦。抵条支。臨大海欲度。（魏略）従安息界安谷城。乗船直截海西。遇風利二月到（大秦）。

後漢書に、甘英は大秦に使せんとし条支に至り、大海に臨んで渡らんと欲すと。魏略に、安息の界の安欲城より、船に乗り、直ちに海を横ぎりて西し、風の利なるに遇えば二月にて大秦に至ると。

三、西海に臨む。

（史記）条枝。臨西海。（漢書同じ）

史記に、条支は西海に臨むと。

四、安息に役属す。

（漢書）安息役属之。以為外国。

漢書に、（条支は）安息が之を役属して、以て外国となすと。

依て従来の学者はこの四項に該当する地点を求めた揚句、ヒルト・白鳥博士はカルデア地方、即ちチグリス・ユウフラテス下流域を、藤田博士はその東方に隣接せるファルス地方を合格と定められたのである。

今改めてこの候補地につき採点し直さんに、第一項の安息の西にありという条件は暫く措く。第二項より見て、果してカルデア若くはファルスの地は、安息より大秦へ通ずる交通の要路であったであろうか。大秦の位置は亦暫く措くが要するに地中海岸の一地点と仮定して差支えない。而して安息は中国より地中海岸に出づる交通の大幹線上に位置して貿易の利を占めていたのであるから、此処に一先ず当時中国より地中海に出づるには如何なる交通路が存在したかを一応考えておく必要がある。

第一は陸道であって、中央亜細亜より安息に入り、其北部を通過し、ユウフラテス上流を渡り、シリアに出る。

第二は海道であって、中国南方の海港より、印度支那・印度・亜刺比亜の三半島を廻って埃及より地中海に出る。

第三はその中間であって、即ち海路波斯湾頭に至り、それよりユウフラテス河を溯り、中流バビロン附近より陸路砂漠を横断してシリアのダマスカスに出るか、或いは更に上流まで溯航し、エデッサ附近よりシリアのアレッポ辺に出で以て地中海に達する。

勿論以上の三交通路は事情により多少修正されるを免れないが、併し、陸路中国より運ばれた貨物が、一旦波斯湾頭まで南下して、此処より海路を取って亜剌比亜半島の大迂回をすることは考えられぬ。既に陸路安息へ出たものであれば、そのまま陸路安息領の北部を通過してシリアに出づ可く、何を苦しんで数十日程を費して波斯湾頭に出で、更に困難なアラビア周航の道程を択ぼうか。白鳥博士がヒルトの説をそのまま承けて、

当時支那や中央アジアの物資がAlexandria（博士の大秦）に達するには殆ど悉く波斯湾頭を経由することになっていた（条支国考）。

と云われたのは領解に苦しむ次第である。安息より地中海への通路はシリアを経由するのが正道である。嘗て波斯王カムビセスの埃及を討つやこの道により、後にアレキサンデル大王が埃及より波斯に侵入するや、亦この道によった。大軍は交通の幹線に沿うて進む。若し中央亜細亜より誤りて波斯湾頭に出でたる旅行者があったとしても、恐らく彼は危険なる紅海海上よりも、安全なる陸路か、若くはユウフラテスの水運を利用してシリアに出でて地中海岸の目的地へ赴く経路を択んだであろう。

次には第三項条支が西海に臨む点に就てである。既に条支をカルデア若くはファルスとすれば、勢い西海は波斯湾とならざるを得ない。併し波斯湾は安息よりして西海と呼ぶには著しく不適当である。安息は北に裏海〔カスピ海〕に臨み南に波斯湾を控えるが、シリアと最も密接な関係にあれば地中海を知らなかった筈がない。此点印度が東西に海を有するとは全く地形を異にしている。何処に、地中海を西海と云わずして、反って南海とも云う可き波斯

湾を西海と呼ぶ道理があろうか。故に吾人は先ずこの西海を検せんに、前掲四項中の第二項に、

（魏略）乗船直截海西。遇風利二月到（大秦）。

とある。この海は即ち西海に外ならぬが、直ちに海を截って云々と云えば西海は大秦に直面した海でなければならぬ。大秦がアレキサンドリアにもせよ、然らざるにもせよ、それが地中海に臨んでいることは疑を容れぬ。而して条支は大秦と同一海面に臨んでいなければならぬ。云い換れば西海は大秦が臨む所の地中海であって、条支は地中海沿岸に之を求めなければならぬのである。安息より見て地中海こそは正に西海とよぶに相応しい。

思うに前人の研究も前述二項に就ては十分考察が払ってあり、苦心の跡も偲ばれるのであって、扨こそヒルトの如き条支と大秦を同一海面におく為に、条支を波斯湾頭に、大秦を代表する犁軒なるものを拉し来って紅海の奥なるレケムに置こうとしたのであった。而も私の云う二項の考察を進めて西海を地中海なりと断定する迄に徹底する能わざりしものは、実に第四項の条支が安息に役属するという条件に妨げられた為に外ならぬ。次には之に関連して甘英が大秦に達せんとして能わず、条支より引返した時の一挿話を余りに重要視し、延いて東西洋交通の大幹線を歪曲するの誤謬に陥りたるものである。

浜海の地条支を安息領土内に求むれば、之を裏海海岸に置かざれば、波斯湾頭におくの外ない。併し果して条支は安息領土内にありしや否や、前人は無条件に之を認めているが、ここに陥穽あり、この事実こそ真先に検討し直す可きものである。依て条支が安息に役属するという第四項に就て根本資料を探せば、

三　安息西界とは何ぞや

(a)（漢書及び史記）人衆甚多。往々有小君長。而安息役属之。以為外国。
漢書及び史記に、（条支は）人衆甚だ多く、往々にして小君長あり、而して安息は之を役属して以て外国となすと。

(b)（後漢書）安息後役属条支。為置大将。監領諸小城焉。
後漢書に、安息は後に条支を役属し、為に大将を置き、諸小城を監領せしむと。

(c)（魏略）前世又謬以為。（条支）彊於安息。今更役属之。号為安息西界。
魏略に、前世には又誤りて条支は安息よりも強しと思えり。今は安息が之を役属して、号して安息の西界となせりと。

右の内後漢書の記載は史料としての価値最も劣る。蓋しその書最も晩出、前書を補綴して成りたるもの、この条に於ても史記漢書を換骨奪胎、筆を舞わして文を為したるものの如く、果して文字通りに安息が大将を置きて条支の諸小城を監領せしめたるの事実なりしや否

やも遽かに信をおき難い。之を除けば史記漢書の記載は寧ろ条支を安息領土外に置く意向の如く見受けられ、魏略は之を云いかえて安息西界なる名目を提出したるに過ぎない。史記漢書に云う外国とは所謂羈縻、外藩の意味で、中国の用例によれば、その朝鮮・安南等の朝貢国に対する関係を云う。日本すらも時にはその一に数えられ、宋史外国伝の中に日本の名が見える。条支は安息に役属した外国であって、未だ安息ではない。されば漢書には安息の条に於て、第一項の如く、

　安息。西与条支接。

と書して安息の外におき、条支の記述は独立して烏弋山離国と並べ書し、然る後に安息の伝を立てている。後漢書に於ても、大秦安息と並べて独立に条支国の伝があれば、班固范曄の意、条支は安息に羈縻した外国に過ぎず、その版図内に入る可からざるものであろう。果して然らば条支は安息が実際に支配せる領土内に強いて之を求める必要なく、安息に接した外国の間に求めて後、これと安息との間に幾許の羈縻役属の関係がありしかを尋ぬればよい。安息西界の名は魏略先に唱えて、後漢書後に和したるもの、史記漢書の未だ知らざりし所で、斯かる名目には拘泥せぬを可とする。

　既に西海即ち地中海に面し、安息より大秦に赴く交通線上にあり、安息西方に横たわる外国とはシリアの外にない。条支のシリアたるは既に之だけで明白と思うが、猶役属の記事に就て数言を費さねばならぬ。

　史を按ずるにアレキサンデル大王の没後、その東方の領土は概ね部将セリウコスのシリア

王国に合併された。アレキサンデル大王の理想は希臘（ギリシア）・波斯両文明、両人種の融合にあったが、後継者の時代となりては波斯人が除外されて希臘人単独の政治となった。此に於て旧波斯治下の人心服せず相率いて蜂起し、旧波斯人と同族なるパルチア王国の建設となり、次第にシリア王国の領土を蚕食（さんしょく）し、シリア王国は漸次西に退いて地中海岸の領土を剰すのみとなり、東はパルチアとユウフラテス河を以て境していた。西紀前一九〇年頃シリア王国は更に羅馬（ローマ）と戦い敗れて小亜細亜領を失い、南方にはパレスチナの猶太（ユダヤ）人屢々（しばしば）叛乱を起し、名詮自性の、シリア本部のみしか有せざるシリア王国となった。パルチアにては時に英主ミトリダテス一世（凡紀元前一七四―一三六年）あり、大征服を行い国力その絶頂に達した。彼はシリア王デメトリウスの侵入せるを邀撃（ようげき）して之を虜（いけど）り自領内に幽囚した。彼の死後フラアテス二世嗣ぎ、シリア王アンチオコスの侵入を破り、その軍三十万を覆えし、その王を殺した。此より先、フラアテスはシリア前王デメトリウスに己が妹を与えて妃として優遇したが、此に至り前王を放還し、猶（なお）その娘を自ら娶（めと）って此処にパルチア・シリア間には二重の姻戚関係が出来上った（西紀前一二九年頃）。フラアテス王の後ミトリダテス二世立つ（西紀前一二四年頃）。多くの民族を征服したというがどの方面か明かでない。シリア王国にては国勢益々衰え、加うるに内乱あり、瀕死の状態にあったが、軈（やが）て羅馬に併合された（西紀前六五年）[2]。

由来パルチアの歴史は資料に乏しく、西洋の史家が古典作家の中より零細なる材料を集め、貨幣などの遺物によりて辛うじて王統、在位年代等を考証する有様である。張騫（ちょうけん）が西域に使して大夏に至りたるは、恰（あたか）もパルチアが再度シリア軍を撃破して、之と姻戚関係に入りたると殆ど同時である（西紀前一二九年）。安息が条支を役属したりとは斯かる事実を伝えたものに違いない。当時両国の関係を見るに、シリアは国勢日に非（あらず）、その依て立つ所は僅かに通商貿易の利入に過ぎず、東方の物資がパルチア領を経由して来れば之と親善関係に立ち、之が保護を受けるは最も必要のことであり、パルチアより云えばシリアが西方へ通ずる孔道を扼（やく）する以上、之を征服するに非ずんば親善なるが有利であり、之を羈縻役属するはその最も希う所、寧ろ吾人は史記漢書の記述こそ、西史の闕を補うものと信ずる。

四　条支はセリウキアなり

条支がシリア王国なるは以上で明かとなったと思うが、進んでその名称の由来を考察しよう。不幸にして私は言語学の知識乏しく、又かの音韻転化の法則なるものを知らぬが、併し多少の理窟を持たぬでもない。条支の音は現今はt'iaoと書写されるが、我国に伝わりたる音はデウである。ダ行は時にラ行に転ずる。小児がラ行を発音し得ずして之をダ行に云うは、吾人が屢ゝ耳にする所、然らば条はレウの音を写し得る。白鳥博士によれば支には又キの音あり、畢竟条支が写さんと努めたるはレウキであり得る。即ちシリア王国の別名セリウコス王朝、或いはその都城セリウキアの音訳に外ならぬであろう。パルチア王国をその国王の号に因んで安息と写した漢人は、シリア王国を写すにセリウコスを用いたことは容易に首肯し得る。

条支が狭義にはシリア地方を指すにしても、それがセリウコス或いはセリウキアの音訳であるとすれば、吾人は之によって猶幾多の疑問を解釈する手懸りを有することとなる。

第一は条支が安息よりも強しという一説に就てである。前に引いたように、

（魏略）前世又謬以為。（条支）彊於安息。今更役属之。

これは安息独立の初に当っては、安息が裏海附近の山地に立籠りたるに対し、セリウコス王家はシリア・メソポタミアの沃地を有し、嘗てはそのパルチア討伐軍がパルチアの都を陥れて其王を蒙塵させたものであった。彊弩の末勢とは云い乍ら猶安息より強かった時代があったのである。このところは白鳥博士も既に云うて居られる（「大秦伝より見たる西域地理」四）。

第二に役属の説明に就てである。前に私は安息が条支を役属関係におきしならんと想像し、又斯く信ずるものであるが、私の不敏にして西史に通ぜざる、或いは之に対して反対論ありても納得せしめる自信がない。然る場合は彼の、

（後漢書）（安息）為置大将。監領（条支）諸小城焉。

の記事は、嘗てセリウコス王家の領土たりし地方を、安息が征服して後之を支配したる状態を伝えたるものと解せんとする。特にバビロン附近に、セリウコス王家東方の都城たるセリウキア市がある。安息が征服後も大体領内の希臘人都市には自治を許して居たようであるから、この都市に対する監領の事実を、セリウキア王国残余の部分と混同したであろうとも考

えられる。

第三は条支国の気候産物に関してである。即ち、

（史記）臨西海。暑湿耕田田稲。有大鳥。卵如甕。（漢書同じ）

史記に、西海に臨み、暑湿にして耕田し稲を田す。大鳥あり、その卵、甕の如しと。

（後漢書）土地暑溼。出師子・犀牛・封牛・孔雀・大雀。大雀其卵如甕。

後漢書に、土地暑湿にして、師子、犀牛、封牛、孔雀、大雀を出す。大雀は其の卵、甕の如し。

などとある。シリアも暑湿でないこともないが、耕田田稲はメソポタミア平原の灌漑せられたる沃野の形容らしく、大鳥大雀は安息の産物に挙げられる大馬雀と同じく、駝鳥のこととすれば阿弗利加（アフリカ）アラビアの熱帯地に相応わしく、師子は西亜細亜一帯に棲息するが、犀は南方熱帯地の動物、孔雀に至りては寧ろ印度的なるもの、封牛は印度罽賓（けいひん）国産物の一にも数えられ、恐らくGnouなどと同種の野牛らしい。通観してその産物に特に取り立てて、シリア名物と云うに足るものが無いが、之もセリウコス王国が嘗て印度国境より埃及に達する迄の大版図を有しいたるを思えば、其当時の産物として挙げたと認めてよい。

第四に後漢書に見えたる条支国城の記述に就てである。曰く、

条支国城在山上。周回四十余里。臨西海。海水曲環其南及東北。三面路絶。唯西北隅通陸道。

条支国城は山上にあり、周回四十余里、西海に臨み、海水は其の南及び東・北を曲環

し、三面路絶つ。唯だ西北隅のみ陸道を通ず。

斯かる条件を具備した箇所を求めて、白鳥博士はシャヴァンヌの条支＝Mésène説に左(さ)袒(たん)し、条支城をその都 Charax に比定されたが、果して博士の注文せられる如き城が此地に存在したか否か疑問である。博士が引用せられた古文献は反って之を裏切るものではあるまいか。曰く、

この城（Charax 城）は人工を以て盛り上げた丘の上に立ち云云（プリニイ博物志）。

人工を以て盛り上げた丘を山と云い得るや否や。若(も)し一歩譲りて山と云い得るとしても、この城を特に取り立てて山上にありと云うに値するや否や。況(いわん)やその城が周囲四十里の大城であるから、デルタの上に人工で築いたものではその高さの程も知れたものであろう。若し私の説の如く条支がセリウキアの音訳ならば、条支国城とは地中海に臨みたるセリウキア港市に相違ない。セリウキア市はセリウコス王国の首都ではないが、名の類似よりして後漢書の著者が国都の如く書いて了(しま)ったのも無理からぬことである。此の町は首都アンチオキアの外港として、オロンテス河口近く、文字通り絶壁の山上に建設せられた名城である。当時は勿論長く後世迄有名な所で、今は廃墟に近いが猶此地を訪れる旅人もあると見えてベデカーの案内書にも地図を附して詳細な記述がある（Baedeker's Palestine and Syria. 1912. p. 363)。町の東と西には、地中海に注ぐ小流の鑿(うが)った深い渓谷があり、西南は地中海を俯瞰している。海水が東南北を環(めぐ)っては居らぬが、三面路絶つとは云い得る。山上の城壁は私が図上で測った所では大凡十粁(キロ)あり、古(いにしえ)はもっと東南の平地の方へ伸びていたかも知

れぬ。前述の二渓谷と海とで東南西を限られ、只東北隅に一条の小径が通じている。後漢書の記載と多少の喰い違いがあるのは、元より伝聞又は伝写の誤差なる可く、併し乍ら一方にはよくその特長とする所を捉え来って実際を彷彿せしめている。

以上の四箇条によって、条支は元来セリウコス王国を指し、時にセリウキア市を指すが、狭義にはセリウコス王朝の根拠地たるシリア本部を意味するものなるを説明し得たと思うが、更に私に課せられた任務として安息より条支に至る迄に存在する阿蛮・斯賓二国の問題が残っている。

（後漢書）自安息西行三千四百里。至阿蛮国。従阿蛮西行三千六百里。至斯賓国。従斯賓南行度河。又西南至于羅国。九百六十里。安息西界極矣。

後漢書に、安息より西行すること三千四百里にして阿蛮国に至り、阿蛮より西行すること三千六百里にして斯賓国に至る。斯賓より南行して河を渡り、又西南して于羅国に至るに九百六十里あり。安息西界の極なりと。

右の中里数計算の起点たる安息都城は、漢書の番兜（ばんとう）城、後漢書の和櫝（わとく）城である。普通に之はHecatompylosのこととされ、或いはParthuvaの音訳ならんかという。ヘカトンピロスは安息国の都城であったには違いなきも後には閑却されて、国王はエクバタナ、或いはクテシフォンに居住したれば、この地名比定には疑あるも暫く云わぬ。蓋し上掲の記事の里数はあまり正確でなきようなる上、ヘカトンピロスの位置其物も確定して居らぬからである。

何れにもせよ、裏海南方の一地点より西三千四百里の阿蛮はアルメニアであり、次の西三千六百里の斯賓はユウフラテス河上流東岸の Sophene 州であろう。此州は普通アルメニアの一部をなすが、時には独立王国となった時もあったようである。[3] 斯賓の極めて近くに斯羅という地がある。

（後漢書）従斯賓南行度河。又西南至于羅国。

後漢書に、斯賓より南行して河を渡り、又西南して于羅国に至ると。

（魏略）従於羅東北。又渡河斯羅。東北又渡河（五字恐衍）。斯羅国属安息。与大秦接也。

魏略に、於羅の東北より、又河を渡れば斯羅なり。斯羅国は安息に属し、大秦と接するなりと。

即ち同一の行程を反対の方面より書きたる迄にて、于羅は固より於羅と同一地なる可く、中間に河即ちユウフラテス河を挟む所まで一致すれば、その先なる斯羅と斯賓は同一個所ならざれば最も近接したる二地である。斯羅はアルメニアの西南に接し、ユウフラテス河の彎曲によって南西北を囲まれたる Osrhoene 州なる可く、その東北には直ちに Sophene 州が接している。因みに Osrhoene 州はパルチア領の西端で安息王に隷属したる封建的君主が支配して居り、ユウフラテス河を隔てて、先には久しくシリアと界を接し、後には羅馬と相(あい)隣(とな)っていたものである。前に引いた魏略に、斯羅国属安息。与大秦接也。の一句最もよくその位置を説明している。斯羅よりユウフラテス河を越えたる西南にある于羅、又は於羅はアレッポ（又はアラップ）であろう。アレッポはシリアに於て最も古き都市の一つであるが、セリウコス王国時代はすぐその西にアンチオキア市が建設されて都城となった為、一時その重要さを減じたが、猶其地方一帯は旧名を以て呼ばれたに相違なく、土耳古帝国時代より再び要地となり、現今に及んで依然アレッポは北シリアの中心となっている。而してこの于羅は既に安息の西界であり、云い換れば安息よりは外国であり、安息に対して役属の関係にあったかも知れぬが、驪て羅馬の東方経略と共にシリア王国は滅亡し、魏略の記事に於ては于羅が大秦小王国六の一に数えられているのである。猶条支より安息に至る逆の道程を後漢書に記して、

転北而東。復馬行六十余日。至安息。

北に転じて東し、復た馬行すること六十余日にして安息に至る。

とある。思うに従来諸家の誤りは、斯賓、斯羅の名を以て余りにも直観的に、クテシフォン、セリウキアに比定して少しも疑わなかった点に由来する。然るに後漢書で国と称するのは普通に地域名であり、都市を城とするのと区別している。斯賓も斯羅も国であるから、クテシフォン、セリウキア市に当てるには適当でない。考証において恐るべきは、先入観に執着して再考せざることである。

五　大秦の地理風習

条支をシリアに比定することの有利なるは、更にその大秦との関係に於てである。寧ろ私

にとってはこの方が重要な着眼なのである。もしも条支が安息の領内西方の隅に跼蹐して居って、そこで行詰りならばそれが何処にあろうと大した問題にならぬ。条支は実に中国、中央亜細亜より大秦に赴く交通の大幹線を扼し居るが故にこそ、それが私の興味を惹いたのである。

大秦が何の意味を有し、何の語音を写せるにもせよ、それが羅馬帝国であることは史乗に昭々として疑う余地がない。後漢の桓帝延熹九年（西紀一六六年）大秦王安敦が派遣したる使節、日南徼外より来り洛陽に達した。その安敦が Marcus Aurelius Antoninus である以上、大秦王は羅馬皇帝、大秦は即ち羅馬に外ならぬこと火を睹るよりも明かである。然るを前人動もすれば、殊更に羅馬帝国を狭義に解し、その中心を或いはシリアに、或いは埃及に求めんとするは領解に苦しむ。大秦をして伊太利半島の羅馬たらしめるに如何なる困難が存在するであろうか。

（後漢書）大秦国一名犂鞬。以在海西。亦云海西国。

後漢書に、大秦国は一名犂鞬といい、海西にあるを以て、亦海西国とも云うと。

（魏略）大秦国一号犂軒。在安息条支西。大海之西。

魏略に、大秦国は一に犂軒と号す。安息、条支の西、大海の西にありと。

即ち根本史料に於て、海西にありと云い、大海の西にありと云い、よく地中海の東岸より見たる羅馬の位置を説明して余蘊がない。思うにヒルト以来説をなす者、皆条支を誤て東方に置きたる為、勢いの赴く所、大秦を之に準じて東方に移動させざるを得ぬ破目に陥りたるもの、而して多大の無理が之に伴って生じて来たのである。

事実は条支即ちシリアより、大秦羅馬に赴く交通路は、後漢書、魏略に幾度か反覆して明快に記述されあり、歴々指摘す可きものがあって、毫も疑惑を挟む余地なきものである。第一は海路である。但しシリアより羅馬に赴くには水路直通であるから何の奇もない。

（後漢書）（于羅）安息西界極矣。自此南乗海。乃通大秦。

後漢書に、于羅は安息西界の極なり。此より南の方海に乗じ、乃ち大秦に通ずと。

（魏略）従安息界安谷城。乗船直截海西。遇風利二月到（大秦）。風遅或一歳。無風或三歳。（史記大宛伝注引魏略。遇風利時。三月到。風遅或一二歳。）

魏略に、安息界の安欲城より、船に乗り直ちに海を横切りて西し、風の利なるに遇えば二月にして大秦に至る。風遅ければ或いは一歳、風無ければ或いは三歳なりと。

即ち安息西界、条支より直接海路大秦に到るもので、安息界安欲城は詳しくは安息西界安欲城を略したるか、或いは大秦領の安息国境に近き安欲城とも解し得られる。何れにもせよ、こは条支即ちシリアたるは疑なく、後漢書の于羅は、魏略の安欲城と等価値と認められる。于羅即ちアレッポ地方の安欲城とは取りも直さずシリアの首都アンチオキア市に外ならぬであろう。因みに魏略のこの記事は後漢書に見えたる甘英遣使の記述と関係がある。曰く、

和帝永元九年。都護班超遣甘英。使大秦。抵条支。臨大海欲度。而安息西界船人謂英曰。海水広大。往来者逢善風。三月乃得度。若遇遅風。亦有二歳者。故入海人。皆齎三

歳糧。海中善使思土恋慕。数有死亡者。英聞之乃止。

和帝の永元九年（西紀九七年）に都護班超は甘英を遣して大秦に使せしめ、条支に至り、大海に臨んで渡らんと欲す。安息西海の船人、英に謂て曰く、海水広大にして往来する者、善風に逢えば三月にして乃ち渡るを得、若し遅風に遭えば亦二歳なる者あり。故に海に入る人は皆三歳の糧を齎す。海中善く土を思い恋慕せしめ、屢ゝ死亡する者ありと。英は之を聞いて乃ち止みたりと。

これは面白き一挿話であるが、或いは之を以て安息人が中国と大秦との直接交通を好まず、故意に船人をして誇大の言をなさしめ、以て甘英を恐怖させ、大秦に赴く計画を拋棄せしめたものと推量する人がある。併し乍らこの文を読むに、安息船人が安息政府の間牒であるとは受け取れない。船人の言を魏略の文と比較するに、

（後漢書船人の言）善風なれば三月。遅風なれば二歳。

（魏略）風利なれば二月（史記注。三月）。風遅ければ一歳（史記注。一、二歳）。風無ければ三歳。

即ち魏略に普通要する日数として掲げたるものに比して殆ど差異を見ない。云い換れば航海日数はそこにたとい誇張があるにもせよ、そは普通一般に行われたる誇張の言であって、安息西界の船人が特に悪意を以てなしたる誇張の言ではない。船人の言には更に懐郷病か、壊血病かに就ての数語があるが、之も当に有り得可きことであって、別に威嚇の意味は含んでいない。もしあったとしてもそは正にヒルトも想像せる如く船人が旅客に酒銭を強請する

常套手段であって、直ちに安息資本家の内意を受けたものとも解されぬ。而して甘英は故郷を去ること万里の異国にあって、今更の懐郷病でもあるまい。甘英が大秦に使する使命を果さず途中より引返したる真の理由、動機などは全く個人的のもので、その甘英がいかなる人物でありしかも分らねば、考証しようにも方法がない。要するに以上は単なる一挿話に過ぎぬものである。安息西界の船人は即ちシリアの船人であって、旅客たる甘英に常套話を告げた。話はそれ丈(だけ)に止まる。強いて之を想像曲解して、安息政府の廻し者となれる波斯湾の船人とする必要は毫もない。而も翻って思うに、かの碩学ヒルト以来、何人の学者が、甘英と共にこの「波斯湾の船人」に誑(たぶら)かされたことであろうか。

　第二の条支より大秦羅馬に至るには猶別に陸道がある。之は魏略に、

　前世但論有水道。不知有陸道。

　前世にはただ水道あるを論ぜしのみにて、陸道あるを知らず。

と云えるもの、扨その経路は、

　(魏略) 従安谷城。陸道直北行。之海北。復直西行。之海西。

　魏略に、安欲城より、陸道にて直北行し、海北に行き、復た直西行して海西に行くと。

　(後漢書) 従安息陸道繞海北行。出海西至大秦。

　後漢書に、安息より陸道にて海北を繞(めぐ)りて行き、海西に出て大秦に至ると。

とあり、両者共に安欲城即ちアンチオキアより北して地中海の北岸に沿い、大秦羅馬に至る道を記したものである。海西は即ち羅馬であるが、広義には伊太利半島を指すものであり、

海北は希臘、巴爾幹（バルカン）半島、或いは小亜細亜をも含むならんと推測される。さればこの経路はアンチオキアより小亜細亜の海岸に沿いて進み、ヘレスポント海峡を渡り、バルカン半島を西に横断し、アドリア海を繞って、所謂ガリア・チサルピナ州より海西即ち伊太利半島に達するのであるが、この際ヘレスポント海峡を渡る時のことが更に詳しく記録のあるのが面白い。

（魏略）従驢分城。西之大秦。渡海飛橋。長二百三十里。

魏略に、驢分城より、西して大秦に行くに、渡海の飛橋あり、長さ二百三十里なりと。

（後漢書）有飛橋数百里。可度海北諸国。

後漢書に、飛橋あり、数百里なり。海北諸国に渡るべしと。

驢分はプロポンチス海か、或いはヘレスポント海峡の音訳であろう。兎に角海北諸国即ち巴爾幹、希臘に渡る海橋とはヘレスポントの夫（それ）に違いないのである。この橋は波斯のクセルクセス王が希臘征伐の際に巨費を投じて架したもので歴史上に有名な事実であるから、[4]恐らく漢代には既に存在しなくても長く東方人の知識に残って、漢使の耳にも入ったものと見える。前説之を以て多くユウフラテス河に架する所とするの非なるは言を待たぬ。長さ二百三十里は如何に見ても多きにすぐ。或いは二、三十里可（ばか）りとある可きを写し誤り、後漢書亦之を承けたるものか。

白鳥博士の説では条支をカルデア南方とし、大秦を埃及アレキサンドリアとする結果、陸道条支より大秦に至るには海を繞って行くことが出来ぬ。そこには海西もなく、海北諸国も

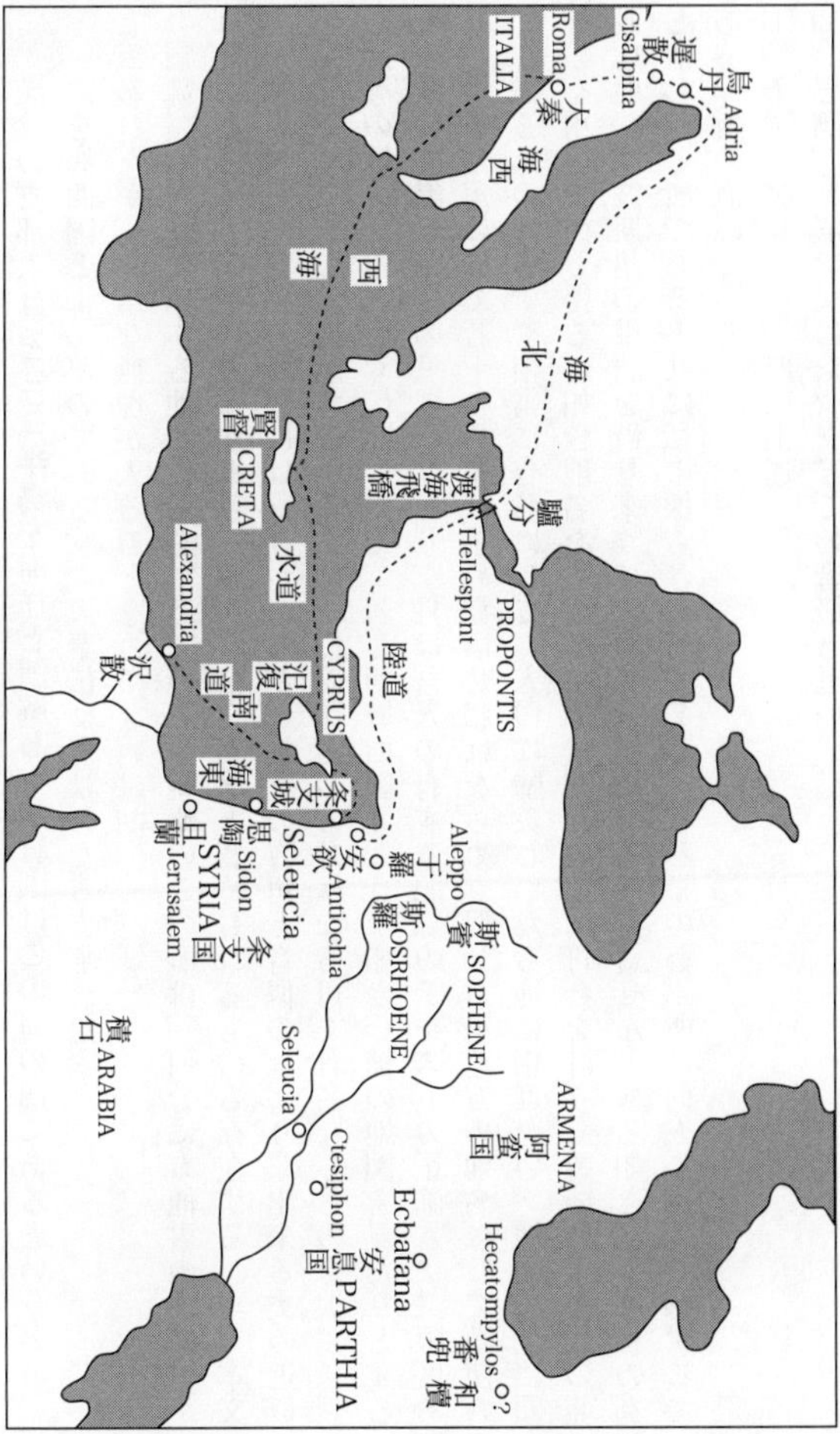
烏丹
Adria
遅散
Cisalpina
Roma
大秦
ITALIA
海西
西海
海北
驢分
渡海飛橋
Hellespont
PROPONTIS
賢督
CRETA
水道
Alexandria
沢散
汜復
南道
CYPRUS
陸道
条支城
海東
Seleucia
思陶
Sidon
且蘭
Jerusalem
SYRIA
条支国
安谷
Antiochia
于羅
Aleppo
斯羅
OSRHOENE
斯賓
SOPHENE
積石
ARABIA
Seleucia
Ctesiphon
ARMENIA
阿蛮国
Ecbatana
安息国
PARTHIA
Hecatompylos
和櫝
番兜

条支国及び大秦国要図

なく、況や渡海の飛橋もない。そこで、

漢代の支那人はArabia半島を海洋と誤解し、犁軒国はこの海の西にあるというので、之を海西国とよんだのである。（「大秦伝に現はれたる支那思想」）

と云われたが、非常な無理が入ることを否めない。

猶魏略に大秦に属する地名数個を挙げている。魏略のこの所は、何分にも他書の注に引かれたこととて、記事に混雑があり、明かに衍文（えんぶん）誤謬と認められるものも存在するから、本文の一字一句を墨守するわけには行きかねるが、相互の方角と音似の上より、出来る丈の近似値を求めて見るのも徒爾ではあるまい。位置比定の方針はなる可く有名なるものを択ぶ。蓋し此等の地名は殆ど悉く伝聞に出で、若し西域旧図と云うが如き一種の地図を見たりとするも、その知識の精確の度に限度あり、且は吾人の有する記録のテキストの正確さに又限度あり、里数方角に於て若干の誤差は予め覚悟せねばならぬ。但し万里遠方の地名にして漢使の耳に入るものは必ずや相当に有名にして、人口に膾炙しいたる地に相違ない。地図の上に顕微鏡を用いて検し得るが如き地名を強いて求めて記録の上に符合を計り、或いは千年後の亜剌比亜語、波斯語の単語を借り来って強いて音韻上の辻褄を合せんとする如き試みは私の為し能わざる所であると共に私の採らざる所である。寧ろ私の尊ぶ所は何人も等しく感ずるであろう所の直感である。

(1)　于羅。アレッポ。既に上述。

(2)　思陶。シドン又はシッダ。この音最も近い。

(3)　且蘭。イェルサレム。且蘭はサレムの音訳。
（魏略）従思陶国。直南渡河。乃直西行。之且蘭。三千（百？）里。

魏略に、思陶国より、直南して河を渡り、乃ち直西行して且蘭に行く、三百里なりと。

ここに云う河とはヨルダン河か。古代の希臘人の地図を見るに、シリア・フェニキアの海岸線が南北に走らずに斜東北より西南に伸びたものがある。それでシドンよりイェルサレムへ行くにも西南行すると見えたか、或いは西は南の誤か。三千里は明かに三百里の誤。

（魏略）且蘭汜復（二字恐衍）直南。乃有積石。積石南乃有大海。出珊瑚真珠。

魏略に、且蘭の直南に乃ち積石あり、積石の南に乃ち大海あり、珊瑚真珠を出すと。

積石はアラビア砂漠。大海は紅海印度洋であろう。

(4)　汜復。キプロス島。
（魏略）汜復王属大秦。其治東北去於羅三百四十里。渡海也。

魏略に、汜復王は大秦に属す、其治は東北の方、於羅を去ること三百四十里、海を渡るなりと。

又曰。於羅属大秦。其治在汜復東北。渡河（海の誤か）。

魏略に又曰く、於羅は大秦に属す。其治は汜復の東北にあり、海を渡ると。

於羅即ちアレッポの西南海上はキプロス島に外ならぬ。

又曰。従且蘭復直西行。之汜復国。六百里。南道会汜復。

魏略に又曰く、且蘭より復た直西行し、汜復国に行く、六百里あり。南道は汜復に会すと。

キプロス島はイェルサレムより西北に当るが、恐らく此頃の地図に実際よりも南へ下って描かれていたのがあったのであろう。さればアレッポより見て殆ど直西なる筈のキプロス島が西南となっている。南道云々は意味不明であるが、或いはアレキサンドリアよりの南方航路が此処で会合する意味か。

(5)　賢督。クレタ島。（一六八頁後記参照）

（魏略）汜復。乃西南之賢督国。

魏略に、汜復より、乃ち西南して賢督国に行くと。

又曰。賢督王属大秦。其地東北去汜復六百里。

魏略に又曰く、賢督王は大秦に属す、其地は東北の方、汜復を去ること六百里なりと。

この所恐らく渡海也などの字が落ちたものであろう。その方角もキプロス島の略〻（ほぼ）直西に当るが、この島が更に南方に偏して地中海の中央に描かれていたのであろう。キプロス・クレタ両島間の距離は、イェルサレム・キプロス間の距離よりも実際は遥かに大であるが、この位の誤差は致し方がない。

(6)　沢散。アレキサンドリア。

（魏略）其治在海中央。

魏略に、沢散国の治は海の中央にありと。

之はナイル河デルタ上にあり、海中に突出するを云う。

又曰。北至驢分。水行半歳。風疾時一月到。最与安息安谷城相近。

魏略に又曰く、北して驢分に至る、水行に半歳、風速き時は一月にして至る。最も安息の安欲城と相近しと。

アレキサンドリアよりヘレスポント海峡迄、一月乃至半歳の航程とある。之を先にシリアより羅馬までの二、三月乃至一、二歳と考え合せて、一般に航海の日数が事実より誇張して伝えられたる風ありしを知る。愈〻以て先の安息西界船人の言が別に他意なかりしを証するに足る。安息安欲城は中間に西界の二字を脱したのであろう。この時代は既に大秦が条支を併せ于羅地方となっている時であるが、斯かる時代錯誤は中国史籍に有り勝ちのことなれば深く咎むるにも及ばず。アレキサンドリアがアンチオキアと最も相近しというは不適切なるが、アレキサンドリア・シリア間に直通の航路があるを云えるか。或いはアレキサンドリア以外埃及の諸都市を列挙しありしを三国志注が削除せし結果か。或いはシリアのアレキサンドレタを混同せしか。

又曰。西南詣大秦都。不知里数。

魏略に又曰く、西南して大秦の都に至るに里数を知らずと。

西南は正に西北の誤。或いは羅馬に赴くに埃及の海岸に沿うて進めば羅馬もその海岸線の方向にありと誤認したる結果か。

(7) 遅散及び烏丹。遅散はボロニア若くはラヴェンナ。烏丹はアドリア。之に就ては少しく考証を要する。魏略の陸道安欲より大秦に至る記事の中、海西即ち伊太利半島に達して後、羅馬に至る迄の道程を記した甚だ難解なる左の一節がある。

海西。復直南行。経烏丹・遅散城。渡一河。乗船一日乃過。周廻繞海。凡当渡大海。六日乃到其国。

海西にて、復た直南行し、烏丹・遅散城を経て一河を渡る。乗船一日にして乃ち過ぐ。周廻して海を繞る。凡そ当に大海を渡るべし。六日にして乃ち其国（大秦）に至ると。

右の中「経烏丹遅散城」の六字、普通に「経之烏遅散城」に作る。前人之を以て「経て烏遅散城に之く」と読むが、斯くては経の字意義をなさぬ。この所明かに誤字がある。魏略の地名、他は悉く二字を以て翻訳するに、此所丈け三字なる筈がない。幸いに元郝経続後漢書巻八十注に引く所、「経烏丹遅散城」に作るので之に従うことが出来る。伊太利半島の北端より羅馬に向って南下するこの道程が、別の個所にある

従（大秦）国下。直北至烏丹城。

大秦国下より、直北烏丹城に至る。

の句にも合致する。この烏丹城は恐らくAdria又はHadriaでポー河の北にあり、現今は果して存在するか否かも知らぬが、古は有名であり、それがアドリア海の名となって今に残っている。遅散はガリア・チサルピナ州の音訳、州城はボロニアの筈であるが、この場合は或いはラヴェンナかも知れない。次に分らぬのはこの附近で一日船にのって渡る大河があるが、それが次の如く三個所に載っているのは、どれか一つが原文で他は誤って重複したるものに違いない。

烏丹城。西南又渡一河（A）。乗船一日乃過。西南又渡一河（B）。一日乃過。
烏丹城より西南して又一河を渡る。乗船一日にして乃ち過ぐ。
経烏丹遅散城。渡一河（C）。乗船一日乃過。（前出）

右の中（C）は上文が既に誤っていたのであるから、それに続いたこの文も疑わしいので第一に抹殺される資格がある。（A）（B）は全く同じ文を二つ並べたので、漢文になき表現法であるから、（B）は誤れる重複として抹殺して差支えなかろう。果して然らば（A）に残りたるこの大河は烏丹城、即ちアドリア市の南なるポー河に違いない。正しく云えば烏丹城より此河を渡りたる所に遅散城があるので、遅散城の次にこの河を渡るのではないのである。その次の文句、前引の、

周廻繞海。凡当渡大海。

の意味曖昧なるが、以上の陸道はアドリア海を繞る迂廻路なれば、その日数、大海を横断するに相当するの意か。或いは凡の字、否の誤にて、「否ざれば当に大海を渡る可し」とでも読む可きものか。次に、

六日乃到其国。

は遅散城より羅馬に到る日数である。

以上私は八箇の大秦の地名をさしたる無理なく解釈し得たと信ずる者であるが、総じて古代の地名を漢字に音訳する際、その漢字の発音は、現代中国音よりも寧ろ、古く吾国に伝わりたる漢音と相近いという結論に到達したのである。

更に魏略には二条の山脈に関する記載がある。曰く、

且蘭汜復（四字衍）斯賓阿蛮北。有一山東西行。

斯賓・阿蛮の北に一山あり、東西行す。

これカウカサス山脈とタウルス山脈とを連続せしめて考えたものであろう。

又曰。大秦海東。東各有一山。皆南北行。

魏略に又曰く、大秦海東諸国の東に、各〻一山あり、皆南北行すと。

海東とは于羅・思陶・且蘭の諸国。山は有名なるレバノン山脈、奥レバノン山脈及びその続きであろう。

更に魏略には漢人が極西の地大秦に就て有したる若干の知識を載せている。曰く、

其国無常主。国中有災異。輒更立賢人。以為王。而生放其故王。王亦不敢怨。

其国に常主なし、国中に災異あれば、輒ち改めて賢人を立てて以て王となし、而して生きながら其の故王を放つ。王も亦敢て怨まず。

之は羅馬のコンスル、ディクタトルの選挙制度を伝え聞きて表わすに中国式表現を以てしたるもの。又曰く、

王出行。常使従人。持一韋囊自随。有白言者。受其辞投囊中。還宮乃省為決理。

王の出行するや、常に従人をして一韋囊を持して自ら随わしむ。白言する者あれば、其辞を受けて囊中に投じ、宮に還りて乃ち省して決理をなす。

これは護民官が四六時中門を開きて、被迫害者が自ら来り投ずるを待ちし等の制度を中国色に

潤色せるもの。又、

　置三十六将。毎議事。一将不至則不議也。

　三十六将を置く、毎に事を議するに、一将至らざれば則ち議せざるなり。

三十六人は少しく内輪すぎるが、羅馬の議会制度。又、

　十里一亭。三十里一置。終無盗賊。

　十里に一亭あり、三十里に一置あり、終に盗賊なし。

は羅馬帝国内の駅逓制度。

　其王治浜側河海。以石為城郭。

　其の王治は河海に浜側し、石を以て城郭と為す。

　其王所治城。周回百余里。有官曹文書。王有五宮。一宮間相去十里。

　其王の治する所の城は、周回百余里、官曹文書あり。王に五宮あり、一宮の間、相去る十里なり。

は羅馬城の雄壮宏大なるを云う。五宮は羅馬七丘の故事を五行思想を以て修飾せる結果。

　其俗能胡書。

　其の俗は能く胡書す。

ラテン作家の名声漢使の耳に入る。

　有河出其国西。

　河ありて其国の西に出づ。

Pilariusの図

長さも幅も取り立てて云うに足らぬが、史上に有名なるチベル河はこれ。

大秦西有海水。海水西有河水。河水西。南北行有大山。西有赤水。赤水西有白玉山。白玉山有西王母。

大秦の西に海水あり。海水の西に河水あり。河水の西に南北行して大山あり。西に赤水あり。赤水の西に白玉山あり。白玉山に西王母あり。

大秦の西の海水は西部地中海。その西の河水は仏蘭西のローヌ河。その西の大山は仏蘭西中央山塊。次に西の赤水は史上に名高きエブロ河、之を赤水と云うはこの河の水の赤色なりしに因（ちな）んでか。次の白玉山は西班牙（スペイン）の銀の鉱山を指せるものであろう。そこに西王母があり、原文なお続くが、この辺よりお伽噺の領域に入り、真面目に考証が続けられない。

俗多奇幻。口中出火。自縛自解。跳十二丸。巧妙（非常）。

俗に奇幻多し。口中より火を出し、自縛し自解す。十二丸を跳し、巧妙非常なり。

非常の二字、当に後漢書の注に引く所によって補う可きである。十二丸を弄する芸人の俤（おもかげ）は、古羅馬の折絵（diptych）の中に覗うことが出来る。図は七丸しか飛ばして居らぬ

落さしめずに操っている所である。拉典語にて Pilarius と云う。(5)
が、原理は同様にて、前額・手・腕・足の甲・ふくらはぎにて丸を受けて跳ねかえして地に

作金銀銭。金銭一当銀銭十。

金銀の銭を作る。金銭の一は銀銭の十に当る。

年月比例制度とも云う可き金銀比価の法則は羅馬のみならず西亜細亜一帯に行われ、金の価を一年の日数三百六十とすれば銀の価は一月の日数二十七、結局十三対一なる金銀比価が凡そ二十世紀間も行われていたのである。但し現実の貨幣は純金でなく約二十％の混合物があるので、その比価は殆ど十対一となる。(6)

其外魏略には大秦の物産をも列挙しているが、此処には一々挙げない。総じてその言う所、誤解もあり誇張もあるが、当時としては割合によく実相の把握に力めたりと云う可く、決して中国自身の幻影を遠西の地に蜃気楼の如く望見したものでないことが知れる。

六　結　語

以上私は中国史籍に見える西海は地中海であり、条支はシリアであり、大秦は羅馬本国に外ならぬことを論証し得たと信ずる。近頃偶〻那珂〔通世〕博士の『東洋小史』〔大日本図書、一九〇三年〕及び『支那通史』〔全五冊、中央堂、一八八八―九〇年〕を繙きたるに、条支を叙利亜とし、大海を地中海とされしを見て、益〻意を強うした。顧みるにヒルトが

『支那と大秦』に於て条支をカルデアに、西海を波斯湾に比定して以来、東西の学者概ね其説を奉じ、藤田博士も之を少しく東方に移したるのみで、結局ヒルトの旧套（きゅうとう）を脱して居らぬ。その結果、条支に接する大秦は或いはシリア、或いは埃及に求めざるを得なくなり、当時の東西両洋を連結する交通の大幹線が空しく埃及の砂漠の中に埋没したるのみならず、一錯誤は一錯誤を産み、アラビア砂漠を海とし、大秦国を無何有郷（むかゆうきょう）とせざるを得ぬに至ったのである。而も白鳥博士は、史記漢書にシリアの記載なしと疑い、

> 武帝の時代に安息国の西に接して Syria 王国があった。（略）建国以来已に百八十余年も経過して来た国であって、而も文化の点に於ては尚当時の西域に優越の地位を占めていたのであるから、此の国の名が張騫の耳朶に触れないでいたとは思われない。（「大秦伝より見たる西域の地理」）

と云って居られ、更に別の個所では条支はアンチオキアの音訳とし、

> 条支国はシリア王国を指したものだとすれば云云。（「大秦伝より見たる西域の地理」四）

とさえ云って居られるではないか。これこそ将に私が云わんと欲する所であって、私の説は無下に博士の所論に反対するものでなく、反って博士の理論をある可きように発展せしめたる結果なることは、博士も承認さるるであろうと信ずる。思うに時は西暦紀元前後、極西の地羅馬より大道長安に通じ、之を東に延ばせば其儘我国にも至る事実に想到すれば、痛快の念禁じ能わざるものがある。

（1）参照邦文論文
白鳥博士「大秦国及び払菻国に就て」（『史学雑誌』第十五編四・五・八・十・十一号〔一九〇四年〕）
「条支国考」（『内藤博士還暦祝賀支那学論叢』〔羽田亨編纂、弘文堂、一九二六年〕）
「大秦伝に現はれたる支那思想」（『桑原博士還暦記念東洋史論叢』〔弘文堂書房、一九三一年〕）
「大秦伝より見たる西域の地理」（『史学雑誌』第四十二編四・五・六・八号〔一九三一年〕）〔以上、すべて『白鳥庫吉全集』第七巻、岩波書店、一九七一年所収〕
藤田博士「条支国考」（『東洋学報』第十三巻二号〔一九二三年〕）〔のち藤田豊八『東西交渉史の研究』下巻、池内宏編、岡書院、一九三三年〕

（2）Rawlinson : The Sixth Oriental Monarchy. 1873〔George Rawlinson: *The Sixth Great Oriental Monarchy, or, The Geography, History, & Antiquities of Parthia*, Longmans, Green〕. 本論内に於けるパルチア史実に関しては、殆ど全部をこの書に負うことを自白する。

（3）Rawlinson の同書百四十頁に、King of Sophene, or Armenia Minor という句が見える。

（4）クセルクセス王のヘレスポント架橋のことはヘロドトスの史に見ゆ。曰く、
アビドスの対岸、ヘレスポントのケルソネスは巌壁なり。アビドスより比巌壁に向い、フェニキア人は白麻索を、埃及人はパピルス索を張りて架橋せんとす。其距離七スタジア。然るに一日颷風起り、張索架板を粉韲して工事水泡に帰す。クセルクセス王聞きて嚇怒し、命じてヘレスポントの海面を鞭つ三百打、両条の鉄鎖を沈め、予が聞く所にては別に烙器を沈めて、「汝不庭の江水、君王爾に背く莫きに、爾敢て君王に背くを以て此罰に処す。爾の諾否に関せず、クセルクセス王は爾を渡らむ。奸譎の鹹江」、また犠牲を供せず」と痛罵せしめ、架橋を督せる者を斬り、人を代えて工を起さしむ。新工は案を更め、ユキシン海より三百六十、ポントスよりは斜にヘレスポントの潮勢に順いて張索の緊

附表一　地名比定諸説一覧表

原名	ヒルト説	白鳥博士説	著者説
条支	Chaldea	Mésène-Kharacèné. Kharax. Antiochia.	Syria, Seleucia
阿蛮	Acbatana	Ecbatana	Armenia
斯賓	Ctesiphon	Ktesiphon	Sophene
于羅	Hira	Ura. Vologesia	Aleppo
斯羅	Seleucia	Seleucia	Osrhoene
大秦	Antioch	Alexandria	Roma
西海	波斯湾	波斯湾	地中海
安欲	Orchoë	Orkoi	Antiochia
汜復	Emesa	Damask	Cyprus
且蘭	Palmyra	Palmyra	Jerusalem
思陶	Sittake	Sittake	Sidon
沢散	Charax Spasinu	Mésène-Kharacèné	Alexandria
驢分	Nicephorium	Edessa（Ruha）	Hellespont. Propontis
賢督	Damask	Jerusalem	Creta
烏遅散	Alexandria	Antiochia	——
遅散	Alexandria	Antiochia	Cisalpina（Gallia）
烏丹	Myos Hormos	Petra	Adria

附表二　条支大秦地名音韻転訛表

原文	現代中国音	日本音	原文が表わさんと力めたる音推定	比定地名
条支	t'iao-chih	デウシ	Leu-ki	Seleucia
阿蛮	a-man	アマン	Ar-men	Armenia
斯賓	ssu-pin	シヒン	So-phen	Sophene
斯羅	ssu-lo	シラ	Su-ro	Osrhoene
於羅	yü-lo	ウラ	A-la	Halab, Aleppo
安欲	an-yü	アンヨク	An-iok	Antiochia
汜復	ssu-fu	シフク	Ki-pu	Cyprus
驢分	lü-fên	ロブン	Ro-pon	Propontis 海
沢散	tsê-san	タクサン	Lek-san	Alexandria
且蘭	ch'ieh-lan	ショラン	Sa-len	Jerusalem
賢督	hsien-tu	ケントク	Ker-ta（後記参照）	Creta
思陶	ssu-t'ao	シタウ	Si-dau	Sidon
烏丹	wu-tan	ウタン	A-dar	Adria
遅散	ch'ih-san	チサン	Ci-sal	Cisalpina

力に耐うるように三百十四の、五十楫三層船を連結して相連らしめ、内より吹く風を防ぐにはポントス方面の橋に、南風に耐うる為には西方よりの橋梁に、各長錨若干を投ぜしめ、来往出入の軽舸の為に、五十楫船間に水路を開くもの三処、張索を絞車に捲きて水面に張るに、前には両種の索綱を各別に用いしも、今は白麻索二条パピルス索四条を合せ張る。蓋し両種の索綱量均しく、毎キュビットの重さ一タレントなるも、強度は麻索の優れたればなり。索張りて後木板を列して之を縛束し、上に倭樹を並べ土砂を盛り、馬匹の水に驚かざらん為両側に欄牆（らんしょう）を設く。（坂本健一氏訳『〔ヘロドトス改題〕世界最古史』〔隆文館図書、一九一四年〕による）

なおダリウス大王もスキタイ征伐に当

り、黒海に近きボスフォラス海峡に架橋している。

（5） Rich: Dictionary of Roman and Greek Antiquities. 1901〔Anthony Rich: *A Dictionary of Roman and Greek Antiquities : With Nearly 2000 Engravings on Wood from Ancient Originals: Illustrative of the Industrial Arts and Social Life of the Greeks and Romans*, Longmans, Green〕. 図は同書に載せたるVerona博物館蔵の折絵に拠る。

（6） White: Silver, its History and Romance. 1917〔Benjamin White: *Silver, its History and Romance*, Hodder and Stoughton〕. p. 197, p. 211, p. 309.

〔附記〕本文稿成り刷（けつ）に付して後、小川〔琢治〕博士著『支那歴史地理研究』〔弘文堂書房、一九二八年〕所収「歴史地理の地名学的研究」条支国、大秦国条下に於て、条支を（アンチオキアの音訳として）シリアに、驢分をプロポンチスに、安欲をアンチオキアの異訳として比定されあるを読みて、今更乍ら自分の迂闊なりしことを知り、慚愧に堪えぬ。併し其他の点に於て、猶博士の高説と異る所もあれば本文存在の理由も成立つならんと思い、字句を変更する所なく、その儘掲載せしむることとした。博士の諒恕を請う次第である。

〔後記〕其後森鹿三氏から、賢督をクレタ島に比定する為には、その字が国都のCandyを写したものと見る方がよくはないかと注意を受けた。或いは然らんと思う。

（『史林』第二十四巻第一号、昭和十四年〔一九三九年〕一月）

〔『アジア史研究』第一、東洋史研究会、一九五七年〕

中世

晋武帝の戸調式に就て

緒言

晋の武帝が呉を平げて後、かの有名な戸調式を発布して、之が北魏、北斉、隋唐諸朝の均田法、班田法の手本になった。この式の大意は晋書巻二十六、食貨志に載せられているが、極めて意味曖昧である。而も之に対する解釈の如何は、後来諸法の歴史的意義を理解するに就ても甚だ重要なる可きは言を待たぬ。尤も此問題に就ては、嘗て志田不動麿学士が『史学雑誌』第四十三編第一号乃至第二号に亙って、「晋代に於る土地所有形態と農業問題」〔一九三二年〕なる論文を載せられたことがあり、又世界歴史大系の『東洋中世史 一』〔平凡社、昭和九年〔一九三四年〕〕にも比較的詳細な論述がある。近頃ある機会から、同様な問題に就て些か愚考を費したるところ、従来の解釈に就て尚、心に安んぜざるものあり、蛇足を続ぐの謗を免れぬかも知れぬが、敢て浅慮の及ぶ所を披瀝して大方の指示を仰ぎたいと思う。

猶、調という言葉は唐代では租税の一種の名となって、田租などは之に含まぬ。晋に於ても既にその傾向はあるが果してどこ迄そうであったか、今之を詳らかにし得ず、或は戸調之式と共に田租之式とでも言うものも発布されたかも知れぬ。併し晋書食貨志には単に戸調之式の名を挙げて、すぐ続けさまに田制をも述べているので、今此処に於ても主に論じたいことは田制なのであるが、別に異を立てずに其儘戸調式としておく。

一　戸調式の本文

扨晋の武帝の戸調式に関しては、晋書食貨志が根本史料たるは言う迄もないが、現今の晋書は唐初太宗の撰述ということになって居り、晋より三百数十年を経ているので根本資料としては甚だ頼りないものである。相成る可くは之と等価値の材料を求めて比較したいのであるが、今日の所ではそれも絶望である。然るに偶々杜佑の通典を対校した所、僅かに二、三字ではあるが、極めて重要な差違を発見した。通典は勿論唐末の作であり、晋書より時代が後れ、而も当面の問題に関する部分は晋書食貨志を其儘引用したと見えるが、通典は正史志類と比較して時に其誤字を訂正し得る。蓋し前四史以外の正史、特に其志類は余り読者がなく譌誤が其儘伝わったものが、通典は広く愛読されて善本が伝わり、且つは宋代印刷になる迄の時間が割合に短かかった為、誤が少なくして済んだのではあるまいか。晋書食貨志と通典巻四、賦税上との戸調式の文を比較すると、通典の方が三字少ない。僅かに三字であるが、其中の二字は本論の焦点となるものであるから煩を厭わず左に全文を掲げる。(1)乃至(4)

の数字は勿論、余が便宜上附したものである。なお本論の引用文はこの解釈自身が問題なので、その訳文を併せ掲げることは意味がないから、一切やめる。

晋書食貨志

又制戸調之式

(1)丁男之戸。歳輸絹三匹。綿三斤。
女及次丁男為戸者。半輸。
其諸辺郡。或三分之二。遠者三分之一。
夷人輸賨布。戸一匹。遠者或一丈。

(2)男子一人。占田七十畝。女子三十畝。
其外丁男。課田五十畝。丁女二十畝。次丁男半之。女則不課。

通典賦税上

制戸調之式
丁男之戸。歳輸絹三匹。綿三斤。
女及次丁男為戸者。半輸。
其諸辺郡。或三分之二。遠者三分之一。
夷人輸賨布。戸一匹。遠者或一丈。
（賨下註。在公反）

通典田制上

男子一人。占田七十畝。女子三十畝。
其丁男。課田五十畝。丁女二十畝。
次丁男半之。女則不課。

男女年十六已上至六十為正丁。十五已下至十三。六十一已上至六十五。為次丁。十二已下六十六已上為老小。不事。	
⑶遠夷不課田者。輸義米。戸三斛。遠者五斗。極遠者輸算銭。人二十八文。	不課田者。輸義米。（戸）三斛。遠者五斗。極遠者輸算銭。人二十八文。
⑷其官品。第一至于第九。各以貴賤占田。品第一者占五十頃。第二品四十五頃。（中略）第九品十頃。	其官第一品。五十頃。毎品減五頃。以為差。第九品。十頃。

即ち両者を比較して、晋書の方が三字多い。⑵に於て外の字、⑶に於て遠夷という字が、通典の方にない。何れが正しいかの疑問は、逐条の解釈によって次第に判明するであろう。

二　占田と課田

⑴に就ては別に問題がないから略す。⑵は又三箇条に分れるが、疑問の起るのは第一条と

第二条である、第一条の、

男子一人。占田七十畝。女子三十畝。

とは如何いう意味であろうか。普通に之が政府授田の額と解されているようであるが、それならば後の課田とどう違うのであろうか。又男子女子とあって年齢のことが一言も言ってない。一歳の女児までが三十畝授田されたであろうか。どうもそうは考えられぬ。そこで、右の文は一戸の内の最初の男女又は戸主の一夫一婦を指すのであるという解釈が出る。すると之は次の第二箇条に問題が波及する訳である。併しそれ以前に占田の意味を考える必要があろう。

この占田はすぐ次の⑷に、

其官品。第一至于第九。各以貴賤占田。

という句がある、その占田と同じ意味に違いない。⑷をよく読むとこの占田は限田の意味なることが分る。更に晋書食貨志の比処より前の部分に、

詔書。王公以国為家。京城不宜復有田宅。今未暇作諸国邸。当使城中。有往来処。近郊有芻藁之田。今可限之。国王公侯。京城得有一宅之処。近郊田。大国田（占の誤か）十五頃。次国十頃。小国七頃。

なる一節がある。之は諸王公が京師附近に理財目的の田宅を多く所有するので、それを取締り、単に朝覲の折に宿泊する所と、其折に芻藁を供給す可き郊外の田とのみの所有を許すことを規定したものである。「近郊田。大国田十五頃」は田字が重複するから、下の田は占の

誤か、然らずんば衍字である。之は政府より支給する意味よりも、「之を限る可し」に重きを置いている。従って(4)の占田も官吏が勢に乗じて兼幷を行うのを取締るの意に出たもので、前後の史書に其例極めて多く、敢て多弁するに当るまい。

果して然らば(2)の占田も同様、之は官なき庶民の所有する田の限度を定めたものである。決して政府は之に対し授田の義務を負うものでなく、同時にこれ以上超過の分を没収するというのでもなく、単に以後の兼幷を制限するという法令に過ぎぬようである。さればこそ、若し男一人・女一人と極めて無雑作に定めてある。一戸の平均男三人・女三人として三頃、五人宛ならば五頃、五頃ならば九品官の占田額十頃の半分に当る。庶民としてはこれ位が限度であり、二十人もの家内があって官吏の十頃にも及ぶことは恐らく考えないでもよかったであろう。因みに晋の戸口比は晋書巻十四、地理志上に、

太康元年平呉。大凡戸二百四十五万九千八百四十。口一千六百一十六万三千八百六十三。

とあるに従って計算すると大体一戸当り六・六人となる。要するに此規定は恐らく最初から罰則のない法律で、(4)と同様、文章の綾にすぎず、あれどもなきが如きものであろう。次に第二条に、

其外丁男。課田五十畝。丁女二十畝。次丁男半之。女則不課。

とあるが、外の字は晋書にあって通典にない。普通には此句を、「其外の丁男」と読み、最初の男女二人を除いた第三人目からと解釈されているようであるが、通典には「其の丁男」

とある。この場合、「其の」は殆ど意味がない。其は多く、話題が他に転じた時に用いられる字である。扨何れがよいかの問題であるが、此場合に於ても、枝葉の問題よりも先ず課田の意味を究明するのが急務であろう。最も近い時代に於て課田という字を用いた例は、晋書巻四十七、傅玄伝に彼が武帝に便宜五事を上奏したが、その第四に屯田を論じて、

古以歩百為畝。今以二百四十歩為一畝。所覚（受の誤か）過倍。近魏初課田。不務多其頃畝。但務修其功力。故白田収至十余斛。水田収数十斛。自頃以来。日増田頃畝之課。而田兵益甚。功不能修理。至畝数斛已還。或不足以償種。非与曩時異天地。横遇災害也。其病正在於務多頃畝。而功不修耳。

と言っている。この課田は屯田兵に分配して耕作せしむ可き田地を指せるは疑いない。而して魏初には狭き土地を与えて深耕せしめたので収穫が多かったが、晋に至って課田の面積を多くしたので反って収穫が減少したことを述べている。この課は「わりつける」の意味である。而して屯田であるからその田からの収穫の半分程を上納せしめる。この義務をも課という。果して然らば、⑵の第二条こそ、政府授田の規定ではあるまいか。或は言うであろう。「それは屯田の規定であり、之は一般の規定であるから全く異った場合である」と。併し戸調式の発布された時は、屯田の廃された後であった。之に就ては早く岡崎文夫教授が『支那学』第五巻第二号、「魏の屯田策」（一九二九年、のち岡崎文夫『南北朝に於ける社会経済制度』弘文堂書房、一九三五年）の中に於て、

晋が授田法を机上で作り上げたのは、正に屯田法を廃した其代りの役目を演じたのでは

あるまいか。

と言われたのは確かに卓見である。又嘗て先輩横地得造学士からも同様の説を伺ったように記憶する。扨魏の屯田は魏末、司馬昭執権時代に一旦廃止された。魏志巻四、陳留王紀に、

咸熙元年。是歳罷屯田官。以均政役。諸典農。皆為太守。都尉皆為令長。

と見えているが、翌年魏晋禅代のことあり、其間に復活されたと見え、再び廃止のことが、晋書巻三、武帝紀に、

泰始二年。十二月。罷農官。為郡県。

と出ている。屯田の廃止は重大事件で色々な方面に波動を及さずには止まぬ。恐らく之に対する適宜の法令が殆ど同時に出来上り、やがて平呉の後に戸調式として発布されたのであろう。

屯田をやめ郡県に合すれば、屯田兵は普通民となるのであるが、果してこの事は然く容易に行われたであろうか。先祖伝来の私有地を耕して比較的軽い税を納めていたものと、官田を貸与されて、重い税役に服していた屯田兵とを一律平等に扱えるかどうか。若し遽かに屯田兵の税役を平民並にしたらば、国家は歳収の上に大打撃を受けなければならぬ。そんな大勇断があり得たであろうか。

先ず田租の点に於て魏は太祖が鄴を平げた時に畝四升と定めた。其後改廃のことが見えぬから大凡この程度で晋に引つがれたと思われる。この税率は後述する如く、中国で伝統的に考えられた収穫量の一割内外であって之は勿論私有地の場合で、それが屯田となると大分に

違う。先の傅玄の言える如く、

旧兵持官牛者。官得六分。士得四分。自持私牛者。与官中分。施行来久。衆心安之。今一朝減。持官牛者。官得八分。士得二分。持私牛及無牛者。官得七分。士得三分。入失其所。必不懽楽。

とあって、もと五割の田租を一時七割に迄引上げた位である。屯田兵を郡県民の中に織込む時に、その負担を一時に引下げることの出来ぬのは明白であろう。併し乍ら今や屯田兵の名を用いることは出来ぬ。一般平民に普く通用する方法として、法令を立てねばならぬ。その矛盾が戸調式の上に現れて、占田と課田となったのではないか。果して然りとすれば課田は屯田と切っても切れぬ関係にある。恐らく此迄屯田のあった土地が課田となり、今迄の郡県民の土地が占田となり、此迄の屯田兵は課田法に服し、此迄の郡県民は占田法に服したのではあるまいか。第二条と第三条とは二種の土地に対する規定であり、人民は相変らず二種に分類されていたのである。

然らばこの課田法こそは、古代行われたと言われる井田法や、助法はいざ知らず、有史以後最初に現れた一般人民に対する土地配分法である。而して之は魏の屯田を受け、後に隋唐に至る土地法の模範となった。この魏晋の土地法こそ中世を古代から区別するエポクメーキングな重大事件と言って宜しかろう。課田という字は後にあまり用いられなくなったが、課一字は以後の諸法に屢々現れて来る。「男年課に及べば」とか、「課を免ず」とか、課役の課とか課調の課とかがそれである。

の丁男は」と同様な意味になり、前条の続きでなく、全く別の条項に移ったことを示しているのである。そこで課田法の大要を述ぶれば、此迄屯田の官有地を耕さんと請う者は、丁男は五十畝、丁女は二十畝、次丁男は二十五畝を受けることが出来る。而して其田租は恐らく多少は軽減されても、五割を下らず、又実際は此迄の屯田兵が耕作していたことと思われる。只彼等は移住の自由を得て、課田を去っても軍法による逃亡罪に問われずにすむようになったであろう。

次に問題となるのは、占田に対する税率である。之も矢張り、魏の畝四升前後を引継いだと推測されるが、問題は戸調式の発布に際して変更が加えられなかったか否かである。之に就て注意す可き記事は、晋書食貨志、

咸和五年。成帝始度百姓田。取十分之一。率畝税米三升。

である。此に「始めて」とは、「田を度って税を取った」のが始めてなのである。而も之は「晋に於て始めて」なのであって、既に魏に於て畝税が課せられていたのは前述の通りである。然らば、東晋の咸和五年〔三三〇年〕以前は「度田取税」以外の税が行われていたに違いない。晋書本紀に国初より屢々田租或は租賦を免じた記事が見えているが、抑も如何なる税法であったろうか。之に解決を与えるものこそ戸調式(3)の条項である。

三　税　額

戸調式(3)に就て、

遠夷不課田者。輸義米。戸三斛。遠者五斗。極遠者輸算銭。人二十八文。

なる文の中、冒頭遠夷の二字が晋書にはあるが通典には無い。何れが正しいか、結論を先に言えば晋書の二字は衍文なのである。

第一に文章の上に於て、最初に遠夷とあり、更に遠者とあり、も一つ極遠者とあっては、遠字が、三重になって文をなさぬ。最も通典の方はこの上がすぐ、「夷人輸賨布云々」の文句に続いている。若しも通典が「夷人」を受けるつもりで二字を略したのならば、晋書の遠夷は「夷人」の誤となって落付くかも知れない。併しそれは機械的にはそうなるかも知れぬが、「遠夷」にしても「夷人」にしても二字が此処にあっては事実の上に困ることが出来る。それは下の米三斛の額である。先に魏は畝税四升、東晋は畝税三升であるが、之を匹夫匹婦、編戸の民の負担にしたならば一戸当り何程になろうか。先の占田額として掲げたものは最大限を許した丈で、実際人民全体がそんなに持てるものでない。通典巻一、田制上によれば、後漢順帝建康元年〔一四四年〕の統計は毎戸七十畝であり、巻六、賦税下では唐天宝中〔七四二—七五六年〕も大約七十畝と計算されている。現実に戸調式の中でも課田は丁男女の夫婦で七十畝になっている。そこで七十畝として計算すれば畝税四升ならば、二斛八斗、畝税三升ならば二斛一斗である。然らば米三斛の田租は夷人などの納む可きものでない。況（いわん）や「遠夷」に於てをや。実に中原人民の納む可き額である。恐らく米三斛とは、人民の占田を一頃、畝収三斗と計算して、其の十分一、畝三升の意味で、遥かに咸和五年の法令と脈絡を通じ、魏よりも若干税率を低くして民に休息を与える心算であったであろう。斯く解して始めて、「不課田者」とは占田民の意味なることが判明するので、之は旧屯田地以外の私有地を持つ人民を指したのである。而して其田租を何故に義米と称したか。

　占田と課田との并立は東晋に至る迄持続された。次に掲げるのは東晋の何れの時なるやを明かにせぬが、隋書食貨志、通典に載せられたもので、晋書食貨志の中には見当らぬ。両書多少字句に異同があるので、取捨塩梅し、分り易い為に表にした。

（課田）	其課	丁男	調	布絹各二丈、糸三両、綿八両	禄絹綿	絹八尺、綿三両二分
			租米	五石	禄米	二石
（占田）	其田	畝	税米	二升		

　これは明かに課田と占田との二種の租税を述べたもので、占田の方にも調があったであろうが、略されている。注意す可きは唐に於る田租と地税との区別が早くも此処に現れていることである。即ち政府より分配される土地に対する地代は租米であり、私有地にかかる地代は税米と呼ばれている。之は又見方によりて国家の公共への開放地（人民の私有地）に対するものは税であり、国家自らの私有地（課田）に対して小作人となって払う地代が租であるとも言える。民の私有地は国家の公地、民の公地は国家の私有地なのである。唐代の課戸の

田租は国家に対する小作料なれば租と言い、地税は主権者に対する公税として税の字がつく。かかる考えが宋に迄伝わり、個人の私有地に対する小作料を租と言い、国家に対する公税を税と言う習慣を生じている。税・租の文字の使用法によっても分る通り、唐の土地法の起源は単に北魏に溯って止るものでなく、晋からその流れを掬んでいるものなのである。

次に注意す可きは、課田に於ては約四割の禄絹・綿・米を附加されている点である。之を租に就て見れば、五石に対し二石の禄米がある。既に税の意味が前述の如く国家の公税であるならば、課田に於ても租米の外に税をも負担す可き筈となるが、別に禄米もあるので更に税米を徴しては余りに多額となるから、課田には租米・禄米の外に税米はなかったに違いない。寧ろ禄米が即ち税米の意味であろう。現に北斉では禄米に相当する附加税を義租と呼んでいる。但し晋の禄米の税率は占田の税米即ち義米よりも重く、五十畝に対し二石なれば、畝四升の割合となる。国家の小作人たる課丁は、国家の公民よりも、その地主に対する私情から地税を二倍方重く負担す可きものと考えられた。而して租の方が、即ち小作料の方が第一次的な地代であり、公税の方が第二次的な、附加的な地代なのである。之を占田の方から言うと、土地私有者は第一次的な地代は払わないでも宜しいので、第二次的な地代、即ち税米を納めれば宜しかったのである。前に占田の税を義米と言ったのは斯る意味からではあるまいか。この思想は唐まで続いて、唐初には課戸の負担する田租のみが徴収されて、天下の土地に対する地税が徴収されない時があった。而してその地税が徴収されるようになって、義倉米と称せられたことは、嘗て浜口重国学士の論証された通りである（『東洋学報』第二十巻第一号「唐代の地税に就て」〔一九三二年〕）。義とは正に対して第二次的の意味であろう。

以上余の所論は二、三の点に於て志田学士の高説と牴触する所もあるが、学士が結論として、晋代は人民の農奴化が行われつつあった時代であるとされた趣旨には全幅の賛意を惜まぬものである。課田は元来嘗て屯田の行われた所に実施されたものであるが、後に永嘉の大乱、華北人民の南方移転などの際に、更にその範囲が拡大されたであろう。課田民はその土地を政府より受ける代りに、重い租調の負担に苦しまねばならなかった。されば田を受けることは決して後世史家の考えるような政府の人民に対する恩恵ではなく、実に地主と小作人との契約であったのである。戸調式の文を見ても、「女則不課」という風に、当時の政治家は別に大した善政とは考えず当り前のように書いてある。課という字には元来強制の意味がある。「勧課農桑」は農業を奨励したり強制したりである。「不課」は寧ろ「強制しない」「免除する」という意味にさえとれる。之は抑も曹魏の屯田策が最初は半ば強制的に出たので、その名残であろう。北魏孝文帝の均田法などは後世史家の称揚して已まぬ所であるが、実は斯ういう土地法が発布される時は、あまり結構な時世ではなかったのである。

四　北魏の均田法

此処に北魏の均田法以後の土地法を説くのは目的の範囲外であるが、只晋の戸調式との関係に於て、若干の考察を試みよう。北魏は西晋末以来五胡の大動乱の後を受けたので、北中国平定の後、土地を整理する必要に迫られ、それが孝文帝太和九年（四八五年）の均田法となって現れた。この法を説明するに当って、元来無産の農民に授田する場合（第一例）と、十分の土地を所有し居る富民に授田する場合（第二例）とに分って論ずるのが便利である。

第一例。私有地を有せざる貧民の場合。最初に丁男は一人毎に桑田二十畝を受ける。この土地は以後子孫に伝えることの出来るもので、一度受けたものは再び政府に返還しないで宜しい。その代り桑五十樹、棗五株、楡三根を種える義務を負わされ、三年間に実行せぬと罰として取上げられて了う。次に露田を受ける。丁男自己の分として四十畝、婦人二十畝、奴婢は良人同様、丁牛一頭三十畝（但し四頭以内）の割合である。之は受田資格者の有無に従い、有余が生ずれば政府に返し、不足なれば政府より受く。次に前述の露田と同面積の地を各有資格者が予備として下附される。之は新なる資格者の発生、若くは休耕地として控除しておく為のもので、倍田と呼ばれ、之に対して先の露田を正田と称する。丁男は都合百畝、婦人は四十畝、牛は六十畝を受けるわけである。

この中の桑田に就ては、実は魏書巻一一〇、食貨志に於ては桑田とは言っていない。只次の文章があるのみである。

諸初受田者。男夫一人。給田二十畝。課蒔余種桑五十樹。棗五株。楡三根。（中略）奴各依良。限三年種畢。不畢奪其不畢之地。

右の中、課蒔余の三字を、課蒔の余と読んでも具合が悪い。蒔余の二字恐らくは衍文で、後に雑蒔余果とあるのが紛れこんだものであろう。「奴は各々良に依る」とは受けとれぬ条項である。奴隷は売買されるものなのに、永業の桑田を受けたらば、他に転売された時に支障を来す。恐らく「奴各」は「奴客」の誤で、奴隷の戸をなすもの、即ち部曲の如きものであろう。然らざればこの四字全体を衍文と見るの外ない。

扨この中に桑田という字は見えて居らぬが次に、

諸応還之田。不得種桑楡棗果。

とあるから、此地は還さないで済む土地、即ち永業であり、且つ桑楡を植えるので、後世史家には普通には之も桑田として呼ばれている。桑田と言っても、現今我々が信州などで見る一面に桑を植えた畠とは異り、桑樹は殆ど境界或は路傍の標識に過ぎぬものである。二十畝は現今我国の一町歩以上に当るから、そこへ五十本や六十本の樹を立てても何程のこともない。唐の令では毎畝となっているから、或は北魏でも毎畝の二字が脱落したのかも知れぬが、毎畝にしても且つ我国の五畝以上なれば余程の空隙が生ずる。桑田とは名のつくものの、貧家にとっては重要な穀物耕作地であったのである。諸葛孔明が成都に桑八百株ありと言ったのは、薄田十五頃に伴ったものと解釈せねばならない。

以上の第一例は晋の課田法に相当する。

第二例。私有地を有する富民の場合。彼は自己所有地の中より成年男子一人に付二十畝宛の土地を以て桑田に当てる。次に如何なる大土地の所有者でも、家内有資格者の分丈、政府より露田の正田分を分配される。之は辞退するわけにいかぬ。政府に土地のない時は仕方ないが、そうでない限り、是非共受けねばならぬ。若し自己の所有地から先の桑田分を差し引いて残りがあれば、之を倍田分に当てる。不足分は政府より授けられるが、若し猶剰余があっても之は政府に取上げられないですむ。但し政府に全く露田のない場合は永業田の剰余分、次に永業田の倍田分を正田分に宛て、又足りねば各正田分を減じて分ち与える。以上の事は魏書巻一一〇、食貨志に、

諸桑田。不在還受之限。但通入倍田分。於分雖盈。没則還田。不得以充露田之数。

という記事になっている。所が「没則還田」の四字は此処にあっては、どうしても意味が通じない。況や後に、

諸桑田皆為世業。身終不還。恒従見口。有盈者。無受無還。

とあって、先に「還受之限にあらず」と言い、此に重ねて、「還すなし」と言っている。「没則還田」と両立出来ない。果して通典巻五、賦税には、前後同様であってこの四字丈が無い。恐らく一行程前に、

諸民年及課則受田。老免及身没則還田。

とあるのが紛れ込んだものであろう。一行凡そ三十字詰の本ならば、丁度前行の同じ程の高さに現われるので筆写の際に誤ったに違いない。之も通典によって文字の誤の正せる例である。

次に魏書食貨志に、

諸地狭之処。有進丁受（無の誤ならん）田。而不楽遷者。則以其家桑田。為正田分。又

不足。不（恐らくは衍）給倍田。又不足。家内人別減分。

というかなり難解な文句がある。之は既に官有地を分け尽した後に、進丁あり、有資格者が出来たが土地のなき場合である。楽遷とは寛郷へ進んで移住を志願することで、それを願わなければ強制しないで、何とかやり繰りをつけるが、どの土地から先ず彼に与えるかの順序を定めたものである。「其家の桑田」とは詳しくは桑田の剰余分で之が第一、次には桑田の倍田分、次には官給の倍田分、という順序で、進丁の為に正田分を造ってやる。「不給倍田」は不字あっては解し難い。「給せず」ではそれで一段落がついて了いそうな語勢なので、下の「又不足」へ続きにくい。「倍田を給しても又足らねば」と来なくてはならぬ。其時には愈々（いよいよ）他人の正田分に手をつけて平均に減額することを規定したものである。以上第二例は晋の占田民に相当する。

果して然らば、北魏の桑田には二種類ある。一は官給の桑田であり、一は元来私有の桑田である。之は余程性質の違うものでなければならぬが、法令は殆ど同様に取扱っているが、それで混雑が起らなかったであろうか否か。

思うに北魏の均田法は急に突如として現われたものでなく晋の戸調式の系統を引いているが、単に法律の精神そのものを受けついだ許（ばか）りでなく、晋の課田法の遺跡は実際社会の上にも残っていたに違いない。五胡十六国の大動乱を経たとは言え、寧ろ之によって生ずる流民の群、或は半游牧的な異民族の華北への侵入は、一種の課田法の実施を盛大ならしめた点もあったであろう。而して北魏の孝文帝の頃は、既に社会も整理期に入っていたので、均田法

を発布した機会に全く新なる土地の分配を受ける必要のある人民は割合に少なく、大部分は
何処かで土地を耕していたに相違ない。恐らくどんな貧民でも一戸で二十畝前後の土地を現
実に使用していたであろう。たとえそれが元来の官有地、或は無主の地であろうと、現に使
用している歴史的事実は政府としてその権利を認めざるを得ない。恐らく現在の占有地が其
儘桑田として承認されたので、新に桑田の分配を受ける場合は少なかったであろう。この点
が晋の課田と異る所で、晋では全部が一様の課田であり、北魏に於ては其の一部が晋の占田
と同一性質な桑田というものになって来た。言い換えれば晋に於る国家の私的小作人は、北
魏に至って、幾分自作農的な性質が附加されて来たのである。

次には晋代の占田民の地位も北魏に至って大変化を来している。成程彼等の桑田は其儘所
有して子孫に伝えることを許される。如何に多くとも政府から没収される心配はないが、併
し現在以上の新なる兼併は制限を蒙っている。尤も之は晋に於ても同様であるが、大いに異
るのは、どんな大富豪でも露田の分配を受けねばならなくなったという事実である。露田を
受けることは国家の小作人となることである。一面には大地主であっても、一面是非小作人
として、言わば国家の土地に於て強制労働に服せねばならなくなった訳である。尝て加藤繁
博士が均田法時代には国家と地主が小作人を夫々その傘下に集めんと争った傾向ありと言わ
れたのは妙味深き言葉である。法制上から見れば自作農の小作人への転落である。晋から北
魏迄の間に、課田民と占田民とは両方から歩みよって、其の位地が大分に相近づいて来たの
である。

併し政府の政策として、必要もない大地主へ何故強いて露田の分配を行わねばならなかったか。恐らく露田として与えられる地は、荒廃した無価値の土地が多かったのであろう。元来北魏の政策は孝文帝、太和元年〔四七七年〕三月の詔に、

無令人有余力。地有遺利。（魏書巻七、本紀）

という趣旨が強く働いている。荒蕪地を普く分配して、地に遺利なからしめるのが、其の一つの目的である。併し更に大なる目的は租税の徴収の上に於てであろう。

北魏の太和八年〔四八四年〕以前の税制は魏書食貨志に、

天下戸。以九品混通。戸調帛二匹。絮二斤。糸一斤。粟二十石。又入帛一匹二丈。委之州庫。以供調外之費。

と見え、貧富九品の差に拘らず、一様に戸に課した。只之を輸納する倉に遠近があって、負担を異にしたのみである。太和八年に、

戸増帛三匹。粟二石九斗。以為官司之禄。後増調外帛。満二匹。

とあって、最後の「満二匹」は、先の「一匹二丈」にかかるから結局二丈を増したことになる。併し戸を単位とする方法には変りがなかった。均田法はこの翌年に行われたもので、均田法の精神を見ると、田の分配を個人に対して行っている。この時の租税の率は別に見えないが恐らく、之に準じて、個人対象に改められたと想像される。果して李沖の上奏に、

其民調。一夫一婦。帛一匹粟二石。民年十五以上未娶者。四人出一夫一婦之調。奴任耕婢任績者八口。当未娶者四。耕牛二十頭。当奴婢八。（魏書食貨志）

という税率を行わんことを請うて裁可されている。恐らく均田法と同時に戸でなくて人に課税する制度に改まったのであろう。

扨均田法以前の戸に対する税を見ると非常に重い。恐らく課税に戸を対象とした結果、蔭付が多く、戸籍上の一戸が尨大なものであった為、政府も次第にその額を引上げた為であろう。魏書巻五十三、李沖伝に、彼が上奏して三長を立てんことを請い、

旧無三長。惟立宗主督護。所以民隠冒。五十三十家。方為一戸。

と言っているのでも分る。斯る弊害が積って、因循姑息な増額では間に合わず、扨こそ太和九年〔四八五年〕の均田法となったものである。

愈々労働力を課税の対象とすることになれば、負担が貧富に対して公平となる代りに、富民にとっては急激な税額の増加となる訳である。その不平を緩和せんが為に、扨こそ露田四十畝の分配を一様に行い、之に対する地代として新税法を認めしめたのであろう。政府より露田四十畝の分配は、富民をも一様に国家の小作民とする為に払う割合に安価な犠牲であったのである。

露田が概して無価値な土地が多かったならば、富民の関心は、依然として従来所有し来った世業田にある筈である。結局彼等は貰った露田を放任して、倍田分、その剰余田分からの収入を以て、租税に当てたかも知れない。然らば彼等は今迄の無地の貧民と比較した時、祖先伝来の桑田は、官給の新桑田と同一視され、祖先伝来の倍田分が、官給の露田に相当せしめられ、政府より給された露田が貧民の倍田に相対し、結局既得の優越権を捨てて、同一の

税法に服せねばならなくなった。言い換えれば、自己の所有地の使用に就て、国家に小作料を納めねばならなくなったわけである。多少異る所は剰余田分を其儘維持して此処丈は小作代の負担を免れた点にある。

この特徴こそ、北魏の均田法が晋の戸調式より一歩進んだ点である。晋が行い得なかったことを行わんとしたもので、それ丈国家の支配力が鞏固（きょうこ）であったことを物語る。富豪の剰余田分以外の土地凡てより小作料を徴収す可き権利、第一次所有権を獲得したのであって、土地国有の原則が此処に樹立されたわけである。晋の戸調式は曹魏の屯田を其儘承（う）けたので何等新しい理想がない。北魏の均田法には実施の上に無理が出来たが、それ丈理想を持っている。

併し乍ら土地国有は要するに原則であった。富民は法規上に於ても、言わば租税のかからぬ剰余田を基儘維持することが出来、而も斯る土地は地味肥沃な良田で、官給地よりは数倍の所得を挙げ得たであろう。其の点を考えれば倍田に宛てられた世業田が、新に貧民に給せられた露田と同等の地租を負担しても、実質的には彼等の既得権は何程も損せられて居らぬ。況や均田法は必ずしも法意の如く徹底的に実施されたか否かが疑問なるに於てをや。北魏が天下の人民を悉（ことごと）く国家の小作人化したのは、富民の位置を引下げたものには違いないが、既に万民が悉く小作人になったのであるから、その瞬間に小作人は普通民になった訳である。而して小作人にならなかった官吏は貴族として残った。これ以後貴族となるには是非官吏となる必要が従来にも増して緊急視されて来た。

斯くて平等になった平民の中の有力者と、官吏たる貴族が相も変らず以前通り富と権力によって兼幷を行う風が已まなかった。北魏は軈て国勢衰えて東西に分裂するが、東魏を承けた北斉は身分による一種の限田法を行った。即ち富豪が広大な土地を占有する法律上の根拠はその労働力、主として奴婢にあるので、奴婢の受田数を制限したのである。親王の三百人を筆頭として、嗣王二百人、第二品以下逓減して、第七品八十人、八品以下庶人は六十人と限定され、それ以上には受田しない。尤も受田せぬ者には課税もせぬから、実際はこの制限は余り有効でなかったであろう。蓋し所にも依ろうが一人当りの受田額は実際の耕作可能面積よりも余程広く、北魏の倍田を凡て正田の中へ合せて、露田分、一夫八十畝、一婦四十畝、丁牛六十畝と定められてあったからである。牛の受田に四頭の制限のあったのは北魏と同様である。

北魏の均田法に就ては嘗て『東洋学報』第二十巻第二号に清水泰次教授が「北魏均田考」〔一九三二年〕として詳細な研究を発表された。私の考は前述せる中に於て大分意見の相違する所もあるが、その理由は両方を併せ読まるれば自然に読者に了解されようから、一々反対を唱えるの非礼をせずに済む。但し清水教授が「耕牛の受田四頭の制限」を「四年に制限」の誤とし、牛の受田額には制限なき新説を唱えられたのに対し、相不変、四頭の牛として改めなかった点に就て若干の釈明をせずばなるまい。

耕牛と授田の関係に就ては、魏書食貨志に、

⑴　奴婢・牛。随有無。以還受。

(2)　諸還受民田。恒以正月。（中略）売買奴婢・牛者。皆至明年正月。乃得還受。

という規定がある。既に有無に従って還受し、その時期が正月であり、牛自身には丁牛という条件があるのであるから、四年という年限を附するのはおかしい。丁牛と言えば生れたばかりの仔牛でもなく、死にかかった老牛でもない、労働に耐える牛ということが分りきっている。その牛に人間のように停年制を設けるならば「限四年」では意味をなさぬ。丁牛とは何歳より何歳迄を言うと規定せねばならない。恰(あたか)も人間に就て「丁男ごとに四十畝、四十年を限る」と言ったのでは分らぬと同然である。又一頭に付四年の限度ならば、この規定を実施する為には精密な牛籍を必要とする。丁度現今の馬匹名簿のように、牛に名を与え別徴と年齢とを記して、売買移動の経過を跡づけ得ることが予想されねばならぬ。僅かに四年使用する為の牛に、そんな煩雑な手数を予想する規定を造るとは受けとれぬ話である。要するに牛は耕作に耐え得れば四年使おうと十年使おうと政府が干渉すべき筋合ではあるまい。寧ろその頭数が受田の上に大なる影響を及ぼす。何となれば婦人よりも五割増の土地を割り当てられるからである。

然らば頭数に制限を加える必要が何処に存在するかと言うに、恐らく之は土地を牧場化するのを恐れたのであろう。耕牛というのは用役上の区分で、食肉用の牛や乳牛と根本的な区別のつきかねるものであるから、北方の放牧された牛をつれて来て、之が耕牛であると言っても、誰が断じてそうでないと否定出来ようか。牛の受田額は単に面積の上から言えば人間男女の平均に等しく、而して税率は僅かに良民の十分の一である。蒙古地方の牛が内地へ流れ込んで可耕地を牧場化する危険は十分にある。清水教授の説では、耕牛を飼うことは奨励す可きであったから、制限す可きでなかったというにあるよう受取られる。併し奨励であっても制限の必要な場合がいくらもある。蓋し奨励には、奨励する側から若干の犠牲を払わねばならぬ。折角の犠牲が悪用されては困るし、無限の要求には応じ切れぬからである。

若し夫れ李沖の上奏の中に耕牛二十頭とあっても、之は単に一夫一婦の調の額に対する比例を述べただけで他意はない。又上奏文というものの性質から、法文のように細い数字を列挙するのを避けたということもあろう。隋書等の北斉の規定中「限止四年」の年こそは通典に従って牛に改む可きものである。

五　唐の班田法

便宜上唐の土地法を班田法と称して、北魏の均田と区別する。唐代に入る前に一言せねばならぬのは南北両朝の交渉と、税制との関係である。東魏はその末年、梁の侯景の乱に乗じて揚子江岸に至る迄その領土を拡張した。この時のことを、隋書食貨志に、

略有淮南之地。其新附州郡。羈縻軽税而已。

と書いてある。南朝に於る税制は大体に課田・占田并用法を東晋以来持続したと思われるから、此処に言う軽税とは、大体これ迄通りの税制を行ったという意味であろう。併し北斉の

代にそのうち淮南の地方は、南朝陳の為に恢復された。北周が北斉を併せた時、序に陳を侵略して、淮南は再び北朝の手に帰した。その地の税制がこの間に如何様に変化したか未だ考を得ない。

北周の時、南朝より蜀の地方を奪い、十二州の地を得、隋は開皇七年（五八七年）、陳から離れて北朝に降れる後梁国を廃して、其の荊州の地を併合し、尚書左僕射高熲を遣して、遺民を安集せしめた。その高熲が翌年五月上奏して、

諸州無課調処。及課州管戸数少者。官人禄力。乗前已来。恒出随近之州。但判（恐らく州の誤）官本為牧人。役力理出所部。請於所管戸内。計戸徴税。

と請い、帝之に従った由が隋書食貨志に見えている。食貨志の文が何の前置きもないので卒然読むと何の意味か判然せぬが、既に北魏以来均田法を行い来った北中国に課調なき州があろうとは思えぬから、之は新附の南中国、主に荊州地方を指せることは疑いない。而して「課調なし」とは「税米のみ」なる意味で、州によりては課田がなく、占田のみの所があったことを指すものである。而して高熲の対策が、単に加税す可きを言い、課調を徴収す可きを言わぬから、この地方は矢張り従来の土地制度の根本には触れなかったのである。然るに開皇九年（五八九年）に至り陳を平定して、南北中国が久し振りに統一された。翌年江南の民間が相訛言し、東南の民を徙して関中に入れんとするのだ、と唱え、相率いて謀反した。恐らく真相は、隋が江南にも均田法を行わんとする計画が漏れて、所謂軽税の豪族に恐慌を来し、故らに謡言を放って人心を煽動したのではないかと想像される。この叛乱も隋将楊素

の平定する所となり、隋の支配が確立した。次で開皇十二年〔五九二年〕には隋書食貨志に左の記事が見出される。

時天下戸口歳増。京輔及三河。地少而人衆。衣食不給。議者咸欲徙就寛郷。其年冬帝命諸州考使議之。又令尚書。以其事策問四方貢士。竟無長算。帝乃発使四出。均天下之田。其狭郷。毎丁纔至二十畝。老小又少焉。

此処に「天下の田を均くす」と言えば、南中国も亦均田法を施行されたものと見える。隋は軈て滅亡し、唐の天下となり、唐は隋の政策を其儘継承し天下に均田を推行したが、只嶺南地方には租庸調の法を施行せず、所謂軽税を取って羈縻するの方策を用いた。

若嶺南諸州。則税米。上戸一石二斗。次戸八斗。下戸六斗。

唐の班田法に就ては既に先輩諸彦の幾多の好研究がある。唯本論の立場から税戸に関して一言を費したい。

北魏が天下の土地を国有とする原則を立て、之に第一次的地代、即ち田租を課する政策を取ったが、軈て自らこの政策を破壊するに至った。税戸の出現即ち此である。

北魏は天下の人民を国家の小作人としたが、唯、官吏は別であったと見える。未だ明文はないが、既に刺史に十五頃、以下県令に六頃の公田を与え、後世の職分田の先駆をなしている精神から考えて、官爵ある者に課を免じたるは疑いない。その明文あるは北周からで、隋書食貨志に、

有品爵及孝子順孫義夫節婦。並免課役。

とあり、この時は隋文帝が執権の時なれば、隋代も勿論同様であり、唐に至って不課戸の定めがある。通典巻七、丁中の条に、

戸内有課口者為課戸。無課口者。為不課戸。諸視流内九品以上官及男年二十以上、（下の誤）老男廃疾（寡）妻妾部曲客女奴婢。皆為不課戸（口の誤ならん）。

此処に等しく不課戸というも其の内容には二種あり、一は官吏にして国家より特殊なる優遇を受ける免課戸、一は老幼寡婦が戸主なる、不能力なるが為の蠲課戸である。扨不課戸には然らば全く負担なかりしかと言うにそうでなく、王公以下資産によって九等に分れ居るが之に対する戸税があり、更に所有地の面積に応じて義倉米を徴せられる地税がある。戸税は所得税の意味なるが、地税は第二次的地代であって、田租を免ぜられる王公以下不課戸も地税は上納せねばならなかった。斯の如き課役に服せずして、税のみを納める戸を税戸と言う。然らば税戸は不課戸の別名なるが恐らく蠲課戸はこの中に含まざりしなる可く、然らざるも之はあまり重要でなければ主に免課戸を指すものと思われる。

上述の如く税戸は、第一次的地代、即ち租（正倉米）を納めない。これこそ国家がその土地の第一次的所有権を譲渡したことを意味するものではないか。即ち土地私有権を認めたものでなくて何であろう。若しも之が極めて特殊の場合であったならば、それでも猶且、土地国有の原則には差支えないでも済む。若しもその特殊が普遍化されるに至って、政府は自ら土地国有の看板を撤去することになる。言いかえれば晋の占田法の復活に外ならない。租庸調の法は斯る方面からも、その破壊されゆく経過を跡づけることが出来る。通典巻七、丁中

註文に、

旧制百姓供公上。計丁定庸調及租。其税戸雖兼出王公以下。比之二三十分唯一耳。

とあり、旧とは何時の事かはっきりせぬが太宗・高宗前後のことであろう。続いて言う、

自兵興以後。経費不完。於是徴斂多名。且無恒数。貪吏横恣。因縁為姦。法令莫得検制。烝庶不知告訴。其丁狡猾者。即多規避。或仮名入仕。或託跡為僧。或依信豪族。兼諸色役。万端蠲除。鈍劣者即被徴輸。困竭日甚。

而して結局両税法制定の已むを得ざりし理由としている。試に天宝中〔七四二―七五六年〕の課戸不課戸の比例を見んに、通典巻七、歴代盛衰戸口に、

（天宝）十四載管戸。総八百九十一万四千七百九。（註。応不課戸。三百五十六万五千五百一。応課戸。五百三十四万九千二百八）

とあり、勿論この不課戸には蠲課戸と免課戸を含めど、想像する丈にても税戸の著しき増加を否定する訳にゆかぬ。然らばその負担は益々課戸の上に重圧を加えたものと思われる。元来唐の墾田数は通典巻七に地税畝二升にして、合収千二百四十余万石よりして、約六百二十万頃なる統計あり、又一方、通典巻二に、

天宝中応受田一千四百三十万三千八百六十二頃十三畝。

なる数字も見える。恐らく後者は敦煌戸籍に見ゆる応受田「応に受く可き田」と同様にして、前者は已受田「已に受けし田」に相当するであろう。平均して天下の受田額は規定の二分の一以下、それも恐らく法意に反して富豪に厚く、貧弱に薄かったと思われる。然るに課

丁は受田の多少に拘らず租調を輸するので、そは敦煌戸籍に実例が見出される。即ち『歴史と地理』第三十三巻第一号、那波利貞学士「正史に記載せられたる大唐天宝時代の戸数と口数との関係に就きて」〔一九三四年〕の中に紹介された仏国国立図書館所蔵、大智度論紙背、唐戸籍残簡、王万寿の戸を見ると、僅か十一畝の受田に対しても規定通り租米二石を上納せねばならなかったのである。流亡せずんば何をか待たんやと危ぶまれる。

既に政府としても租調の収入が減少すれば勢い他に財源を求めざるを得なくなり、さればとて自ら抛棄したる田租（正倉米）徴収の権は復活することが出来ず、止むなく第二次的の地税（義倉米）徴収の権を次第に拡大して青苗銭となり、夏秋両税となり、遂に建中年間〔七八〇―七八三年〕に至り、両税に其他の雑税を総て包含せしめて税制の統一を計らねばならなかったのである。租庸調の廃止は即ち税戸の普遍化、税戸の普遍化は晋の占田の復活、言いかえれば土地私有制度の公認に外ならない。

以上余は晋の戸調式の文意を解釈せんが為に課の意味を究明した。而して課の中には租が含まれ、之に対して税なる文字が対立的に用いられるように変化して来たことを知った。されば諸人が疑問とする所の旧唐書職官志戸部の条、

凡賦人之制有四。一曰租。二曰調。三曰役。四曰課。

は四曰の後に唐六典によって雑徭の二字を補う可く、課字は下に続き、

課戸。毎丁租粟二石。云云。

と読む可きことも自ら明かになろう。これ迄土地法に対する研究家は主に、土地の処分とい

うことにのみ重きをおいて論じて来た。故に余はこの点には余り触れずに、主として租税制度の上より、土地国有制の発達とその没落の過程に就て概略の考察を試みた。之によって中世土地制度の真相が多少とも闡明(せんめい)する所があれば望外の幸である。この小論を草するに当り、前人の研究を参酌した点極めて多いが、それ等は既にあまりによく知られているので一々此処に列挙することは不必要であろうし、又世界歴史大系『東洋中世史 一』の巻に参考文献が列挙してあるから、此処には割愛するが篤志の方は参照されたい。

（『東亜経済研究』第十九巻第四号、昭和十年（一九三五年）十一月）

（『アジア史研究』第一、東洋史研究会、一九五七年）

六朝時代江南の貴族

一　緒言——西晋の貴族

　六朝という言葉の含む範囲については古来色々な説があって一定しなかったが、中国近世の用法では、ほぼ晋に始まり、南朝の宋・斉・梁・陳の四代を経て隋に至るまでの六代の正統王朝を指すことに落着いたようである。「漢魏六朝一百三家集」とか、「全上古三代秦漢三国六朝文」とか、「六朝文絜（ぶんけつ）」とかいう時の六朝は、何れもこのような意味において用いられている。この六朝のことを別に、晋南北朝と言いかえることがあるが、この際には南朝だけを正統とせず、北朝独自の存在をも併せ認めたというにすぎず、その内容は全く同じである。そしていわゆる北朝の中に隋代が含まれることは、正史の一なる北史の中に隋が含まれるのと同一で、この点、日本でとかく隋唐時代というように、隋を唐の方に続けたがるのとは考え方が大分異っているのである。

　このように六朝を晋から始まって隋に終る六王朝と解するとき、中原に都した最初の西晋時代約五十年と、同じく最後の隋の一統時代約三十年とを除き、中間にあって江南建康（今の南京）に都した東晋・宋・斉・梁・陳の間、おおよそ二百七十余年が六朝時代の核心をなすことになる。そしてこの間、そこに栄えた貴族たちが、当時の文化の担い手として、独特の社会相を出現させるのである。

いったい中国の社会には、後漢の頃から貴族的な特権階級が成立しかけていた。彼等は一方ではその本籍地に広大な荘園を置き、その経済的な基礎の上に、多数の血縁者が集団的に住居して強固な結合を保って足場とし、他方ではその中の代表的人物が中央、地方の政治に携わって、出来るだけ官位の栄進をはかり、併せて同族の利益を擁護するに努めるのであった。その結果、代々中央の大官を出した家、たとえば四世にわたって三公を出した後漢末の袁氏・楊氏のような大貴族の出現を見るに至ったのである。

三国の動乱は、後漢代に成立しかけた多くの貴族を衰亡させ、その中には上述の袁氏、即ち袁紹の一族も含まれていた。それに代って曹操・曹丕（そうひ）父子の覇権樹立に功のあった将軍たちが、魏の時代の新貴族として登場した。魏が晋に奪われた際にも、それにつれて二、三の貴族が没落しただけで、それ以外、従来の貴族群は殆んどそのまま存続した。併（しか）し彼等は戦乱の間に浮び上った地方豪族で、にわか仕立ての成上り者だったから、急に貴族の地位につき、漢代の貴族の真似をして見ても、急には貴族ぶりが身につかないで、ともすれば野性をむき出しにする新貴族であった。

そういう成上り者の常として、奢侈を自慢しあう競争が流行した。晋の開国の元勲、何曾（かそう）は武帝の世に、当時としては異常に長寿の八十歳でなくなった幸運者であるが、性奢侈を好み、蒸した肉饅頭（にくまんじゅう）の皮の表面が正しく十字に切れたものでないと食べない。一日の食費が一万銭で、天子の御膳よりも贅沢だといわれた。その子の何劭（かしょう）はそれに輪をかけて、一日の食費が二万銭、するとその友達の任愷（じんがい）は更にその上を行って、一食の費が一万銭、それでもなお、食べたそうなものが何もないではないかと小言をいうのを常とした。このように食事などの自慢をしあうということ自体が、あまり上等でない彼等の出身、その家庭教育の程度を暴露している。

食事の贅沢も只ひとりでやったのでは宣伝効果が少ないから、いきおい多数の客を招いて大宴会を催し、そこに珍奇な装飾品や異味佳肴を列ねて互いに富力を誇示しあおうとする。珊瑚樹の大きさや、肉の柔かさや、酒の旨さを競争しあうのはまだいい。石崇（せきすう）が金谷という所に豪奢な別荘をかまえ、大いに賓客を集めて大酒宴を開き、女婢数十人を綺麗に着飾らせて酒をすすめさせる、客が十分に酔わぬと給仕人の罪だといって、その場で係りの女婢を斬り殺して酒の肴にするというに至っては正気の沙汰とも思えない。

こういう野放図な競争の落着く先は権力闘争の外はない。武帝の死後、暗愚な恵帝が即位すると、貴族等は思い思いに王室の一族諸王を担いで政権を獲得しようとし、ここにいわゆる八王の乱が勃発したのである。八王の中、最も横暴だったのは趙王倫で、恵帝を廃して自ら帝位に上った。このどさくさの際、石崇はなまじいにその所有する莫大な財産や美女が禍いの種になり、政敵のために言いがかりをつけられて罪に落された。捕手がおしかけた時、愛妾の緑珠は二階から飛び下りて自殺したが、彼はおめおめ捕えられ、一族十五人とともに縛り首をうたれ、その田宅、珍宝や奴隷八百余人はみな没収されてしまった。

この内乱の勃発を見て喜んだのは失業軍人と抑圧されていた異民族とである。先に三国の動乱は多量の職業軍人集団を成立せしめたが、晋が呉を亡ぼして天下を一統し、世の中が平和になると軍備が不要になり、彼等の多くは整理されて失業状態に陥っていた。それが今度はあちこちから高給で召抱えられるようになったのである。そしてこれらの新軍閥の隊長が武功を立てると、彼等の鼻息が荒くなり、もう諸王や貴族のいうことをきかなくなり、一度内乱が始まると自動的に内乱が内乱をよびおこして止め処なく進展する。

そこへもう一つ加わったのが、後漢以後内地に移住して不平をかこっていた匈奴（きょうど）を始めとする異民族である。彼等も最初は諸王の内乱に加担してその武力を貸してやっただけであったが、やがて彼等自らの実力を自覚すると、今度は自立して自己民族の政権樹立を目ざして団結するようになる。こういう異民族の新しいエネルギーの前には、漢人の軍隊は一たまりもなく圧倒されてしまう。こうして匈奴出身の漢の劉淵・劉聡父子のために西晋は亡ぼされ、以後華北は五胡異民族による覇権争奪の修羅場と化するのである。

二　東晋の貴族

晋の一族司馬睿（しばえい）は華北中原の危難を避けて揚子江の南、今の南京なる建康に駐まり、自強の計をめぐらしていたが、北方における国都洛陽、ついで長安の陥落を聞いて自ら帝位についた。即ち東晋の元帝である（三一八年）。彼は北方から避難してくる貴族、軍隊、流民を迎え入れて安堵させ、おおよそ淮水の線を固守して国境とし、それ以南を領土とし、秩序を立て直し頽勢の挽回を計った。この困難に際し、元帝・明帝・成帝の三代に仕え、相位にあること二十余年、東晋の基礎を固めるに功あったのは王導である。

東晋政権の性格は、何やら今日の台湾における国民政府を思わせるものがある。その第一はどこまでも流寓政権である点に存する。中原の恢復ということが、この政府に課せられた究極の任務であり、江南はただ一時の仮住居に外ならぬ。故にその政府の主要部は中原から南下した貴族群によって占められ、三国呉以来の土着貴族は飽くまでも田舎豪族の扱いしか受けられない。朝廷の言葉は中原の貴族語をそのまま用い、土地のなまりのある呉語は低俗な方言として卑しめられた。土着の貴族が朝廷へ出て任官するには北方語を習ってかからねばならなかった。稀にはそのことに抵抗を感じて、呉語のままで押し通す人があると、古風な昔気質だといって、土地の人には評判がよかった。

新たに北方から移住した者は、貴族も平民も従来のままの本籍地を称し、流寓であるという理由の下に、租税を納めることも力役に服することも免除されていた。だから一切の負担は土着人の上にかかることになる。こんな不平等な待遇を受けながら、土着の貴族たちが不満をおさえて政府に服従していたのは、政府の背後には強い軍事力があるからであった。それとともに土着貴族はまた彼等としての弱点をもっている。それは当時江南の開発はなお不十分で、山間にはまだ異民族が残っており、殊に浙江の奥地には山越という民族があって三国呉の時代から漢人と敵対関係にあった。一般庶民の中にも山越の帰化人などが混っており、貴族が貴族としての特権を保つためには、どうしても強力な政府を戴いておらねばならなかったのである。

東晋政権の第二の性格はそれが軍事政権である点に存する。北方中原の対異民族戦に敗れた将軍たちは軍隊を引きつれて南下するが、これを改編して国境や内地の主要部に配置し、一方では五胡異民族の南下を防禦し、一方では国内に睨みをきかせて治安維持を計らねばならなかったのである。東晋政府は口には中原恢復を呼号するものの、実際にはとかく北方の武力に圧迫されがちなので、寸時も油断することはできぬ。そこで何時でも急変に対応する準備を整えておかねばならぬので、東晋の全領土は言わば常時戒厳令下におかれているようなものである。そしてこの状態は同時に政府の貴族群、特に土着貴族に対する無言の圧力となって作用していたのであった。

併し以上のような非常時態勢は、うっかりすると軍人独裁政治の出現を招く危険がある。そこで王導が貴族群に要求したのは、飽くまでも貴族の団結を破らない範囲内での行動である。それには貴族間で決して西晋時代のような無益の競争を行わぬことが必要である。貴族は私生活にも公生活にも、自己の本分を守って慎しみ深く行動することが大切だ。要するに安静の徳が第一に貴族に対して要請されるのであった。そして西晋の失敗にこりた貴族群は大体において、このような王導の指導方針に追随し協力したのである。

以後、東晋の貴族間には昔のような奢侈をせりあうという風は流行らなくなった。したければ個人で隠れてこっそりと、山の中の別荘に立籠って人目につかない奢侈をする。もし大勢が集まって宴会を開いても、それは乱痴気騒ぎを演ずるのでなく、詩や文章を作って楽しみあうのである。歴史上に残る風雅な宴会としては穆帝（ぼくてい）の永和九年（三五三年）暮春の初め、王羲之（おうぎし）等貴族出身の文人たち四十一人が会稽の蘭亭に会し、曲水流觴（きょくすいりゅうしょう）の宴を開いたのが圧巻である。これは上流から酒盃を流すと、下流に文人が居ならび、盃が自分の前を過ぎぬ間に詩を一首作り、盃を取って酒を飲む遊びだという。この会の参列者の名簿の前に、能筆者の王羲之が序を作ったその筆蹟が今も残っていて古今の名筆と称せられ、蘭亭帖という名で永く習字の手本として珍重されたものである。この頃から貴族としての教養には、詩文とともに書を能くすることが不可欠の条件として重視されるようになった。

公生活における貴族は、私生活におけると同様、安静を保つことが要求される。官途につくにも猟官運動や裏面運動は、単に公正を損するという以上に、貴族仲間の団結を破るものとして排斥される。

子孫はおおよそ父祖のついていた地位に達したらばそれで満足すべきであり、人物が優れているとか、功業の見るべきものがあれば破格の待遇を受けてもよいが、それには貴族間の輿論の支持がなければならぬ。これは結局、貴族の間に家柄の差等がつくことを意味し、この家柄の差等が即ち貴族の秩序なのである。

家柄の差等は先ず貴族の子弟が任官する際に現れる。最初に任官することを起家、釈褐（しゃくかつ）、初仕などと称し、この起家の官の如何がその後の官位昇進に大なる影響をもつ。東晋の代にも三国魏以来の九品官人法が行われ、貴族子弟はその本籍地の中正から、郷品を与えられ、郷品に相応した官品で起家することになっていた。九品官人法とは九品もて人を官にする法の意で、郷品に対応した官品を与えるのであるが、実際にはこの制度は東晋以後になると有名無実になり、一流貴族の子弟はおしなべて郷品二品を与えられる。すると彼等は六品官で起家するのが普通であるが、今度はいかなる六品官で起家するかが問題となってきた。起家の六品官の中の最上は秘書郎、次が著作佐郎といった風である。そしてその決定は中央政府の吏部尚書の責任となった。吏部尚書は貴族子弟の家柄と人品と、更に貴族間の輿論を察して、適当な人を適当な地位で起家させなければならない。そして貴族子弟はみだりに運動してこの序列を狂わせてはならず、悠々として順番のくるのを待っているのが美風とされた。併し同時に、あまり遠慮しすぎて、朝廷から任ぜられた官を辞退してしまうのは、後に続く貴族子弟の起家を妨げることになって迷惑がられることになる。

謝安（字は安石）は名流貴族の出であり、人物も優れていたので、若いうちから朝廷に出仕するよう勧められたが、性恬淡で山水の遊びを好み、その都度辞退していた。然るに彼の一族を代表して官界に活躍していた兄の謝万が失脚したので、彼自身は好まぬながらも、一族の要請もだしがたく、おくればせに官界乗りこみを決意せざるを得なくなった。併し時期を失した彼は、自己の家柄としては不相応に低い征西府の司馬で起家することで満足しなければならなかった。彼が荊州に駐する征西大将軍、桓温の幕下に赴任すべく、都を立って郊外の新亭で見送り人と別れたが、見送りの一人、高崧が戯れて、

> 卿が累りに朝旨に違い、東山に高臥したとき、諸人は毎に相ともに言った、「安石肯えて出でずんば、将に蒼生を如何せんや」と。その蒼生は今や亦た将に卿を如何せんやと思う。

と言ったので、謝安は大いに恥じいったという。ところでこの言葉の意味は分ったようで実は分らない。思うに高崧の言いたいことは、謝安が何時までも出仕せぬ時は、後に続く貴族子弟が自分達の順番も従っておくれるのを如何してくれるかと迷惑がったものだが、今頃になって出仕されては、先に出てしまった貴族子弟が今度は謝安をどう扱ったものかと言いあって再び迷惑している、とひやかしたかったのであろう。貴族子弟のことを蒼生というように大袈裟な表現を用いて、しかも前半分はそのままの意味で通じる点が面白いのである。併し謝安は実力者の桓温に尊敬され、朝廷にまい戻って宰相となり、北方から前秦の苻堅が大挙南侵してきた時には、一族の謝石・謝玄をやってこれを淝水のほとりに迎え討ち、大勝を博して東晋の運命を安泰にしたので（三八三年）、江南の貴族は異議なく彼を一世の指導者と崇めた。謝氏が開国の元勲王導の子孫と肩を並べ、王・謝と称せられ、江南貴族の代表となるに至ったのはこれ以来のことである。

　要するに東晋政権は、王室司馬氏の下に貴族群があり、貴族出身の官僚が軍隊を握り、北方の異民族の南下を食い止めつつ、江南土着の豪族群を制圧していたところにその安定の理由があった。そして貴族群はひたすら現状維持を原則として仲間割れを防ぎ、団結を強固にして王室をもり立てるに努力したのである。併しこの種の安定はそう無限に永く続くものではない。事実、この安定を破る原因が絶えず一方に働いており、それが徐々に表面に現れてきたのである。

三　革命下の江南貴族

東晋政権は始めからその内部に色々困難な問題を多く抱えこんでいた。軍隊の不満、二流貴族乃至（ないし）は土着貴族、豪族が何時までも下積みにされている不平、北来人と土着人との間の摩擦、揚子江上中流と下流との対立関係、富民階級の勃興、人民の困窮など、数えあげれば限りがないが、その中で最も重大なのは、何といっても軍隊の問題である。

当時職業軍人の社会的身分は極めて低く、三国時代から兵戸と称せられ、賤民的な扱いを受けていた。何時の世でもそうであるが、軍隊というものはその取扱いが極めてむつかしい。戦時には必要欠くべからざる存在だが、平時には無用の長物である。よく待遇しておかなければ有事の日に死力を尽して働くことを求められないが、政治を担当させるには不向きである。イギリスの諺に、軍隊は最良の召使であるが、最悪の主人公である、というのがあるそうだが、戦争の際には赫々（かっかく）たる武勲を立てて貰わねば困るが、さて戦勝のあとが恐ろしい。えてして軍隊が主人公になりかねないからである。

幸いにして東晋の初期には大戦争がなく、従って軍人が大功を立てる機会がなくてすんだが、淝水（ひすい）の戦いにおける大勝利は軍閥に自覚と自信とをもたせる結果を招いた。貴族社会では専らその戦功を宰相謝安及びその一族の将軍達に帰せしめたが、実際に働いたのは、広陵に駐屯するいわゆる北府の軍隊であり、この戦後、その領袖の劉牢之（りゅうろうし）が頗る（すこぶる）頭角を現わしてきた。これと同時に上流の荊州を中心とする軍隊勢力が、その指揮官である桓温、その子桓玄二代の間に団結を固めて朝廷に対して一敵国を形成した。桓玄が叛旗を翻して国都に攻め入ったとき、優柔不断な劉牢之は欺かれてこれに降り、兵権を解かれた上で殺されたが、劉牢之の旧部下であった劉裕は北府の兵を糾合して桓玄に当り、これを追い落して国都を恢復し、上流の荊州を平定するの大功をたてた。この功により彼は朝廷の政権を握ったのみならず、全国の兵権を掌握するに至った。

　彼はその実力を利用して、東晋成立以来の懸案たる北来人と土着人との税役の調整を行った。これが当時の年号によって義熙（ぎき）の土断（どだん）と称せられるものである（四一三年）。土断とは従来特別の取扱いを受けていた北来人、いわゆる僑寓（きょうぐう）に対して、土着民と同じような税役に服せしめる新制度をいう。これは従来も試みられてはいたが、いま劉裕はその絶大な権力を背景としてその実施を厳命したのである。この結果、国庫収入が激増し、財政も豊富になったことは疑いない。

　劉裕はかかる好条件を利用して、江南政権永年の宿望たる中原恢復の壮挙に着手した。当時華北中原では前秦苻氏の滅亡のあと、各地に五胡の小政権が割拠していたので、彼は先に討平した南燕の故地山東省地方を足場とし、そこから黄河に沿って兵を進め、先ず洛陽の故都を恢復し、進んで長安を占領した。

この大成功は東晋の上下を狂喜せしめた。久しく現状維持の沈滞した空気に不満を抱く貴族の間には、凱旋将軍劉裕を帝位に擁立しようという動きが生ずるのは当然であり、また劉裕としても、もともと軍人上りの宰相であるが、ここまで大功業を立ててしまうと、いま地位を固めておかなければやがて身の置場がなくなる。革命は既に必至の運命と見られた。この形勢を看取して、いち早く転身して自己の地位保存を計ったのは貴族の双璧、王・謝二氏を代表する王弘と謝晦（しゃかい）とである。こうして権勢と貴族とのなれ合いにより、平和に譲位運動が進行し、東晋の恭帝が退き、劉裕が帝位に上って宋の武帝と称せられる（四二〇年）。但しこの時は彼が折角恢復した洛陽と長安とは、既にその前々年から北族の手中に陥っていた。

こうして一度禅譲革命の先例が江南の天地で開かれると、革命の風潮は今度はそれ自身で展開して行って止まるところを知らない。そして革命の原動力は何時も定って軍隊である。いったい宋の革命に際して、それを革命まで持ってきたエネルギーは軍隊であったが、最後へ来て有終の美を横から攫（さら）ったのは貴族であった。革命で社会の最上層に浮び上ったのは天子の一家だけであり、いざ革命が成就しても、そのまま下位に放っておかれたのは軍隊である。天子となった劉氏一家は、昔を忘れてひたすら貴族化して天子の体面を保つに汲々としているのみである。軍隊は新たに別の指導者を探さねばならなくなった。

こうして次々に軍隊に担ぎあげられた野心家の諸王や将軍の挙兵があり、それが失敗すると今度はそれを平定した将軍が権力を握る。宋の順帝が斉の高帝蕭道成（しょうどうせい）に位を譲り（四七九年)、斉の和帝が梁の武帝蕭衍に位を譲った(五〇二年)際には、何れもこのような経過を辿っているのである。そして此等は革命の成功した方の例で、なおこの外に失敗に終った革命運動が度々起っていたのである。

度重なる革命の間に、表面は何事も起らなかったように、平然として政府の枢要の位置を占めて栄華を誇っていたのは、王・謝を領袖とする貴族群である。もちろん革命の余波を受けて没落する貴族もあるにはあるが、それは個々のことで、全体としての貴族は依然貴族として王室からも社会からも相かわらず尊敬を受けていた。いな、見方によっては貴族の貴族たる所以は、革命の度毎に上昇するような外観を呈した。というのは、天子の家は革命毎に交替し、新しい天子の家が新貴族に扮装して旧貴族群の間に仲間入りするが、本当の貴族になりきらぬうちに没落するに反し、旧貴族はどの王朝よりも古い伝統をもち続け、数々の輝かしい歴史を誇るに足る実績を有しているからである。この歴史を背景として、貴族等の貴族たる自尊心は時代とともにいや増すばかりである。南朝に入って江南の貴族はその黄金時代を迎えたかの観を呈した。

彼等の自尊心を示すに足る有名な挿話がある。宋の文帝の時、下層から成上った周赳と狄当の二人が、帝の信任を受けて中書舎人に任ぜられた。同じ省の郎中に名家出の張敷なる者がある。二人は相謀って張敷の邸を訪問したが、これは首尾よく貴族から優待されると彼等の社会的地位が上昇するからである。張敷は二客のために牀を設けてその上に坐らせた。当時は来客と応接するには、主客のため二つの牀を設け、その上に席を敷き、各々靴をぬいでその上に上って、丁度今日の日本人のように正坐して対面するのが常であった。さて主客が各々座について寒暖の挨拶をのべ終ると、張敷は急に召使数人を呼びよせ、「吾が牀を移して客に遠ざけよ」と命じた。召使等は張敷をのせたまま牀をひきずって、ずっと遠くへ引きはなした。狄当等は色を失って引き下ったというのである。このような自尊心こそが、或いは自尊心だけが貴族の身上なのである。

併しながら翻って当時の貴族のおかれた真の位置を観察する時、実は反って彼等のために寒心すべき悪材料が積み重なっていた。彼等にとって最大の弱点は、天子が軍人上りで、畢竟するに彼等とは異質の存在であることである。しかも貴族として存続するためには、否応なくその天子の庇護を受けざるを得ない。天子は貴族群の動揺を避けて、表面的には朝廷の顕官の地位を与えて優遇しておくが、実際には彼等の自尊心があまりに高く、しかも才能は必ずしも優秀でない上に、政治の実務に少しも興味を有しないで安逸に耽りがちなのを嫌い、別に宮中に小政府を設け、そこに下層出身の官僚を集めてブレーン・トラストとして政治上の万端を決定したのである。兵権、政権から遠ざかった貴族の地位の不安なるは言うまでもない。

梁の武帝は自ら文才があり、当時の貴族子弟が必ずしも貴族に値する教養をもたないのを嫌い、貴族制度の改革に着手した。それは学館を開いて貴族子弟を教育し、業の成る者に試験を行って才に従って官位に登用しようというのである。これは従来の貴族制とは相容れない要素を含む。何となれば従来は、貴族にとって家柄こそがその地位を決定する標準であったからである。この武帝の新政策は、後に隋によって創立された科挙制度の遠い淵源をなすものである。

江南貴族に対する大きな脅威は北方からも押しよせてきた。北朝内乱の余波であるが、北斉から投降してきた侯景なる北族出の将軍が北兵を率いて謀反し、都の建康を陥れて武帝を幽囚餓死せしめた。この国都を舞台とした動乱のため既に無力化していた江南の貴族はその巻添えにあって、或いは死亡し或いは財産を奪われ、或いは家族離散したりなどして、徹底的な打撃を蒙った。一方各地には豪族が兵を挙げて自立を計り、一時江南の情勢は大混乱に陥った。幸いに武将陳覇先によって秩序が恢復され、彼は帝位について陳の武帝となるが（五五七年）、この陳の朝廷は最早や貴族の朝廷ではなく、武将の朝廷であった。若干の残存した貴族が朝廷に用いられても、彼等は僅かに幇間的な道化師の役を演ずるに過ぎなかった。

四　結語――江南貴族の消滅

華北中原地方において生存競争に敗れた敗残の将侯景が、江南地方を大混乱に陥れ、国都建康まで占領したという事実は、この頃になって中原の武力がいかに優越してきたかを示す証左である。しかも侯景の時はまだ中原が北周と北斉の二国に分れて相争っていたのであるが、北斉を平定した北周のあとを受けて、隋の文帝楊堅が即位すると（五八一年）、その重圧が江南に及んでくるのは自然の勢いである。文帝の開皇九年（五八九年）、隋の大軍が揚子江の上流から船を並べて下ると、国都建康は一とたまりもなく敗れて、陳の後主以下百官が捕虜となった。この後主は短命な陳一代三十三年の間に立った五人の天子の最後の帝であるが、貴族の奢侈の風だけを見ならい、常に後宮で遊宴を開いて貴族、文人たちを集め、自ら作った「後庭花」の曲を楽人に歌わせ、寵愛の張貴妃に舞をまわせて悦に入っていた。隋軍が迫ると張貴妃と一緒に、場所もあろうに井戸の中へ逃げて匿れようとしたが、引き上げられて捕虜となり、張貴妃はその場で斬られたが、後主は命だけ助かって身柄を長安に送られた。後に唐代の詩人杜牧が、

商女は知らじ、亡国の恨み
江を隔てて猶お唱うは、「後庭の花」

と詠じたのはこの史実にまつわる感慨をのべたのであろう。

隋都長安に押送された陳の百官は、その才能ある者は用いられて官途につき、後に唐代に至って梁書、陳書を著わした姚思廉（ようしれん）の如く文名を馳せた者もその中から現れた。江南に残存した貴族は、既に政府の保護を失った以上、土着の豪族として蟄伏（ちっぷく）するより外に手はなかった。しかも隋の中央集権政策は容赦なく彼等の特権を剝奪しにかかる。

南北朝を通じて貴族がその家名の永続を誇り得たのは、彼等が地方の州に地盤を有し、州の政府に出仕して地方政治を左右し、形勢がよければ中央政府に出て顕官となり、形勢非なれば州に引きこもって後図を策することができたからである。然るに隋の政策は、地方官衙

る。科挙制度なるものは、実にかかる目的をもって意識的に創設されたのであった。恐らく隋の中央集権政策に対して不満な江南豪族の蹶起であろう。しかも隋将楊素が大軍を率いて討伐に向うと、彼等烏合の衆はまたたくまに平定されてしまった。唐代に入っても都が北方長安におかれた関係上、江南の豪族には政権に近付く機会が少なく、実際に北方に家を徙した若干の貴族を除き、土着人は次第に貴族の名簿から抹殺されてしまったのである。

（『歴史教育』第十一巻第七号、昭和三十八年〔一九六三年〕七月）

〔『宮崎市定 アジア史論考』中巻、朝日新聞社、一九七六年〕

清談

一　清議

中国では歴代の士風と官吏登用法との間には密接な関係があると考えられた。官吏登用法のことを選挙と称するが、これは郷党の輿論による推薦という位の意味であり、天子はこの輿論に従って在野の賢人を抜擢して官吏に用いるのが政治の要訣とされている。前漢の武帝が儒教を以て官学と定めてから、人材に対する評価の標準も自然に儒教主義に帰一されたが、但し儒教には二つの方面がある。一つは学問としての儒教であって、よく経書の義理に通じ、これを政治に応用し得る才能であり、一つは修身としての儒教であって、自ら儒教の礼制を履み、以て他の儀表となるに足る徳行である。勿論学才と徳行とを二分するのは儒教本来の趣旨ではないが、選挙の方針として実際に当った時には、自然にこの二面が表われて来るのである。前漢の宣帝の頃の博士であった夏侯勝が「士は経術に明らかならざるを病む。経術苟くも明らかならば、その青紫を取ること、地に俯して芥を拾うが如きのみ」といったのは前者の場合であり、後漢に入って孝廉が重用されたのは後者の場合である。然し乍らこの儒教的選挙の理想とする下情輿論の上達は容易に円滑に実現されなかった。それは主として権勢者の恣意によって抑蔽されたが為である。殊に後漢の中期以後、宮中が外戚宦官の占拠する所となり、外戚宦官はその親戚私党を挙げて要処に布置し、私利私欲を営んで公正なるべき選挙を混濁したのであった。献帝の時の宦官張譲等は、父子兄弟、並に州郡に拠り、京畿諸郡の数百万膏腴の美田はその手に属するに至る、と称せられた。かかる状態に反抗して起ったのが民間の清議である。小人朝を専らにして君子野に在り、といわれた所謂民間の志士は、朝廷の官吏登用の標準を以て拠るに足らずとなし、自らの鑒識に基づいて名士番付を作成し、輿論に従って各人の等級評語を上下したものである。かの河南の月旦の評の如きはその一例である。偶々かかる民間勢力を背景として朝廷に地歩を占めたる高官があれば、彼は勢い深甚の敬意を払って民間の清議に対さねばならなかった。陳蕃が予章太守として赴任するや、公府に入るに先立って隠士徐穉の居を訪問したるが如きはその一例である。

漢末黄巾の賊の蜂起は天下を大混乱に陥れ、王室も宦官も、玉石共に焚かれ、漸くにして曹操なる個人の手によって社会の秩序が恢復されたが、その時は劉氏の漢室は最早天下の主権者ではなかった。曹操は漢の丞相として朝廷の実権を掌握し自由に官吏を進退していたが、軈て魏王に封ぜられ、此に事実上の魏王朝が成立し、従って選挙の権も公に曹操の手に移ったのである。曹操が丞相となったのは漢献帝の建安十三年〔二〇八年〕であるが、この時選挙の任に当った者は引続き崔琰と毛玠の二人であった。二人の選挙の方針は一度失われたる清議の復活であり、崔琰、清議を摠斉すること十有余年、文武の群才、明抜する所多し、と称せられ、毛玠は、挙用する所みな清正の士にして、時に盛名ありと雖も行の本に由らざる者は終に進むことを得ず、努めて倹を以て人を率いたので、天下の士は廉節を以て自ら励まざるはなし、と称せられた。この点に於いて崔琰毛玠のやり方は、曹操の才能本位の人材抜擢方針との間に若干の喰い違いを生じたらしい。又両人の選挙の標準があまりに厳格に過ぎたため、官吏は故意に垢面羸衣、柴車に独乗し、或は朝服を衣て徒行するという矯偽の風も生じたので、曹操は遂に建安二十一年〔二一六年〕、両人の職を免じ、清議の行き過ぎを是正せねばならなかった。その翌年には特に令を下して、異常の人才にして、従来汙辱の名を負い、笑わるるの行あり、或は不仁不孝と称せられても、治国用兵の術ある者は抜擢して遺す所ある勿れ、と命じている。

曹操は建安二十五年〔二二〇年〕正月に歿し、子曹丕が魏王の爵を嗣ぐと、十月には漢献帝に迫って帝位を禅らしめ、此に名実相伴う魏朝の出現を見るが、この易姓革命の直前、選挙史上に於ける画期的な大変革は、陳群の献議による九品中正制度の創立である。これは民間の清議を採択して官吏を登用する機関として、特に州郡に中正なる官を設け、其地方の名士を以てこれに任命し、中正は訪問なる部下を用いて民間の輿論を探り、これを中央に上申するという組織である。中正はその地方の人物に就いて、一品より九品に至る九等の階級（品）と、これに相応する簡単なる評語（状）を附した一覧表を作成し、更に其後の本人の行状を参酌して絶えず補訂増減しなければならぬ。而して朝廷に於いて人材を要求する毎に中正は、適当なる人物を選んで推薦するのであるが、これには前記の如き品と状とを副えて提出する。状はまた題目、目、名状などと呼ばれ、例えば天才英特・亮抜不群の如き字句で表わすが、三国六朝時代人の伝記に散見するこの種の総括的形容辞はかかる中正の下したる名状を材料にしたと思われる。中正が品状すべき人物には自ら一定の範囲があり、大体に於いて士の階級に限られている。これは官吏の子弟若くは特定の師に就いて学を受くる生徒を指し、此等は特別の戸籍に載せられて吏籍、又は士籍と称せられていた。但し士籍は時に兵籍を意味することがあるから、貴族階級を指す士のそれとは厳格に区別されなければならない。但し帝室の一族たる宗室は中正の取扱う範囲外に置かれたものと思われる。宗室を除く天下の士は、如何なる朝廷の権勢者の子弟も、先ず中正の下す品状によって推挙を受けなければならない。魏が衰えて実権が司馬氏の手に移った際も、司馬氏嫡統の御曹司たる司馬炎、即ち後の晋武帝は矢張りその州の中正から品状を与えられている。されば中正の品状すべき人物の数は莫大の数に上り、一国一郡に於いて既に千名に上ることも稀でない。その結果、中正の内申書も常に適切なるを期し難く、優柔なる中正は努めて権勢者に阿附してその子弟に優秀なる品状を与え、厳正を標榜する者は毛を吹き疵を求め、小過によって全体を抹殺する傾向があり、これと同時に士人の間にも党同伐異して流言を放ち、他人を中傷して自らに虚誉を求める風が起った。此に於いてか、ひたむきに名節を励む美俗が廃れ、外部に向って顔を売り交際を求める弊害が生じたのであるが、当時の人はこれを軽薄浮華と形容して識者の顰蹙する所であった。

魏の文帝即ち曹丕はその年号たる黄初の七年間在位したが、その間にかかる軽薄浮華の風が漸く顕著に見られた。史にこれを、魏文通達を慕いて天下守節を賤むと称するが、そは単に一個人主権者の好尚が然らしめたばかりでなく、後漢以来の名節清議の気風の中に潜む内在的な弱点が再燃して社会的大勢となって現われたものに外ならぬ。されば次代の明帝は在位十三年の間、ひたすら浮華の士を抑えんとしたが、遂にこの潮流を如何ともすることが出来なかった。尤も明帝は自身にも個人的弱点を有し、奢侈を好んで頻りに土木工事を起し、人民の困苦を顧みようとはしなかった。

明帝の後、魏室衰えて実権は司馬氏一門の手に移るが、斉王芳の治世十年、高貴郷公の治世六年、常道郷公の治世五年、合して約二十年の間、所謂浮華の風は滔々として天下を風靡した。この事は同時に清議の頽廃からも来ることであり、所謂名節の士の履行する礼制が全く形骸化して其の実を失って居り、最早十分に世上の尊敬を贏ち得る資格を有しなくなっていたことに起因する。例えば名教を以て自任する何曾の如きは、その私生活に於いて華侈を極め、帷帳車服は綺麗を窮極し、廚膳の滋味は王者に過ぎ、蒸餅の拆目が十字をなさざれば食わず、一日の食費に万銭を用いて、なお箸を下すの所なしと嘯き、在官中屢々侈忲度に過ぐと弾劾を受けている。又孝子の聞え高かりし和嶠の如きも、一方には父の喪に居りて礼法を以て自ら持し、米を量りて食う、という謹慎さを示すが、又一方には、その家産豊富にして王者に擬し、而も性至吝にして銭癖あり、と譏られたものである。遂に西晋初に及んで、傅玄をして、天下にまた清議なし、の歎を発せしむるに至った。

二　清談

此に翻って魏晋時代に於いて、清議派乃至は礼法之士を以て自任する側より、浮華軽薄と目して排斥さるる一派の動静を観察してみよう。而してこの一派こそ後世清談派として知らるる一群の知名の士なのである。元来清議と清談とは略々同一の意味に用いられた。後漢末期の清議は、朝廷に於ける濁流の政治に対する、在野清流の抗議であり、就中朝野名節の士の行動に対する評価の討論を中心として行われ、清議は時に清談とも称せられたのである。然るに清議の頽廃と共に、清談なる語はこれより分離して、従来の清議派を目するに俗流を以てし、この俗流に対して自己一派の談論を清談、或は清言と称するに至ったのである。この清議より清談の分離は、後漢の滅亡、魏の興起、即ち魏文帝即位の黄初年間〔二二〇─二二六年〕を境として実現したと思われる。

当時在朝の名士に諸葛誕・夏侯玄・鄧颺・李勝等あり、党を合し群を連ね、互に相褒歎し、夏侯玄等四人を四聡と名付け、諸葛誕等八人を八達と命じ、劉熙・衛烈・孫密の三人は無資格者なるが何れもその父が大官なるを以て、補欠の意味にて三予と名付けて仲間に加え、毀訾を以て罰戮となし、党誉を以て爵賞となし、己に附する者はこれを歎じて言に盈ち、附せざる者は故意に瑕疵を作為し、専ら交遊を以て業としたとあるが、この時既に清談の風が生じて居ったものとみて差支えない。夏侯玄の持論によると、人才の登用には二階段がある。孝行の詮議の如きは閭巷の下に行わるべきものであり、人材の抜擢の如き大事は台閣の上に行わるべきものである。然るに朝廷大官の進退までも民間の巷議によるは、紛乱の原であるというにあり、要するに中正制度の基礎たる清議に対して、清議以上の人物鑒定法が存在することを主張したものである。但し文帝の時代は、夏侯玄等の、所謂清議を超越したる清談の風は未だ端緒を開いただけで、大なる風潮となるに至らず、次の明帝の初期に於いて、浮華軽薄の士に対する大弾圧があり、夏侯玄等も官を免ぜられて一時逼塞せざるを得なかった。

明帝の歿後、斉王芳が立ち、正始と改元し、この年号は九年まで続くが、この間王族の曹爽が実権を握り、清談派の名士を重用するに及んで、此に清談の黄金時代の出現を見た。その中心人物は何晏であり、曹爽に用いられて尚書となり選挙を司り、同臭味の夏侯玄・李勝・鄧颺等を復活させ、更に王弼・丁謐・荀粲等も加わって、競うて清談をなし、天下の士は争ってこれを慕効して、復た制すべからざる風潮を形成した。

何晏・王弼は何れも学者として令名あり、特に何晏は儒学に造詣深き者であるが、共に老荘の学に心酔し、虚無を崇尚して、六経を聖人の糟粕と譬えるに至った。彼等の所謂清談は老荘の理を論ずる風流談義であり、これに対して儒学的なる名教の清議はこれを常談として黜けた。鄧颺が悪夢を見てその回避法を管輅に問い、管輅は答えて、願くは非礼を履む勿れといった時、鄧颺はこれ老生の常譚のみと一笑に付しているのである。

思うに正始の頃に至って急に老荘虚無の学が隆盛を来したについては、その然るべき径路がある。もともと名節の士の清議なるものの根柢は儒教の礼制にある。礼制は中庸の道を具体化したる規範であって、この規範は寸毫も過すべからざるものである。然るに後漢以来名節の士は、寧ろこの礼制を過すことを以て名誉とするに至った。特に父母の喪に於いて哀毀過礼ということが、他人の賞讃を博する所以であった。実は礼制はこれを過して了っては意味がなくなるのであって、礼を過すことは結局礼を無視することになるのである。既に礼制を無視するならば、これ即ち老荘虚無の教と異る所がないので、老荘の虚無とはとりもなおさず、実践的に礼制の排斥を意味するものなのである。かかる論理の発展は次の竹林七賢時代の名士の行動に於いて最も端的に看取される所である。

正始九年の翌嘉平元年〔二四九年〕、蟄居中の司馬懿が立ってクーデターを行い、曹爽一味の党派は一網打尽に戮死せられ、何晏・鄧颺・丁謐・李勝等は何れも難に殉じた。司馬懿は間もなく病死したが、これ以後魏室の実権はその子司馬師・司馬昭の掌握する所となった。清談派は司馬氏のクーデターによって中心人物を失い、朝廷に於ける勢力は崩壊したが、その余党は寧ろ野に在り乍ら一世を風靡する指導力を有していた。司馬昭の執政時代は所謂竹林七賢を領袖とする清談の白銀時代ともいうべきものであった。

七賢の中心人物は阮籍と嵆康とである。彼等の清談は既に論理の域を脱して、虚無の教を実行しつつあった。虚無の実践とは即ち礼制の排斥である。阮籍は母の訃報に接したる時、正に囲碁に熱中しつつあり、対客が中止せんと提議したるも聴かずして勝負を遂行し、終りて酒を飲むこと二斗、号泣して血を吐くこと数升、葬に先立って一蒸肫を食い、二斗の酒を飲み、また号泣して血数升を吐いた。弔客が来りても酔いつぶれて散髪箕踞し、哭礼を行わなかった。併し乍ら性至孝にして追憶の情深く、毀瘠して骨現わるる状態であり、殆ど性を滅するに至った。蓋し阮籍の考によれば、礼制は人性の至情の発露を妨げるものであり、寧ろ礼制を無視して、情に従って行動するのが人間本来の行き方であるというにあるらしい。同じ七賢の一人に数えられる王戎は阮籍よりも二十歳の年少であるが、この人の母の喪に対する態度は、同じく礼制に拘らぬといっても、何やら阮籍のそれを模倣したるものの如く、作為の跡が見られるような気がせぬでもない。とまれ阮籍は礼制を窮屈なる束縛と考え、自然の人情に基づいて行動するを目的としたので、その嫉む所は礼俗の士である。彼は青白眼の使い分けをなし、礼俗の士を見る時には白眼を以て対したのは有名な佚事であるが、此に於いて従来の清議は礼俗、俗流として清談派より排斥さるるに至ったのである。名教派の裴楷は阮籍と自己とを比較して、阮籍は既に方外の士なるが故に礼典を崇ばぬが、我は俗中の士なるが故に軌儀を以て自ら居るといい、阮籍が任官を勧められた時も、流俗に堪えざるを理由として拒絶しているのである。阮籍は嘗て王戎を目して俗物といったとあり、阮籍の族子阮脩は俗人を見るを喜ばずとあるが、俗なる文字は元来左程悪い意味ではなく、これに低級鄙俗なる意が加わったのは、恐らく清談者流から始まったことであろう。

嵇康の論に、名教を越えて自ら自然に任ずという句があるが、これは尤もよく清談派の境地を言い表わしている。後漢以来の名節の士は礼制を過したが、それは礼制を認め乍らそれを超過したのである。結局それは礼制を無視したことになったが、彼等の気持では礼制を尊重すればこそ過してみたくなったのであった。然るに清談派は礼制、即ち名教を超過するのでなくて超越するのである。始めから全然名教なるものを度外視して、如何なる意味に於いてもこれに拘束されまいとするのである。然し乍ら名教は過去数百年に亘って人心を支配し、社会に秩序を与えて来た権威である。この権威を無視して、人情の自然に基いた行動に出でんとすれば、所謂名教の士、即ち清議派より痛烈なる非難を招く可きは当然である。此において自己の弁護と世人に対する啓蒙の議論が必要になって来る。彼等の清談には一面に於いてかかる社会的責務が負わされていたのであった。

嵆康に声無哀楽論の一篇がある。その趣旨とする所は、音声そのものには哀楽がなく、只人間は習慣によって哭を聞けば悲しく、歌を聞けば楽しいので、もしかかる習慣がなかったならばその反対に聞えるかも知れない。然し乍ら情に哀楽のあるのは自然の現象である。自然の哀楽に、人為的なる音声を配置して両者の関係が必然的に固定しているように考えるのは誤である云々というにある。この議論は実は儒教の礼制を音声に喩えて論を立てたものであり、吉凶各個の場合に於ける礼制は単なる一個の形式にすぎず、哀楽の情と必然的に結合したものでなく、偶然に古人の手によって取上げられたに過ぎない。それを万代不易の自然法の如く考えて執着し、この無意味な礼制に従うことを以て人生の最大目的とするのは愚かなる仕業であるといって、清議派の礼俗の士を嘲笑したものなのである。

儒学の礼制は、形そのものの中に真理が含まれているというよりも、寧ろ形そのものが絶対の真理であることを主張する。而して中国人の論理においては物と事との区別がない。事に絶対的な価値を認めることは、物にも絶対的な価値を認めることである。これに反して清談派の虚無の学説は礼制なる、事の価値を否定するが故に、勢い物の存在の価値を否定することになる。此に於いて礼法派の側より虚無派に対する反撃が開始される。晋初の裴頠の崇有論はその代表的なものである。

崇有論の主旨は、有は最初から有であって、無から有を生ずることはない、無とは有を取り去った後の空虚に過ぎぬ、世の中は凡て有で充満して居り、世に益あるものは凡て有であって虚無は何の役にも立たぬ、というにある。この論は現象世界を以て、凡て夫々の価値ある有の集合とし、その上に立って秩序の維持に当っている礼制に絶対の権威を認め、礼制を度外視して曠達を誇る清談派に対して一矢を酬いたものというべきであろう。

崇有と虚無との討論は軈て鬼神有無の論にまで発展する。かの阮脩が無鬼の説を唱え、嘗て鬼を見たる人ありとの抗議に対し、若し人が死して鬼となるならば、鬼の着たる衣服もまた死して鬼となりしかと反問して対者を閉口させた話がある。そうかと思えば阮咸の子阮瞻は無鬼を唱え、嘗て一客と対してその有鬼論をやり込めたが、客は急に我こそは鬼なれと言い終ると、異形の怪物に変化して消滅し、間もなく阮瞻も病死したなどの逸話もまことしやかに伝えられている。

三　放達

竹林七賢等の礼法を度外視したる放達の振舞は、最初にこれを実践するには余程の勇気が要ったことであると思われ、事実又少なからず世上に物議を醸したものであったが、軈て追随者が輩出するに及び、それが次第に常識化され、また或る程度に骨抜きにもされ、世間も別にこれを深く怪しまなくなった。嘗ては清議派より浮華として痛烈に攻撃されたる清談の風は再び新たなる勢を以て盛り返し、朝野を風靡して滔々たる大勢となった。

竹林七賢の一人なる山濤（さんとう）は魏末より晋初にかけて、吏部郎或は吏部尚書として選挙に携わり、その推輓（すいばん）によって一度抑えられたる清談派が次第に官界に進出した。山濤は晋の武帝の太康四年〔二八三年〕に歿しているが、同じく七賢の一に数えらるる王戎は更に恵帝の時代まで存命し、清談の指導者となり、晩年その地位を王衍（おうえん）に譲り渡した。

王衍は恵帝在位の十六年間、清談派の領袖としてその名望は先輩の王戎を凌いだ。而して此頃に至って清談なるものは、儒教の礼制に反撥するの気力を漸くにして失い、単なる談論の為の談論として、受容せられた。中国社会に深き根柢を据えたる儒教の礼制は、老荘虚無の論を真向より翳（かざ）して打倒に向っても、家族制度其物が安全なる限り、容易にたじろぐ代物ではない。虚無か崇有かの議論が一わたり済めば社会の風潮は軈て落付くべき所に落付く。儒教実践の根本たる孝行に対する尊崇は中国においては殆んど第二の天性となっている。曹丕が魏王太子たりし時、嘗て衆賓を集めて問題を提出した。曰く、「君父共に篤疾に罹り、良薬一丸あり、以て一人を救う可きに、君に用いんか、父に用いんか」。坐客の議論紛々たる中に独り邴原は口を開こうとしない。太子は特に邴原を指名して意見を問いしに、原は勃然として只一語「父なり」と。太子も亦これを難じなかった。孝行は然くタブー的存在である。

孝行の最終最大の義務は喪礼である。喪礼の規定は甚だ厳格なる一方、若しこれを回避せんとする者あれば、そは不孝者の上に臆病者としての非難を被る危険がある。されば虚無を宗として礼制を排斥する清談者流も、事、親の喪に関すると著しく妥協的態度を示さざるを得ない。勇敢にその所信を断行したのは、後にも先にも竹林七賢の中、嵇康・阮籍・王戎の三人あるのみ。而も彼等は表面的なる礼制は遵守せざるも、毀瘠骨立とか容貌毀悴とか称せられて、内心の至孝なるを証明されねばならなかった。七賢中の山濤の如きは、尤も妥協的態度を示し、その母の喪に遇いたる時は、齢已に耳順を踰えていたが、喪に居る礼を過ぎ、土を負いて墳を成し、手ずから松栢を植えるという孝行振りを示している。尤も山濤が母を喪いたるは西晋武帝の初年で、同臭の嵇康が、言語放蕩・非毀典謨の故を以て武帝の父司馬昭に誅戮されて後間もない時であったから、明哲保身の彼はいち早く転向したのかも知れない。この後は清談派も、喪服の礼制に関する限りは極端なる行動に出づるを慎み、単に日常の行動に関して酣燕曠達に耽るのみで、その清談は単なる理論を弄ぶに止まった。一方、所謂清議派もその私生活に於いて放縦なることは敢て清談派に譲らなかったので、此に再び清議派と清談派とが歩みよって融合に向う形態が起った。清議派も単なる談論としては時に清談派の仲間入りを辞さない。清談はその潑剌たる清新さを失い、社会に反撥するよりも社会より遊離しはじめ、清談を中心としたる特権階級の社交界が形成された。而してこの社交界の花形が即ち王衍であったのである。当時王衍を中心として四友八伯の目があり、王衍は四友の筆頭に数えられている。

当時世の中は魏より晋へと主権が移っても、上流貴族社会には大なる変動なく、知名の政客は曹操に附随して興起したる豪傑の子孫が大部分を占めていた。それも既に初代より孫・曾孫の代に至って漸く門閥を誇り、貴族の特権を負うて他の一般より自己を区別したくなる。かかる排他的な貴族の封鎖社会における交際の要具として清談が利用された。この種の遊戯化されたる清談は、従来の老荘虚無の論を踏襲するが、そは便宜的のものであり、真理の所在は何処にあっても構わない。只談論そのことを面白くやって退ければ目的が達せられるのである。

斯の如き談論の雄たるには必ずしも博学を必要としない。諸葛宏は年少にして未だ老荘の書を読まざるに、王衍と談じて天才卓出と賞揚されて居り、庾凱（ゆがい）は荘子を読まんとして開巻一尺許り（ばかり）にして止め、全く余と同意見であることが分ったから最早これ以上読む必要はないと言った。

清談と同じように酒も交際の要具であった。王衍一派の酒の飲み方は、竹林七賢の情を遣（こ）る為に楽んで飲む酒ではなくして、酒量を競う無茶酒であったらしい。酒豪の第一人者は胡毋輔之である。楽安太守となって任に赴き、気に入りの向逸等と昼夜酣飲して郡事を視なかった。向逸は県の小吏であったが胡毋輔之に見出されて酒の相手を勤めてから社交界に名を知られた。西晋滅亡の大乱に際して向逸は難を避けて江を渡り、胡毋輔之の許に身を投じたが、丁度胡毋輔之は仲間を会同して散髪裸身、室を閉じて酣飲の最中であり、門番は向逸を通してくれぬ。向逸は一計を案じて脱衣露頭、狗竇より中を窺って大呼すると胡毋輔之は、こんな奴は向逸の外にないといって呼び入れて再び酒宴を続け、昼夜の別がなかった。この胡毋輔之は奇癖があり、何でも酒呑みがあると引入れては仲間にした。王尼はもと軍人であるが、胡毋輔之が見出してこれを軍籍から脱せしめようと其筋に運動したが聴かれない。そこで胡毋輔之は酒を持参して王尼の勤務する廐の中で大いに痛飲したという。畢卓も亦酒量を以て胡毋輔之の知遇を得た一人であり、胡毋輔之の友人羊曼・謝鯤等も亦酒量があった。胡毋輔之の子胡毋謙之は才学は父に及ばざるも傲縦はこれに過ぎて、亦酒呑みであった。父が酒を飲んでいると謙之が帰って来て、父の字を呼び、「やあ彦国、年が寄ったらばそんなに呑むものではないぞ、俺にも少し呑ませろ」という。父は大喜びで呼び入れて一緒に酣飲するという風であった。

社交界において持て囃されるには風采も亦一の必要条件である。魏晋間の名士の伝記にはその風貌が屡々記述されている。清談初期の総帥たる何晏は粉白手を去らず、行歩に影を顧みるという洒落者であり、西晋末期の清談界の重鎮王衍は神情明秀、風姿詳雅、或は盛才美貌、明悟如神と称せられ、老荘を談ずるに常に玉柄の麈尾を取り、その手の色沢は玉と同じであったという。当時の如き貴族的社交界においては、容貌だけでも優に一家を成すに足りる。衛瓘（えいかん）の孫なる衛玠（えいかい）の如きはその一例である。総角にして羊車に乗じて市に入るに恰（あたか）も玉人の如く、観る者、都を傾けて出たといい、彼の親戚の王済は風姿英爽と称せられ晋武帝の婿となった人であるが、衛玠を見る毎に、「珠玉側にあれば我が形の穢なるを覚ゆ」と歎じ、彼の妻の父楽広もこれを賞して、「冏（けい）として明珠の側にあるが如く朗然として人を照す」と言ったという。好く玄理を言ったと称するが何程の才能があったか、兎に角二十七歳で病歿して天下に名を成したのは寧ろその美貌の賜であったであろう。彼の歿するや世人は、衛玠は人の為に看殺されたのだと語り合ったという。

四　門閥

清談はその清議より分離する当初からして階級的な色彩を有していた。即ち名節を標榜する清議派の行動は下層士人の行動にして、清談派はこれを超越して上流門閥貴族の特権を主張するかの如き態度を示した。清談派は世事を全然度外に置くかといえばさにあらず、常に選挙の要路者と密接なる連繋を保っている。先に何晏は吏部尚書であり、次いで現われたる隠遁生活者の集団の如く見らるる竹林七賢も仔細に観察すれば、その一人山濤は典選十余年と称せられ、王戎は官吏進退の最高責任者たる司徒の位に上っているではないか。畢竟彼等の行動は、清議派より見れば、総括して浮華奔競と非難さるるに十分なる理由があった。されば王衍と同時にして寒門出身の清議派代表者たる閻纉の如きは、清談派に対して、その貴族的高踏的なる踞傲さに忌憚なく攻撃を加えているのである。

清談派の名士の身許を洗えば、多くは父祖に開国の元勲を有する紈袴子弟である。而してこれに対立する清議派の名士も、その領袖の多くは本質的に異らぬ膏粱華冑の出であった。当時の交際は次第に奢侈に赴き、或は贈答に、或は招待に、或は賭博に、競って豪侈を示して他に勝らんと努めた。何曾は食費一日万銭、その子何劭は一日二万銭、任愷は一食万銭となって停止する所を知らない。彼等は貴族社会に共通の心理たる負け嫌いの念が強く、且つ自尊心が高かった。更に怪む可きは、礼制を度外視して放達を旨とするに拘らず、下僚に対しては礼を責むるに酷なるもののあった事である。王衍の弟王澄は、酣燕縦誕を以て有名であったが、荊州刺史となり酒の上で士人宗廞なるものが王澄の意に忤ったというのでこれに棒を食わせんとし、僅かに別駕郭舒の諫言によって思い止まったが、その代りに郭舒は鼻を掐まれたり眉頭に灸を据えられたりして酷い目にあっている。また豪奢を以て聞えたる石崇の酒宴の席で、孫季舒なる者が慢傲過度であった故を以て、石崇はこれを免官せんと決意したるとき、裴楷に、「足下は人に狂薬を飲ませておき乍ら、人に正礼を責むるのは矛盾ではないか」と諫められて中止したという。

斯の如き自尊心の高く、排他的なる特権階級を背景としたる清談的社交界が、王戎・王衍等の指導者を戴いて政治界の上層部を独占したる結果は知るべきのみである。匈奴の後裔なる劉淵の蹶起に際して為すべき手段を知らず、洛陽を陥られ華北を蹂躙されて西晋は滅んだ。史家は西晋滅亡の原因を多く王衍等の清談に帰せんとするが、又別に王衍が妄りに流品を分別したるの致す所とし、清談の背景をなしたる貴族主義其者を罪せんとの議論があることは注意されねばならない（新唐書巻一八二、劉瑑伝）。晋の一族司馬睿（元帝）は建康に逃れて東晋を興し、僅かに江南半壁の天下を保ったが、この東晋は畢竟するに、西晋の継続でしかなかった。東晋開創の元勲たる王導の如きも矢張り清談社交界の一方の雄である。東晋に入って謝氏が大いに顕われ、王謝二氏が貴族勢力を代表したが、同時に清談的社交界をも代表した。清談の象徴物たる麈尾の如きは、軈て王謝家の物と称せられて、下層士人の手にすべからざる神秘的存在と化した。

漢代よりその傾向が表われたる貴族的特権階級の勢力拡張は東西晋の交において、大体行く可き所まで行きついたと思われる。而して清談の流行はかかる貴族社会の発達を背景として起りたるものであった。余は清談の名士は概ね貴族子弟なるを指摘したが、胡毋輔之の仲間には前述の如く二、三人の例外がある。抑も東晋初期に八伯八達の目あり、八伯とは阮放・郗鑒・胡毋輔之・卞壺・蔡謨・阮孚・劉綏・羊曼をいい、八達とは郗放・羊曼・阮孚・謝鯤・畢卓・桓彝・胡毋輔之・向逸を指す。此等は概ね貴族出身であるが、只畢卓・向逸二人を例外とし、特に向逸は氏素性知れざる寒門の出である。彼がかかる名士の間に名を列ねたるは、寧ろその幇間的性質が重視された為であろう。単に酒呑みだという丈で正史の列伝に名を載せられた者は流石にこの際に於ける二、三の幇間者を以て空前絶後とする。而して幇間の出現其事が、一面に貴族的特権階級の確固不抜の勢力扶殖を物語るものに外ならない。

現実の問題より遊離して、単なる論理の遊戯と化したる清談は、談論そのものの中に存在の理由を求められねばならなかった。此に王衍の後輩、欧陽建の言尽意論が出づ可き理由があった。これは要するに言語そのものの中に真理があるのであって、言より離れて存する真理を言がいい表わすのではないというにあるらしい。談論の粋なる清談は、談議そのものが真理の追求であって、勝者の論が其儘に真理なのである。下って東晋の中期、許詢は、王脩と理を談じてこれを屈服せしめ、次に立場を換えて、先の王脩の主張を取りて自らの主張として又王脩を屈服せしめた。支道林がこれを評して「真に理の当るを求めるのでなく単なるこじつけに過ぎぬ」と非難したが、論理そのものの討議はこの辺まで来ると、勢い仏教の議論を参酌せねばならなくなる。否、清談の発展はその当初より仏教思想の影響を蒙っていると見られる節があるのであるが、今は論の多岐に亘るを虞れて暫く説き及ばぬこととする。

参考文献
市村瓚次郎博士「清談源流考」（『支那史研究』〈春秋社、一九三九年〉）
青木正児博士「清談」（岩波講座『東洋思潮』〈第十巻「東洋思想の諸問題」第二、岩波書店、一九三四年〉）
板野長八学士「清談の一解釈」（『史学雑誌』第五十編第三号〈一九三九年〉）

（『史林』第三十一巻第一号、昭和二十一年〈一九四六年〉十月）

〔『アジア史研究』第三、東洋史研究会、一九六三年。底本では促音の「つ」が大書きされていたが、『宮崎市定全集』第七巻により、小書きの「っ」に訂した〕

近世

五代宋初の通貨問題梗概

中国の通貨史上において、五代より宋初にかけての約一世紀半（九〇七—一〇六三年）は重要な転換期に当っている。抑も中国は古来銅銭を以て法定通貨としたが、五代の間に通貨体系の混乱を生じたので、宋王朝は天下統一の後に、銅銭本位の通貨統一策を遂行しようと努力した。併し、四囲の状勢はこの政策に幸いせず、新たに銀塊の使用が世上に盛んとなり、また交子のような進んだ貨幣制度の出現を見るに至った。

中国の貨幣経済は戦国以来、漢代までに一応の発達を遂げたが、南北朝に入ると反って衰え、代って絹が用いられた。然るに唐代から再び貨幣経済復興の徴が現われ、両税法施行（七八〇年）以後、租税額及び政府の専売品価格は銅銭によって表示された。尤も租税は他物を以て折納することが多かったが、塩などの専売品に対する課利は銅銭を以て支払われなければならなかった。

然るに五代の政治的分裂（九〇七年）は銅銭によって統一されていた国内市場の分裂を意味した。各国は夫々富国強兵を計り、正貨たる銅銭を自国内に蓄積する一方、国内の特産品を国外に輸出して貿易の利を挙げようとした。このために揚子江以南の各国には特産品たる茶の栽培が盛となり、江南の茶商は天下を横行するに至った。併し江南の諸国は国土が狭小で当時未だ開発も進んでいなかったために、特殊の政策を用いて正貨の流出を防がなければならなかった。そこで考案されたのが、銅銭に代る鉛銭、鉄銭など低品位通貨の発行による国際貿易戦の開始である。

最初に鉛銭を発行したのは閩（福建）の王審知であり（九一六年）、これに対抗するため南漢（広東）の劉龑も鉛銭を鋳造した。ついで南漢に接する楚（湖南）の馬殷も始めは鉛銭を、やがて鉄銭を鋳造して民間に使用させた。鉛鉄銭の使用は今日における平価切下げのような意味があり、最初はそれがいわば三流国家たる閩・南漢・楚の如き諸国に行われたにすぎず、これ等の諸国は夫々自国内にのみ許されたる特殊の低品位貨を流通せしめて、外国商人が銅銭を国外に帯出せしめざるように計り、併せて自国商品を廉価に国外に販売せしめて正貨の流入を企てたのである。これが鉛鉄銭流通の第一期である。

以上の三国に隣接する南唐（江西・江蘇）と呉越（浙江）の二国は比較的財政豊富であったため、依然として銅銭本位を維持し続けたのであるが、四囲の形勢はやがて大きな変動を来した。それは北方中原において正統王朝を以て任ずる後周が南下して、南唐に侵入し、揚子江以北の領土を奪ったことである（九五八年）。これによって南唐は海岸の塩産地を失い、後周から正貨を用いて塩を輸入せねばならなくなった。一流国家より急転して三流国となった南唐は後周の保護国となり、財政上にも危機に直面したので、やがて鉄銭を鋳造せざるを得なくなった（九六〇年）。

一方、揚子江上流に国を立てた蜀は久しく貿易戦の範囲外にあったが、孟昶の時に国勢が漸く衰え、後周と戦って北部の数州を失ってから、遂に鉄銭を鋳造して銅銭と混用せしめざるを得なくなった。その混用の割合は銅銭四、鉄銭六を合せて十銭と数える。もし鉄銭の実質価値が銅銭の十分の一であったとすれば、この措置は五四％の平価切下げとなる。この方法はやがて南唐に於いても其儘（そのまま）に採用された（九六四年）。これを鉛鉄銭使用の第二期とする。

こうして一たび鉄銭が行われだすと、いわゆるグレシャムの法則どおり、悪貨は良貨を駆逐して、銅銭は流通面から影をかくし、かくなれば鉛・鉄銭は額面通りの価値を維持する筈はなく、やがて国内の物価高を誘発して人民を苦しめる結果を招かざるを得ない。北方中原を占領した五代正統国家はこの間にあって、正統国家の面目にかけても銅銭本位策を維持せんとした。各王朝は終始軍閥国家であり、軍隊の鼻息荒く、その軍隊の俸給に銅銭を支給していた関係上、銅銭を廃止して低品位の鉛鉄銭を以ておきかえる事が不可能な事情もあった。しかし銅銭の不足は次第に深刻化して来る。五代最後の名君と云われる後周の世宗は朝鮮より銅を求め、仏教を排斥して仏像を破毀して銅銭を鋳造するなどの非常手段すら用いた。幸に武力をたのんで南唐を征し、南唐領内の塩生産地を手中に収めたので、塩を揚子江流域諸国に売却することによって、多額の銅銭収入を挙げ得たであろうことは推察に難くない。後周の後を嗣いだのが宋の太祖・太宗の兄弟であり、両人の手によって五代分裂せる天下は再び統一された。政治的には統一されたが、経済的には旧のままの鉛鉄銭ブロックが残されている。これは大別して揚子江以南と、蜀との二地域とされる。この経済的な障壁を打破して全国を単一な国内市場に還元することが宋王朝に課せられた宿題であった。

宋の太宗は先ず江南地方の銅銭化に着手し、従来の鉄銭を回収して農具に改鋳し、一方鉱脈を探索して銅銭の鋳造を計った。当時銅は饒州（じょうしゅう）を中心とし、江南地方に産地が多かったのでこの増鋳策は功を奏し、至道中（九九七年頃）に歳額八十万貫、次の真宗の景徳末（一〇〇七年）には百八十三万貫に達した。一方政府は江南にて鋳造したる銅銭を江南に留むるために銅銭が揚子江を渡って北上することを禁じた（九七七年）ので、真宗一代の間に江南の銅銭化は略ゝ（ほぼ）完了するに至った。

次に太宗は蜀に対しても銅銭化を策し、これがために十年計画なるものを実施しはじめた（九八〇年）。その法は銅銭と鉄銭とを等価と認め、第一年は鉄銭九・銅銭一を混じて十銭として用い、売買納税にもこの率を用いさせ、第二年には鉄銭八・銅銭二、第三年には鉄銭七・銅銭三の割合に混用し、かくして十年目には全部銅銭使用に到達せんとするにある。然るに当時は江南に於ける銅銭化が始まった所であり、中原よりの銅銭輸入にも限度があり、蜀に於ける産銅は皆無に近かったので、年度が進行するにつれて銅銭の払底が甚しく、民間は大恐慌を来し、政府もついに第三年目に至ってこの銅銭化十年計画を全く抛棄せねばならなくなった。この結果蜀地方は宋一代を通じて鉄銭行使区域と認められ、他地方より蜀へ銅銭を持ちこむこと及び蜀の鉄銭を他へ持ち出すことは厳しく禁ぜられた。

五代の間南方が通貨を異にする数ブロックに分れ、各国が鉛鉄銭の如き自国内にのみ通用する特殊貨幣を流通せしめて居りながら、しかもなお各国間に盛に貿易が行われたのは、別に一種の国際的通貨が流通していたからである。そは銀塊であって、為政者によって通貨と認められぬに拘らず、通貨の役割を果していた。殊に南漢領内なる広東地方は六朝時代から唐代に至るまで、銀塊が通貨として民間に用いられていた。いま各国の独自の鉛鉄銭発行、銅銭の国境通過禁止などの統制強化に際し、法定通貨にあらざる銀塊が之に代って通貨的役割を拡大し、江南地方に広く国際貨幣として使用され出したのは当然の成行きであった。

宋が天下を統一して後、中央政府の所在地なる華北は、統治機構の拡大、軍隊の集中などに伴い、いよいよ多くの貨幣を必要としたが、一方江南地方に銅銭化政策を強行し、折角江南にて鋳造したる銅銭をも揚子江北へ齎すことを禁止した結果は、北方中原地方に於いても深刻な銅銭不足を感ぜしめた。この不便を緩和する為に宋政府は銅銭に代るに銀塊の使用を奨励した。恰もよし、宋の内府及び国庫には諸国の貢献などによる銀塊が山積していた。太宗は官僚及び軍隊に対してよくこの銀塊を散じた。そして一方、専売品の代価などに、銀による代納を認めた。これによって江南の銅銭化の成功と平行して、北方中原には銀塊使用の盛行を齎した。これ南方に於ける銀塊使用の風が、北方を同化したとも見られるのである。江南の銅銭化が一段落をつげると、政府は年々江南の新鋳銅銭を国都に運び、新銭は政府の手を通じて、民間に散布されることになった。こうして江南が内地化されたので、中国は蜀地方を除き、銅銭と銀塊とが通貨として流通することになった。而してその蜀地方と内地との間の売買も銀塊によって決済されて、価値の移転上、別に不便は感ぜられなかったのである。

真宗の次、仁宗の時、宋と西夏との戦争が起り、陝西地方が混乱に陥ったが、これと共に宋政府は財政上に大打撃を蒙った。西夏の侵入防禦のため、陝西及び河東北部に集結された軍隊に給与するために政府の手持ちの銅銭は涸渇した。この急場を凌ぐために政府は最初実質価値が四分の一に過ぎない当十大銅銭を鋳造して支出したが間にあわず、改めて銅銭と等価値に通用する小鉄銭を鋳造したがなお間に合わず、遂に当十大鉄銭を鋳造して支出した。四種類の実質価値の異る通貨を強制的に等価値をもたせて陝西河東に一時に通用せしめようとした結果は、経済上に大混乱を招いた。幸に間もなく西夏との和議が成り、秩序が恢復したが、政府はこの紊乱した貨幣制度を整理せねばならなかった。それには先ず貨幣の種類を少くせねばならぬ。

当時河東路には小銅銭・大鉄銭・小鉄銭の三種が行われ、陝西路には小銅銭・大銅銭・大鉄銭・小鉄銭の四種が行われていた。よって政府は先ず河東路の大鉄銭を陝西に運び、陝西路の小鉄銭を河東路に運び、二種の鉄銭を入れかえた結果として、河東路には小銅銭と小鉄銭の二種が残り、陝西路には小銅銭・大銅銭・大鉄銭の三種が残ることとなった。更に第二段の措置として、陝西路に於ける大銅銭を回収して小銅銭に改鋳したので、陝西路もまた二種の貨幣に整理された。これ以上は、鉄銭を回収して銅銭を放出すればよいのであるが、それは財政困難な政府にとって不可能なことであった。

こうして残された二種の鉄銭の通行価格もまた次第に実質価値に近く引き下げられた。そして結局、陝西大鉄銭は小銅銭と等価に、河東路小鉄銭は小銅銭の三分の一に落ちついた。

改定の際における損失は、政府をも含めて現所有者の負担であったことは云うまでもない。かくして西夏戦争の結果、蜀地方とは別に、陝西・河東両路に新たに鉄銭行使区域が出現した。宋代にはこれを銅鉄銭並用地域として取扱うが、この地方が蜀と異る所は、外地の銅銭をこの地域へ持ちこむことが認められ、ただこの地の鉄銭を外地へ持ち出すことを禁ぜられた点にある。故に陝西河東の鉄銭を携帯する者が境界を出でんとする時にはこれを銅銭に両替せねばならなかった。

かくの如く陝西河東に於ける鉄銭使用は、境界の出入の際において鉄銭帯出を禁ずるのみで取締りが寛大であったが、蜀に於いては事情が異り、四川の鉄銭を境外に持ち出すことも、境外の銅銭を蜀に持ちこむことも禁ぜられ、境内に僅かに残る銅銭は鉄銭と共に使用するのを認められていたのみなので、内外の交易に多大の不便があった。故に蜀と外地との価値移転には銀塊が盛に使用せられた。政府もまた蜀地に於ける塩などの専売益金を徴収するに銀を以てした。

但し当時にあっては銀塊は未だ法制上の通貨とは認められない。租税にせよ、専売価格にせよ、凡(すべ)ては銅銭建で定められ、鉄銭区域に於いてはそれが鉄銭に換算されて表示される。これに対して銀塊は飽迄も単に価値ある商品であって、独立したる価値の単位と認められない。時々の相場によって銭の価に換算されて始めて代用貨として支払いが認められるのみである。而して銀塊一両の価格は銅銭一千文を普通としたが七百文に下ることあり二千文に上ることとあり、絶対に安心して銀塊を信頼することが出来ぬ状態にあった。故に民間における銀塊の信用度は到底銅銭に及ばないのである。

然るに蜀に於いては、銅銭は極めて少く、鉄銭が普通に通行していたが、鉄銭はその質量が尨大なるために取扱い運搬に不便である。ここに蜀地に於いて交子なる紙幣が発達する理由があった。

宋政府は唐代の制に倣い、国初より都に便銭務なる役所を設けて一種の為替事務を行った。旅行者は国都の便銭務に赴き銅銭を寄託し、証明書の下付を受け、指定せられた地方の州衙門に至って銅銭を受取る方法である。但しこの逆方向は特別の場合の外、行われなかったらしい。便銭の利用は特に蜀の如き、銅銭持ち込みを禁ぜられ居る地方に向けて最も盛に利用されたるは疑いない。さてこの便銭の証書は言わば一覧払いの小切手であるから、恐らく蜀において、一種の有価証券として、そのまま民間で授受が行われたであろうことも想像に難くない。かくして四川の商人は最も切実に手形の効用を体得する機会に恵まれたので、それが遂に交子なる紙幣発行を見るに至るのである。

蜀に於ける交子なる紙幣制度は原来民間に始まり、その開始年代は不明である。抑も交子とは民間資本家が国都の便銭務に代り、銭の預り証を発行し、何時にても現銭と引き換えることを宣言した手形であり、携帯に便なるために流行したが、後に資本家が兌換不能に陥り、経済界に混乱を引き起したので、政府は真宗の時代（一〇一一年）に監督を加え、成都の資本家十六人に交子戸となる特権を与え、交子発行の独占権を許した。交子は三年一界として、一界毎に更新し、三年目に兌換しなかった旧交子は効力を失うものとする。かく通用期限を定めたのは其度に清算を行わしめて官より監督を行うに便にする必要があったためである。

然るに交子の兌換準備金流用は依然として跡をたたず、また経済界の変動によって鉄銭の実質価値が表示価格を上廻ることもあったと見え、民間の交子戸に対する兌換傾向が強まり、交子戸の取付けにあうものが頻々と起ったので、政府は仁宗の初年、遂に交子発行の権を官の手に収め、ここに官営の交子、即ち紙幣が出現した（一〇二四年）。官営の交子は兌換準備金を設け、発行の最大限を規定するが、政府はこの交子制度の運用によって莫大の利益を挙げたるは疑いない。

宋政府が中国古来の銅銭本位政策を固守するためには対内政策と共に対外政策をも確立する必要があった。即ち折角銅銭を増鋳してもそれが無制限に海外に流出しては銅銭の払底（銭荒）を引きおこす虞れがあるので、銅禁を布いて銅銭の輸出を禁止した。なお此に一言すべきは、銀塊と銅銭との比価の変動である。中国を取巻く外界の中、貿易相手国として最も重要なるは南洋及び西域であるが、この地方は何れもその背後に西アジア先進諸国を控えて、已に銀本位経済の時代に入っていたと見て差支えない。然るに中国はなお古来の銅銭本位に執着しひたすら銅の増産に努力していた。而して銅銭の蓄積が行われた結果、その銀に対する価格は甚だ低かったので、銅銭は政府の禁令にも拘わらず、西北及び南洋地方へ流出する傾向にあった。特に中国内地に於いて通常よりも銀塊が高く、銅銭が安価を示す傾向の時に、銅銭の流出が目立った。これに応じて政府の銅禁令にも寛厳の差が生じた。銀一両が銅銭七百文に近づいた時（一〇〇〇年頃）、政府は銅禁令を緩和したが、次に銀一両が銅銭二千文に跳ね上った時、政府は銅禁令を強化して、犯人に対する死罪の極刑を復活し（一〇四一年）、更に再び銀価が下落して銀一両が銅銭千四百乃至千六百文に及んだ神宗時代（一〇七四年）には全く銅禁令を解除している。

本書に取扱う所は五代の初より宋の仁宗朝まで（九〇七―一〇六三年）約百五十年間の中国通貨問題を、主として財政の面より観察した。この間に注意すべき現象は左の三点に帰結せしめられる。

㈠五代の間、北方の正統政府は伝統的な銅銭本位に執着して、飽迄も銅銭を価格表示の単位となさんとした。然るに南方の小国にては自領内の正貨たる銅銭を保有せんがために臨時の代用貨として鉛銭及び鉄銭を鋳造した。最初は銅銭の一時的代用の意味であったが、一度低品位貨が流通し出すと銅銭は姿をひそめて、鉄銭が専ら流通するに至った。宋は天下統一の後に通貨を当にあるべき姿に返さんと欲し、鉄銭を回収して銅銭を普及せんとした。江南地方はもと銅鉱に富むので宋の銅銭化は功を奏したが、蜀においては銅銭化十年計画が頓挫して以後、長く鉄銭行使区域として残った。更に仁宗時代に西夏戦争の結果として、政府が軍事費支出のために陝西河東両路にて支出したる鉄銭は回収不可能となり、銅鉄銭併用区域が新たに出現した。要するに銅本位を欲して努力しつつもそれに十分な銅産が不足を告げたのである。銅銭の海外流出が一層この傾向を強化したことも疑いない。

㈡銀塊は通貨の代用として広東地方に、古く南北朝時代から用いられていた。五代の間に江南地方に鉛鉄銭が出現し、国内市場が分裂すると銀塊は愈〻盛に国際的通貨として使用された。更に宋が天下統一の後江南地方を銅銭化せんと計る間、華北中原地方も亦銅銭の払底に苦しまねばならなかった。この通貨不足を緩和せんがために政府は銀塊使用を奨励したが、この結果は江南地方の銀使用が華北に拡大する結果となった。蜀や陝西に鉄銭区域が生ずると、これらの地方との取引決済のためにいよいよ銀塊使用が不可欠となった。但し仁宗の頃まで財政面に於いて銀の占むる比重はなお軽度である。北宋末年に至って、それが急激に増大を見せて、中国は徐々に銀本位に向って動きつつあった。

㈢蜀に於ける鉄銭使用はその運搬に不便なるがために、交子なる紙幣の発達を見るに至った。紙幣は為政者にとって最も便利にして利益あるものなることが証明された。

以上の三傾向は其後も引続き中国経済、特に財政面に支配的に行われる。以後中国は常に銅銭を表向きの本位貨幣と認めようと欲しながら、実際には之に伴って行われる紙幣（元代）、及び銀塊（明代）の使用の発達は、五代宋初の間に試験済みとなれる制度を全般的に押し進めたものにすぎない。この意味から余が取扱った一世紀半は中国通貨史上の重要なる一転換期である。

（『五代宋初の通貨問題』〔星野書店〕昭和十八年（一九四三年）十一月発行。梗概〔本論考〕は文学・哲学・史学会連合編集、『研究論文集』第一巻掲載、昭和二十五年（一九五〇年）十二月）

〔『アジア史研究』第二、東洋史研究会、一九五九年〕

王安石の黄河治水策

一

黄河という河は厄介な河である。第一にその水量が一定して居ない。水の少ない時には船が河底に閊える位に浅いが、雨期の頃霖雨が続くと水量が急に膨張して、百八十倍にもなる。それはまだよいとして、その水が泥を含んで黄濁して居り、古来、一石の水に泥六斗と称せられる。黄河下流の平地へ来ると、その泥が水と一緒に流れ切れずに沈澱して河床を埋め、毎年七、八寸宛も河底を高めて行くので、若し両岸に堤防を築いて洪水を防ごうとしても、その堤防を河底と平行して高くして行かねばならぬ。併し実際問題としては、そう無限に高く天迄も届くような堤防を築くことは不可能であるから、或る時期が来ると洪水は堤防の弱所を破って奔流し、下流平野一帯を水底に沈めて、城邑を壊し人畜数十万の犠牲を出すという惨事を惹起する。その折に一旦堤外に溢出した水流は多くの場合故道に戻らず、其儘新たなる低所を自ら探し求め、別に新河道を造って流れる。こういう大自然の威力の前には、人為的な細工は殆ど無力であって、只災害の程度を如何にして最小に喰い止めるかが問題となる。古来黄河の河道は下流華北の平野に於いて屢々移動転徙したが、その変遷の跡づけについては既に立派な研究も出ている。此処に取上げようとする問題はその間の一短小時期に過ぎないが、黄河治水史上に於いては極めて特異なる位置を占むるものである。

二

北宋時代は河患の最も頻繁な時であった。従来黄河は山東・河北の間を東北に向かって渤海湾に注ぎ、転々移動し乍ら、低地を求めては流れ、又その低地を泥で埋めて、別の河道を探して来たのであるが、その間に渤海湾沿岸の平野には最早や黄河を容れる所なく、一転して南に向かって淮水水系の間に新河道を発見しようとした。事実黄河は次の金の時代に東南に折れて淮水と合して東シナ海に注ぐ一支を出し、元・明・清の南流時代を出現するが、北宋時代は丁度その転換期に当たる。渤海湾から太行山脈迄の間には、最早や適当な黄河河道を抱擁し得る低地が見つからず、何度河道を変えても安定しないので、洪水の度毎に黄河が勝手に出口を求めて、のたうちまわる有様であって、之が北宋一代の政治家の頭を悩ましたことは一通りでなかった。

宋の真宗の天禧年間（一〇一七―二一年）以後、黄河本流は大体、首都開封より東して滑州、澶州、済州、鄆州、棣州、浜州の境を流れて海に入った。その地域は大体京東路に当たるので、之を京東河道又は天禧故道と言う。

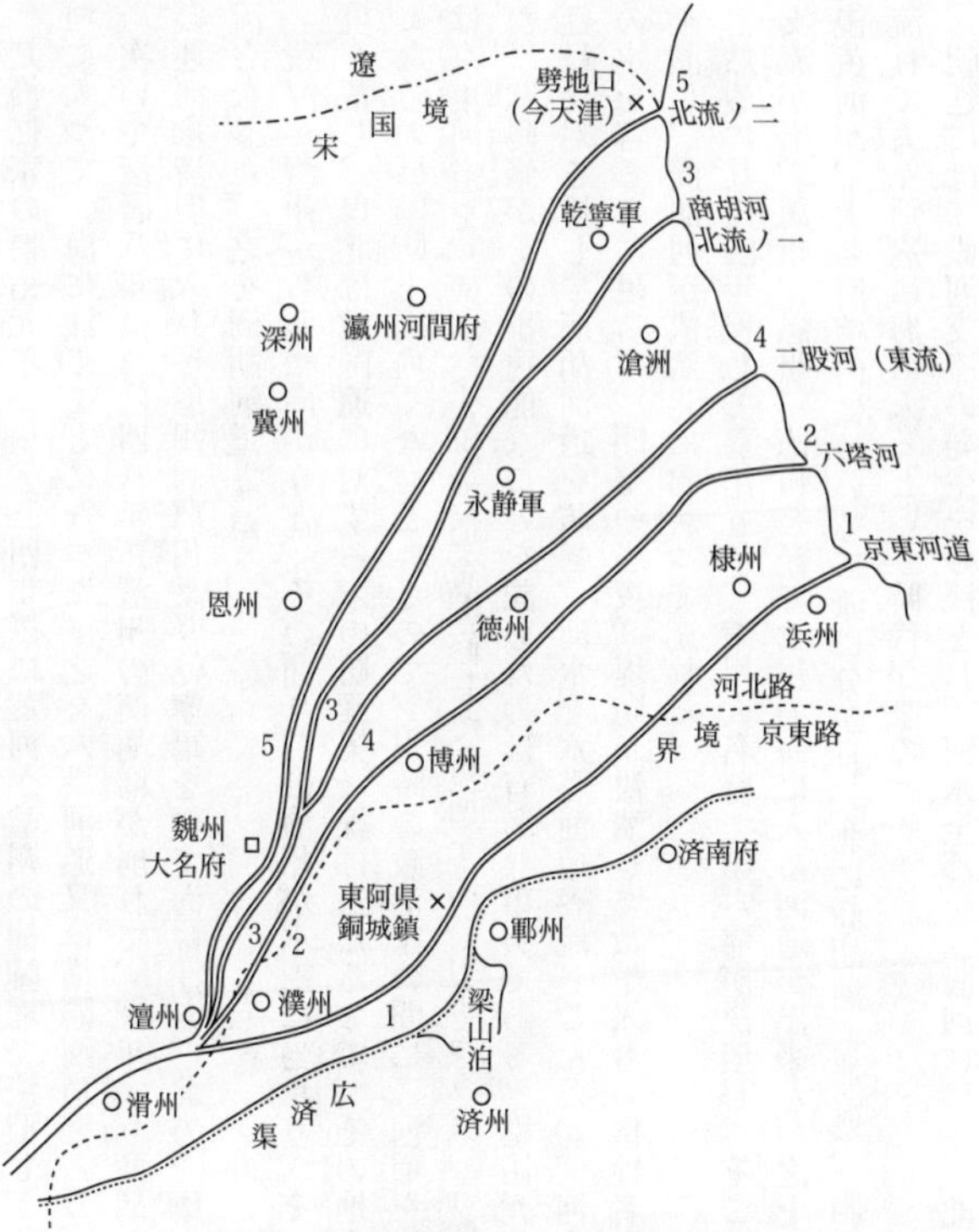

北宋中期黄河河道変遷想像図

其後仁宗の景祐元年（一〇三四年）に黄河が澶州の横隴埽で決潰し、従前からあった六塔河に入って、海に注ぐことになった。之を六塔河道又は横隴河道と言う。

次いで慶暦八年（一〇四八年）澶州の商胡埽が崩れて、翌年より商胡から出た水が、従来の運河永済渠に入り、恩州、冀州より乾寧軍を経て海に注ぎ、北方を廻って流れる河道が本流となった。之を商胡河道と言う。

黄河が澶州から北に向かうと、その曲り目の澶州が水衝に当たり、その北の魏州大名府の境を荒し、以北は敵国遼に対する宋の防禦第一線に当たるので、その地方が河災を蒙ることになるのは国防上面白くないというので、当時の政治家の間に、河道を元へ戻す為に、或いは京東河道を、或いは六塔河道を開修して黄河を南へ引張ろうという議論が喧しく行われた。欧陽脩がその不可能なことを説いたのは有名な事実である。嘉祐元年（一〇五六年）朝廷は反対を排して商胡河道を防ぎ、河水を六塔河道へ流しこんだが、河身が小さくして黄河の水を容るるに足らず、閉塞の当夜、堤防が決潰して数千人もの犠牲者を出すという大騒ぎを演じ、商胡河が依然北に向かって流れた。

然るに其後四年程して嘉祐五年、魏州大名府で第六埽が決潰し、そこから東方へ黄河の一支流が出、魏州、恩州、徳州を経て滄州で海に入る河道が出来た。之を二股河道と言い、以後黄河が、大名府境内に於いて二派に分かれ、北に商胡河（北流）、南に二股河（東流）が流れて夫々別途に海に入るという時代が来る。

朝廷には二股河支流の発生を好機とし、河水全部を二股河に移し、北流を断絶して国防第一線を河患から救って安泰にしたいという議論が生じた。尤も前に六塔河工事の失敗に懲りているので、いざ実行という段になると、誰も逡巡して率先着手し得ずに過ぎたが、其中に英宗の短い時代を経て、年少気鋭の神宗即位し、王安石を用いて諸事更張を計り、黄河が北方の軍事上重要地点を絶えず脅しているので、愈々徹底的な治水政策を確立しようということになったのである。

三

王安石以前に於いても、朝廷の政治家は決して黄河の氾濫を只袖手傍観していた訳ではない。色々な対策をも考案して、その為に大工事を興した事も度々あったのである。而してそれに伴って、治水の技術も相当な進歩を見せていた。

先ず第一に堤防工事であるが、華北の平野は元来黄河の泥土が堆積した土地であるから、地盤が柔い上に岩石が近所で手に入らない。それで堤防を造るにも石を畳むことが出来ないので、所詮は土を用いなければならぬ。土を其儘で築き上げても水に遇えば崩れて了うから、特別の工夫が要る。そこで木竹を用いて大きな土の塊を人工的に造るのであるが之を埽という。その木竹も華北では容易に手に入らぬから、人民の貧富の等第に応じて強制的に植えさせ、毎年冬季に人夫をも徴発して護岸工事を行わせる。

埽を造るには下に竹索を列べ、上に樹枝やアンペラ様のものを布き、其上に土石を載せ、大竹索を横たえ、この大竹索を中心に、そのまわりへ土石を固めるように、下に敷いたアンペラを捲き、上を細竹索で梱包する。そうすると直径数丈、長さ十余丈の土製のローラーのような菰包み（こもづつ）が出来上る。之を転がして行って河岸に幾つも積上げる。大木を打ちこんで杭とし、この杭で埽を地に縫いつけたり或いは別に大竹索を用い、埽を縛（たば）ねてその両端を杭頭に結びつけたりして埽が流れぬようにする。この埽を積み上げた堤防をも埽と言い、又は埽堤ともいう。更に大堤防を護る為に、前面に馬頭、鉅牙などいう小堤防を排列する。或いは更にその前に木岸というものを造るが、之は木を地面に打ちこんで、堤防の基礎が波に攫（さら）われるのを防ぐものらしいが、木を一本宛打ちこむよりは、大木に幾つかの穴をうがち、そこへ小木を通して、櫛のような形にして打ちこむ方が効果がある。之を木龍というとある。

かかる堤防工事は平時から行って洪水の際に備えるが、又洪水で堤防決潰の後には、冬の減水期に於いて、破損箇所を塞ぎ、河道を以前に戻す為にも行うこと勿論であり、そのやり方は前と同一である。

次には斯（こ）ういう技術を応用して河道の整理を計ることがあるが、多くの場合、それは直河を開くことになる。一体水は一寸でも低い方に向かって流れるから、河道は自然に任しておけば、決して直線には流れない。殊（こと）に平地では蜿々（えんえん）と彎曲（わんきょく）して流れるを常とするが、之は洪水の虞（おそ）れある土地では大へん危険なことである。即ちその曲り目の所では、河水が直角に岸に当たるから、大水が出るとそこで堤防を衝き破り易い。そこで今A―B―Cと彎曲している河身がある時、A―Cという直線の水路を人工的に造って、河道を一直線にすれば、河水が直角に岸を衝くB箇所がなくなり、且つ多少は勾配も急になって水が順調に流れる上に、従来の河身が耕作地として利用されるから、そこに肥沃な田地が浮んで来る。之を退淤(たいお)の地という。尤も新河道の為に多少田地は潰れるにしても、その差額は常にプラスであり、それが黄河のような大きな河になると、そこから生ずる利益が決して軽視出来ない。只困ることは直河を造る時に、何分河水の近くで仕事をするのであるから、すぐに下から水がわき出して、工事を続行することが困難になる点である。

もう一つ特別な方法に淤田(おでん)というのがある。之は黄河に限らず河身が平地よりも高い地方に於いて、冬の減水期にわざと堤防の一部分を開いて河水を耕地に注ぐのである。すると混濁せる河水は泥土を運んで田地の上を蔽い、それが翌年の作物の肥料となって収穫を増し、又それ丈河底が埋まる分量も減るから一石二鳥の妙案である。この法は以前からも行われたが、特に王安石時代に盛んに奨励してやらせ、それが又新旧党争論議の一題目になっている。

四

扨(さて)王安石が神宗に用いられた熙寧年間(一〇六八—七七年)、彼はかの有名な新法を実施することになるが、黄河治水に関しても積極策をとり、商胡河の北流が自然に衰えたるに乗じ、熙寧三年より工を興して二股河の東流を浚(さら)え、熙寧五年四月に至って完成し、幅四百尺、深さ十一尺の河身が出来て、此処へ黄河の水を全部流しこみ、北方に溢れ出た決口を塞いだ。この工事に際して既に、後に述ぶる王安石の採用した河川浚渫の新案器具が用いられて功を奏したらしい。

新案器具とは、最初に李公義なるものが、鉄龍爪と揚泥車の法を献じたに始まる。揚泥車の方はどんなものか明らかでないが、鉄龍爪とは鉄数斤を用いて、爪の形をつくり、縄に結んで舟から垂らし、舟を漕ぐ間に爪で河底の泥土をかきおこし河水と共に之を流しやって、河を濬える器械だとある。宦官黄懐信なる者が之を見て、鉄龍爪は軽きに過ぐるからというので改良を加え、木を用いて濬川杷というものを発明した。その法、巨木長さ八尺の所へ、長さ二尺の歯幾つかを植え、杷の如くし、石を結えて重くし、両端に縄をつけ、之を河底に沈める。河上に二舟を浮べ、相距る八十歩、各々縄の一端を牛車に捲き、牛車をまわして縄を牽き河底の濬川杷を往来させるのである。船の位置を次々に移動させて、上游より下游に及び、次第に河底を深くして行くという趣向である。

王安石は黄懐信にこの濬川杷を用いて実験をさせたが、二股河の開修工事に於いて、先ず水を少しく通じた所で、船二十二隻を用いて、八時間働いた後に、深さ三尺乃至四尺四寸の浚渫を見た。次に黄河の水をそこへ流しこんでから一日間杷を動かしていると、更に一尺河底が深くなった。あまり水が多すぎる時は操作がしにくいが、少しでも水があれば杷を動かせるので、直河を開く時、地下から水が沸き出した際などは、これ迄とは反対に、却ってもって来いの好条件になる。そこで早速この器械を黄河治水に採用することになったのである。

之に対して旧法党の方から、例によって例の如く、反対の火の手が上った。曰く、河水の深い所では杷が水底に届かない。水の中を空しく杷が泳いでいるばかりで河底の泥は少しも流されない。又水の浅い所だと杷が重すぎて動かない。人夫は上官から督責されるので仕方なく、歯列を仰向けにして杷を往来させるばかりで、これでは亦河底の泥はかき立てられない。濬川杷の如きは全く児戯に類するものだ云々。

こんな非難が王安石の耳に入ったので、彼は同年十月に改めて本式の実験をやり直させている。二十八日卯刻から二十九日申刻まで三十四時間、黄河に於いて濬川杷を動かしたが、その為河底が九寸乃至一尺八寸も深くなったとあるが、王安石も天子神宗もこの結果を得て非常に満足であった。嘗て欧陽脩が、黄河の工事を為さずにおけば火事を出すようなものであるが、黄河の工事を行えば其為に民力疲弊極まりないから、此方は放火するも同じだと言ったものであるが、この時神宗は、万人の力を用いて万人の害を除くならば、放火と同じく為さざるに如かず、併し今や万人の力を用いて十万人の害を除くことが出来るようになったのであるから、之は決して放火でない、これから以後、百千枚の濬川杷を造って河を浚えればもう安心で心配はなくなったと言って非常に喜んでいる。

此処で問題となるのは、黄河のような大きな河で、水深を計って何尺何寸という際どい所まで計算しているが、当時の技術で果してそんな微細な数量まで信用出来るような測量法があったかどうかという事である。遺憾なことには、当時の水深測量がどんな方法によったか何とも書いていないが、後に述べるように第三回目の実験が、反対論者と立合いの上で行われた時に、反対側でも黄河の水深が一時的にもせよ、若干深くなったということを認めているから、そこに何等か、万人を納得せしむるような測量法が考案されていたことと思われる。

当時一般の測量技術は相当な進歩を見せていた。王安石当時の有名な科学者沈括（しんかつ）は、首都開封の上善門から運河汴水（べんすい）を伝わって運河と淮水との合流点泗州（ししゅう）に至る迄の距離八百四十里一百三十歩、その間の落差十九丈四尺八寸六分と分の位まで出している。彼はこの測量に於いて、従来のように榦尺（かんしゃく）を立てて、水平望尺から覗いたのでは正確を期し難いからというので、運河を幾十段かに分割して堰をつくり、水をせき止め、水流を停止せしめた上で前段と後段の落差を計り、之を合計して得た結果がこの数であると言っている。それにしても分の位まで出すというには余程の自信があったものと思われる。流水の水深を測るのはそのように簡単には行かないが、恐らく糸に重りをつけて水に沈め、その糸の他端の浮揚力を常に同一に保つような工夫でもして水中にある糸の長さを計ったものかと想像される。

五

王安石は群言を排して濬川杷を採用するに決心し、熙寧六年（一〇七三年）から七年にかけての冬季に、范子淵（はんしえん）等に命じて黄河及び運河の浚渫を行わしめているが、予期通りの成績を挙げたというので、七年三月には、この案の献議者である李公義以下が特別の賞典に浴した。越えて四月、疏濬（そしゅん）黄河司、略して濬河司という役所を設け、范子淵を長官に任じて、衛州から海口に至る黄河河道を絶えず往復浚渫す可きことを命じている。范子淵は更に大名府下冠氏県清水鎮という所で彎曲している河道を整理する為直河を開き、故道に当たった所から耕地数万頃を獲たと報告したので、政府は彼の黄河浚渫の功と合せて、熙寧七年官位を進めて之を賞したが、翌年再び河道整理の成績を報じて、部下の官吏に推賞を乞うたので反対党から苦情が出て、はしなくも此に一大疑獄を捲き起すことになった。

彼の反対者は濬川杷の効能は疑わしいから、更に的確な実験を必要とすると申し出たので、朝廷は都水監丞蒲宗孟（ほそうもう）という者に命じ、黄河よりも近い運河汴渠に於いて小規模な実験を行い、水深を増した尺度を計った後、九日を経て再び水深を測量し、先の実験に不正が行われなかったことを証明させた。この時の実験の結果は記録に残っていないが、都水監の方で范子淵等の功労を証明している所を見ると、兎も角満足す可き結果を得たもののようである。

所が反対党の方は猶不満であって、范子淵等が報告した成績について、現地地方長官の責任保証を添付す可しと要請した。当時河北路安撫使は文彦博（ぶんげんはく）であり、官界の長老であるが、旧法党に傾いた人であった。朝廷から文彦博に対して范子淵の報告が誤りないものであることを保証するかと問い合せた所が、文彦博がきっぱり断って、却って范子淵の言は虚妄だらけであると上言したので、事件が重大化して来た。

朝廷は早速、知制誥の熊本を派遣して、河北路に至り実地調査をなさしめ、曲の何方にあるかを審判させた。熊本は濬河司の日記を取寄せて検討した結果、熙寧八年〔一〇七五年〕の始めに河水は深さ三尺を減じて居り、夏になって漸く増して水面が二尺高くなり、濬川杷を用いた後も猶一尺高まり、其後秋になって水面が低下したがそれは減水期に入った為で濬川杷の効果によるものでない。試みに濬川杷を用いて河底を浚えさせて見た所、成る程多少は水深が深くなったが、翌日測量すると又以前の通りになっている。結局文彦博の言う所が正しいので、范子淵は虚言をついて功賞を希うものだと復命した。

所が范子淵は承服しない。熊本は濬河司の日記を読み違えている。且つ濬河司から前に文彦博の手許にも報告書を呈出しているので、文彦博がそれを承認した文書が残っている筈であるのに、熊本はその方を取寄せて見ることを怠っているのみか、一度も黄河へ出て実地検証することがなかった。一体熊本は命を受けて河北に赴くと直ちに文彦博の許に伺候して、そこで接待を受けた上、人を屏けて密談に及んだ。それは恐らく巷間の伝うる所、今や王安石が宰相を罷めて引退したので、代って文彦博が出て相位に上るであろうという風聞があるので、熊本は予め文彦博に取入って後日の抜擢を計ろうとし、一種の闇取引を行った形迹があるから、その言う所は信用出来ない。別にもっと潔白な官吏を派遣して、公平な目で再調査を行って貰いたいと逆襲に出た。事実、熊本の行動については多分に疑惑を抱かしむる廉もあって、侍御史蔡確もその奉使不謹慎なるを弾劾したので、朝廷は改めて蔡確に命じ、知諫院黄履と共に臨時査問委員会を設けて再調査に当たらせ、更に公平を期する為に宦官を派して監視せしめることになった。

元豊元年〔一〇七八年〕正月、臨時査問委員会の調査書が出来上ったが、それによると、熊本は黄河浚渫に関して不実の報告を造り且つ范子淵が河道整理によりて民田を退出したることを匿して奏せず、朝命を受けて奉使し乍ら、公事にあらずして文彦博に参謁した点甚だ不都合である。一方范子淵は退出の田地数を奏上するに、二年間の功績を一年分として計上したが、之は錯誤によるものであるからその罪は軽いというにあった。この判定に従って熊本は知制誥を奪い官を下げて、職務を免ぜられ、彼に従って河北に赴いた官吏も夫々処罰を受けている。范子淵は一官を下して職務は旧に依る。文彦博には罪があるが、前朝以来の元老なるに免じて追及しないという判決が下って漸くこの事件は落着した。

扨これから以後、濬川杷のことは史乗に一向記事が出て来ない。恐らく神宗の治世の間は、たとえ王安石は野にあっても新法党が朝廷に用いられていたので、濬川杷は相不変黄河其他の河道浚渫に使用されていたものと思われる。然るに一方黄河の横溢は止まらず、依然として連年氾濫を続け、元豊四年〔一〇八一年〕再び澶州小呉埽に於いて決潰し、先の商胡故道と略々(ほぼ)平行する北流を生じ、乾寧軍の劈地口(へきちこう)、即ち今の天津附近から海に注ぐこととなった。朝廷は之に対して如何とも施す可き策なく、只河水の赴く所を認めて河道とし、その両岸に堤防を築いて溢出を防ぐの外なかった。

元豊八年〔一〇八五年〕神宗崩じて哲宗立ち、新法党が黜(しりぞ)けられて旧法党の時代となり、范子淵も連続的に官を下げられて処罰を蒙っているが、旧法党が出ても黄河を治める妙案は生れてこない。黄河が北流することは、国防の見地から危険であるから、是が非でも北流を閉じて東流させようという議論が出たりして、朝廷論議の種となったが、結局確固たる対策は立てられなかったのである。

正直に見て新法党も旧法党も、黄河の対策には失敗しているのであるが、之は政治力の如何ではなく、黄河があまり大きすぎた為である。而して前述の如く当時は河北の平野が黄河の泥に埋め尽されて低地がなくなり、折もあらば南方に折れて淮水水域を侵そうとしている時であった。

黄河が南方に決潰することは古くよりあり、殊に五代晋の開運元年〔九四四年〕の五月に決潰して南に出たことあって以来、宋代には最も頻繁に起る現象であった。多くの場合は滑州の辺で南岸の堤防を破り、広済渠という運河に入るが、その先に鉅野沢、即ち水滸伝で有名な梁山泊という湖水がある。この湖水が相当多くの水量を容れ得るので、それから下は大して害をなさない。一体黄河が揚子江に比して洪水の災害が大きいのは、揚子江には洞庭湖、鄱陽湖というような大湖水があって、たとえ洪水が出ても或る程度迄之を吸収し緩和して安全弁の役を勤めるが、黄河にはそれがない。大昔には嘗て存したのであろうが、それをすっかり埋めつくして、宋代には只一つ梁山泊だけ残っていた。王安石時代に頻りに増産を鼓吹して、開拓を奨励したので、この梁山泊をも耕地にしようという議が出た時、それでは黄河洪水の際の安全弁がなくなるではないかという反対が出、それを聞いた劉攽という悪口屋が、それならば別に梁山泊と同じ位の池を傍へ掘ればよかろうと皮肉ったという笑話がある。

然らば一層のこと黄河が南方に決潰した時、その儘之を河道として認めればよさそうにも思われるが、当時の実情として、そうは出来ない理由がある。それは淮水水系一帯の地は運河地帯である。広済渠即ち五丈河という運河が梁山泊を通って、首都と山東を結ぶ運輸交通の幹線をなしている上に、もっと大切な、首都と江南を連絡する大運河即ち汴渠がその傍を通っている。黄河が南方へ流れると必然的にこの地方を荒す危険があるので、若しも運河系統が一朝混乱に陥ると、糧食を江南に仰ぐ宋朝廷は飢餓に陥らねばならぬ。それで万難を排しても黄河は渤海湾に注ぐように導かねばならぬが、さりとてあまり北に向かわれては困るというので、そこに元来非常な無理がある。だから金が華北に入って、宋が江南に退却し、中国が南北に二分されると金は黄河の自然に流れるに任せて、その一支が梁山泊を経て、泗水に入り淮水と合するようになっても政府では別に之に干渉しようとしなかった。その間に梁山泊は段々泥に埋まって浅くなり、現今では全く湖水変じて桑田と化している。

六

大自然の威力の前には、流石の濬川杷の妙案も大して効果を挙げ得なかった。併し乍らそれはあまりに相手が大きすぎた為であり、吾人は斯かる自然の脅威に敢然として技術を以て対抗しようとした当時の政治家の勇気に対して賛辞を惜しんではならない。黄河治水は予期通り成功しなくても濬川杷が全然無益であったとは断言出来ず、少くもその着眼に於いては大いに採る可きものあるを覚ゆる。

古来黄河はその水が濁っているので有名である。それで時に黄河の水が澄んだ事があると、其地の地方官から中央へ報告し、朝廷では之を以て天下泰平の瑞兆であるとして慶祝したものである。

王安石は迷信が大嫌いであったという。彼は黄河の澄むのを待つ所ではない、その河底の泥をかき立てて、大いに黄河の水を濁そうとした者である。既に黄河の河底が年々上昇することを認めた上では、黄河対策は結局不徹底なるを免れない。いかに堅固に堤防を築いても、何時かは行詰る時が来る。而して堤防が堅固にして高大なる程、一旦それが決潰した折の災禍は転た甚大なるものとなる。徹底的な永久対策を樹立しようとすれば、勢い黄河の河底を常に浚えて、高さを上昇せしめないことが必要である。所が黄河の底は泥である。洪水の時には河底が両岸もろ共、地下十メートル迄もが動き出す。地盤其物が流れるのである。恐らく現今最新式の浚渫機械を持って来ても、注文通りに黄河河底の泥土は掬い上げられぬであろう。只幸いに洋々と流れる黄河の水は大なる動力である。この動力を何とか利用出来ぬかと考えたのが濬川杷なのであった。黄河に於いて治む可き対象は水にあらずして泥にある。水は却って泥を流す原動力を供給する。但し泥土は沈澱し易いので、人工を貸し、濬川杷で掻き起して水の運搬作用を促進するというのが王安石等の着眼であった。黄河をして黄河を治めさせる、これ以外に恒久的な対策は絶対にない。之は今日に於いても同様に言い得る真実である。

王安石は科学者ではないが、科学的政治家であった。彼が実施した新法の中、彼自身の発明に係るものは殆どないと言ってよい位で、大ていは別に発案者があり、彼はその献議に耳を傾け、道理のあるものは、群言を排しても之を採用し、多くは献議者をして其儘局に当たらしめ、責任を以て事業を遂行せしめたのである。その判断力の常に正鵠を得ていたことは、中国史上に嘗てその比を見ない全然新型の政治家であった。而して異議の生ずるに当たっては納得のゆく迄研究した。濬川杷の効能如何についても何遍も実験を繰返しているが、かかる点は余の所謂科学的政治家の称呼に恥じざるものであると信ずる。古来の名宰相に無為にして化すという形容があるが、之は貴族時代の常談であり、かかる煙幕遮蔽策は既に彼の時代がその存在を要求しなくなっていたし、彼の良心も亦屑しとしなかったであろう。近世の宰相は自ら第一線に立って衆を率いねばならなくなって来ている。

王安石の反対党は元より彼の真意を解せず、而して後に彼の衣鉢を嗣ぐと称して現れたる蔡京等の新法党も亦決して彼の真の後継者ではなかった。徽宗の在位年間、屢々黄河清みたりと称して、君臣相慶祝せるが如き、全く王安石の新法精神を蹂躙したるものと言うの外はない。

七

濬川杷の法は其後幾度かの易姓革命や社会の変転にも拘らず、歴代専門河工の家に伝えられたらしい。清の道光年間〔一八二一―五〇年〕刊行、麟慶の河工器具図説なる書を見るに、鉄笆というものを載せているが、之は濬川杷の原形たりし鉄龍爪の俤を留めて居り、鉄篦子は濬川杷を鉄製にて小形に造りしもの、別に混江龍という大砲の如きものがあり、之は木質鉄歯とあって濬川杷を更に新意を加えて改良せしものである。但し混江龍には説明がついて居て、嘗て治河工事に使用したるも重ければ沈滞し、軽ければ浮漂するので、実用に適せぬとある。河工は専門の知識を要する技術家なれば、子孫相ついで業を習い、家伝として種々の知識を保存して来たので、此書に見ゆる工具の図及び記述は、多少の変化を蒙りつつも、恐らく宋代以来の知識が伝承集成されて来たものに外ならぬであろう。

一説によると混江龍とは、乾隆年間〔一七三六―九五年〕、某河道総督の考案に係り、それは柴を束ねて河中に投じ、縄の一端に括りつけて河底を引きずって歩くもので、河底を浚渫すると共に黄河の魚を之で捕獲し得、その漁利は沿岸の住民を潤したが、道光末年太平軍の乱に、河防の兵を賊討伐に向かわしめてから後廃止になったと言う。何れにもせよ濬川杷の法は宋代に滅んで了ったものでなく、清朝時代迄生命を保っていたのである。或いは現今迄も続いているのかも知れぬが、先年蔣介石が黄河を決潰した時、復旧工事を妨害するの目

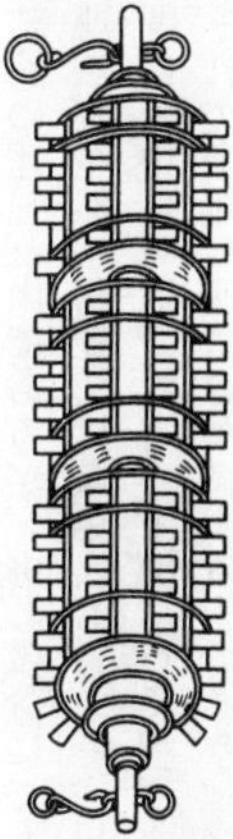
混江龍

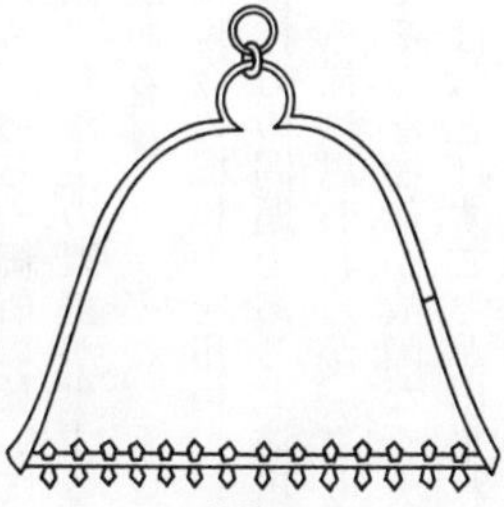
鉄篦子

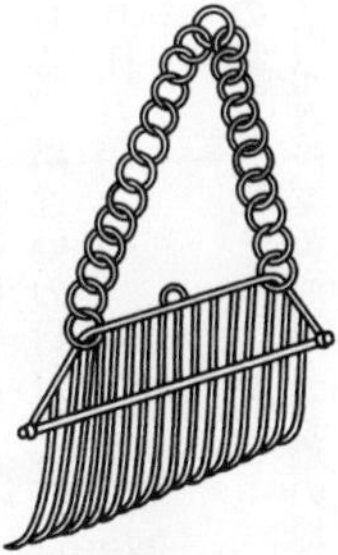
鉄笆

的を以て、専門の河工を全部拉し去ったというから、確かな事は重慶迄聞きに行かぬと分からない。

王安石時代の濬川杷が予期通りの効果を挙げ得なかったとしても、それは着眼の誤りでなく、対象があまり大きすぎたと共に当時の機械力の未発達が一因をなしている。然らば今日、所謂機械文明が空前の発達を遂げた時に於いては如何であろうか。この事は或る程度迄現地について実験を行えば、あとは机上で成否の計算をなすことが可能であると思われる。

即ち第一は黄河水流の運搬力如何である。河水が何パーセントの泥土を混ずるに堪え、之をどの程度に遠方迄運び得るかという問題である。上海の自然科学研究所では嘗て揚子江の水底の土質検査をやって、結局河底の土はあまり遠方から運ばれたものでないという結論に達した由であるが、併し幾分にても運搬しているという事実があれば、王安石流の浚渫法が全然不可能ではないとも言える。只一つ黄河に於いて困ることは、黄河の水は流れる間に土中に吸収されて、下流に行く程、水量が減少するという事実である。水量が減ずればそれ丈全体の運搬力が減ずる訳であり、之に反して既にそこ迄流れて来た泥土の量は別に減少せぬから、ある一箇所に於いて単位水量の運搬力を計って見ても全体の総計を出す時には水量の減少した丈の誤差が生ずる。その誤差があまりに大であると計算の意味をなくして了う虞れがある。

第二は現今の機械力を用いて、どの程度迄河底の泥をかき起して河水に混合せしめ得るかという攪拌力の問題である。濬川杷や混江龍の様なものは現今の我々が考えて見て余り原始的に過ぎる様に思われるが、さりとてスクリューのようなものを廻転させるにしても、果して河底でそんな操作が故障なく実施出来るものかどうか。河底に近い泥水を出来る限り水面近く迄、はねとばすことが出来れば、それに応じて泥土が遠方迄運ばれ得る可能性があるから、何か特別な攪拌機械が発明されると、案外王安石の方法が今日に生きて来るかも知れないのである。畠違いの自分には遺憾乍ら、こんな所で筆を止めて、あとは其道の人に考えて貰うより仕方がない。

〔各節の参考文献〕

一　藤田元春氏「黄河河道変遷の地文学的考察」（『史林』七ノ二〔一九二二年〕）。同氏「黄河の水

の泥」(大毎〔大阪毎日新聞社〕編『大黄河』〔大阪毎日新聞社、一九三八年〕)。岡崎文夫博士「黄河治河の歴史」(大毎編『大黄河』)。以上は本論を作成するに当たって全面的に利用した。
二―三　主として宋史河渠志による。
四　続資治通鑑長編巻二四八ノ五、熙寧六年十一月丁未。沈括、夢渓筆談巻二十五。
五　長編巻二五〇ノ五。二五一ノ六。二五二ノ二。二五四ノ十一。二五八ノ十二。二七七ノ十三。二七八ノ十三。二七九ノ八。二八二ノ十。二八七ノ七。資治通鑑巻二八四、晋開運元年六月。黄河南決。宋王闢之、澠水燕談録巻十、劉貢父。
六　班書閣氏「黄河清む」(大毎〔大阪毎日新聞社〕編『大黄河』〔大阪毎日新聞社、一九三八年〕)。
七　橋川時雄氏「白描文学の「老残遊記」と黄河鯉」(大毎〔大阪毎日新聞社〕編『大黄河』〔大阪毎日新聞社、一九三八年〕)。天下郡国利病書巻十七、巻二十、巻二十七、明代鉄爬の記事、巻二十七、河防一覧に李公義濬川杷の記事。図書編巻五十三、治黄河議、黄河治法、治両河議の条に、鉄扒、尖鉄鋤、五歯爬杏葉の記事。同治蘇州府志巻十、水利の条に濬川杷の記事がある。之によると明清を通じて王安石の方法が用いられていたことが分かる。

(『東亜問題』第四巻第一号、昭和十七年〔一九四二年〕四月)
〔『アジア史研究』第二、東洋史研究会、一九五九年〕

雍正時代地方政治の実状――硃批諭旨と鹿洲公案

一　はしがき

雍正硃批（しゅひ）諭旨の一書は誠に驚くべき史料で、清朝の一時期を切断して、その横断面を詳細に後世に伝えてくれる。社会万般に亘って、これほど丁寧な記録は外に類例がない。それにも拘わらず、地方末端の政治の実状についてのことになると、これだけではまだまだ不足で隔靴掻痒（かっかそうよう）の感がある。何となればこの書の性質として、その中に収められた奏摺（そうしょう）は凡て地方大吏の手になるものである。文官では布政使、按察使以上、武官では総兵官以上である。稀に道台、知府を含むがそれは稀有の例にすぎない。(1) ところで布按二司以上は、一省の責任者であって雍正帝から地方政治の大権を委託されたものである。だからその立場は省全体の利害に関することで、個々の地域の問題は、たとえ下部からの報告を取次いでも、それは単なる骨格だけにすぎぬ場合が多い。然（しか）るにわれわれはもっと地方末端の政治の実状を知りたいのである。雍正帝独特の奏摺政治は官紀の振粛を第一の目標としているが、天下は広いから到底天子一人の眼で、知県級の直接民政に携わる官僚を監督することはできない。その仕事はたいがい布按以上、総督巡撫等に任せてある。従って雍正帝の官紀の振粛は、間接的に地方民治に及んでくる筈で、下手をすれば途中で立消えになりそうな気配すら感ぜられぬでない。雍正流のやり方で、雍正帝の理想とする所が、いったい何処まで達成されただろうか。雍正硃批諭旨を読めば読むほど、われわれはそういう疑問を増し、別の史料によってこの疑問を確かめて見たくなるのである。

幸いにしてわれわれは、この問題に一つの解答を与える史料を有する。それは藍鼎元の鹿洲全集に収められた鹿洲公案なる一書である。そもそも藍鼎元（一六八〇―一七三三年）なる人物は漳州府漳浦県の人で、康熙四十二年（一七〇三年）、二十四歳で生員となったが、その時の成績は、県試第一、院試第一であった。康熙六十年に台湾に朱一貴の乱あり、彼は族兄の藍廷珍の私設秘書として従軍し大いに功を立てた。雍正元年（一七二三年）、抜貢生として国子監に送られ、たまたま大清一統志の編纂があったのでその手伝いを命ぜられ、恐らくその賞として、五年十月、潮州府普寧県の知県に任ぜられた。[2] 併し彼は翌月には署潮陽県事を命ぜられ、約二年間潮陽県を治めた。鹿洲公案は実にこの二県に在任中の体験を物語るものであり、文章も新鮮で読み物としても面白いが、それ以上に地方末端の政治の実状が分って興味深い。尤も欲を言えば、これも治者側の記録であり、被治者たる民衆の気持とは若干ずれの生ずることは已むを得まいが、既に政治が末端の県まで来れば、われわれは彼の手柄話の中からでも、治者被治者の立場を離れた公平な観察を下すことができそうに思われる。

二　県政の妨害者

県の長官を唐代までは県令と言い、宋以後は知県事と称するが、名称の変化とともにその職務も多少変ってきている。県令は天子から与えられた県の長官である。天子から与えられたにもせよ、与えられた以上はその県の代表者となって県を支配しなければならない。然るに知県事は天子の名代としてその県民の上に臨むのである。言わば中央からの紐つきである。いきおい、県民の利益を代表するというよりは、中央の要求を地方に押しつけることになる。その要求の第一は租税の納入である。尤も理窟から言えば中央政府も結局は地方人民のために存在するものだから、地方から出す租税は決して只で中央に引上げられるものではない筈である。併し実際問題としては租税が空費され悪用される虞れさえあるのが実状なので、租税の徴発には大きな抵抗が起る。知県は何よりも先ず租税徴収を阻害するものと戦わなければならない。そして藍鼎元の経験によれば、その障害の最大のものは地方に盤踞する土豪であり、次にはこれと気脈を通ずる自己の衙門の胥吏であった。

知県の第二の職務は、当然のことながら地方を安寧ならしめることである。そして地方の平和を破るものに盗賊は論外として、中国特有なものに窩盗、訟師の類がある。

最後に知県は自己個人の地位を守るために戦わねばならぬものがあり、それは意外にも自己の上司の或る者なのであった。中国は時代が下るに従っていわゆる官場の習気が濃厚になり、派閥が激しくなって、正しい人事が行われ難い。硬骨漢ほど上司からの圧迫を受け易い実状にある。凡そこれらの事実は、当然予期されるものも、予期されざるものも、それを当事者自身の直接の体験として語られたのを聞くと、たとえそこに多少の誇張はあっても、生々しい現実感を受けずにはおれぬ。

藍鼎元が知県を署理した潮陽県を含む潮州一帯の気風について、彼は潮州風俗考（全集初集巻十四）なる一編を著わして往時と今時とを比較している。いわゆる往時とは清朝以前のことだと言っているが、実は雍正初年〔一七二三年〕のことを指しているらしい。その状態はと言えば、

> 農ならず秀ならず、身を公門に竄れ、郷民の獄訟にその魚肉を恣ままにし、遂には煬竈の喩の如く天子の明をも蔽い、威福を藉叢すること士大夫よりも横なり。而して鄒魯の風、之が為に一変せり（胥吏）。行伍の余、流れて闖棍となる。侠に似て侠に非ず、目を街衢に瞋らし、杯酒殺人に代うべく、一呼して百諾を聞く（棍徒）。胥役の余、流れて衙儈となり訟師となる。間々衿監の靡然として慕傚するあり。而して刁訟の風、熾んにして遏むべからず（訟師）。既に刑を懐わず、遂に憲網を軽んじ、国賦を包侵し、征輸に抗拒し、積逋連年、妄りに肆赦を希い、気を負い争を喜び、勇を好み闘を尚び、睚眦の小嫌にも即ちに所親を率いて鬨し、刀兵を以て相格し大敵に臨む如きものあり。強者は弱を凌ぎ、衆者は寡を暴す（土豪）。その時健訟習を成し、刁誣寰区に甲たり。潮陽一県の詞状、日に投ぜらるるもの一千八百楮、海陽・掲陽は五七百楮、その他或い

は三四百、或いは一二百、多寡同じからざるも、未だ百以内にあるものあらざりき（訟師）。またその時、逋賦風を成し、紳衿大豪は小民に較べて更に甚だしとなす。是を以て捐して雍膠に籍をおくこと、亦天南に甲たり。諸邑の監生、多きものは二千人、次なるは千余人、最下なるも亦数百人あり、護符を恃み催差を撻す。命を捨て催科するも十分の五六を完すること能わざりき（土豪）。

とあり、地方官にとっては鬼門の難治の区であったのである。然らば彼は如何に、これら県政の妨害者と闘ったであろうか。

(1) 胥吏

署潮陽県事藍鼎元が、先ず洗礼を受けたのは、股肱の部下たるべき胥吏の反抗であった。諺に、

官は吏を看る一七日、吏は官を看る三日。

とある如く、胥吏は官員の人物を見抜くことが官員の胥吏を見るより二倍も早く、更に徐々に実験を積み重ねながら出来るだけこれを愚弄しようとする。もし強権で弾圧されると、最後の奥の手を出してストライキするが、これを散堂、または哄堂という。藍鼎元の前任者、魏知県は胥吏のストライキにあい、県衙の胥吏二、三百人が東山に立籠って帰ってこないので、魏某は土豪劣紳に頼んで仲裁に入って貰い、好言をもって勧慰して山を下らせたので、その後は土豪にも胥吏にも頭が上らず、職を投げ出すの已むなきに至った。これも実は租税

の徴収に関して、土豪が胥吏を煽動してのストライキであった。

さて藍鼎元が潮陽に蒞任した時、喫緊の問題は結局租税徴収の遂行にあった。彼の言う所によれば潮陽一県は毎年税米一万一千余石を徴収して、これを海門・達濠・潮陽・恵来・潮州城守の五営に供給しなければならない。藍鼎元が雍正五年〔一七二七年〕十月着任して見ると、倉庫には一粒の米もなく、五営の軍士は俸給遅配がたまって半年間にもなり、食物がなくて鶴のように痩せ細っている。いつ何時、兵変が起るかもしれない物騒な状態である。これは三年続きの凶作の結果でもあるが、また歴代の知県の政治の手腕の貧困にもよることなのだ。

租税の滞納は決して、地方民間に米がないわけではない。その証拠には貧乏人は大てい正直に納付ずみになっているのに、滞納者は有力者の大口が残っているのである。ざっと潮陽一県で郷紳・挙人・貢生・文武生員が七、八百人、その上に金で買った監生が千三、四百人、これに準ずるのが上司の書吏衙役となっている者、勢豪大棍と称せられる者が更に幾千百人を数える有様で、租税催促に係りの図差をさしむけても、此等の家には怖がって寄りつかない。うっかり家に足を踏み入れようものなら、皆で寄ってたかって縛り上げて私刑を加え、逃げれば追いかけてきて県庁の庭で公然と袋叩きにするという有様だ。そこで図差の方でもこういう手強い者を相手にせず、ひたすら小民をつけねらって強迫し、それも銭を掴ませれば見逃しておく。いよいよ強制執行という段になると、そこらの乞食を滞納者に仕立てて連行し、軽い笞で形式的に叩いて追い返す。これでは何時までたっても租税が集まらぬ筈だ。

上司の方でもしびれを切らし、今年は潮陽県が不作で租税が集まらぬなら、県の責任で隣の程郷県、鎮平県から米を借りて来て急場を凌ぎ、来年になってその借りを返せと言ってきた。これでは知県の顔が丸潰れだ。それに借りたものは返さなくてはならぬ。その際の運賃は当然借り方が持たねばならず、途中の損失も見込まねばならぬ。何とかして潮陽の義務は潮陽で果したいと胥吏頭に相談するが、胥吏頭はてんで相談にのろうとしない。よしこうなれば知県の責任で一切を解決してみせるぞ、と藍鼎元は腹をきめた。私は潮陽県人の善意に信頼する、と彼は昂然と言い放つ。彼は早速県民に対する檄文を認めた。曰く、

潮陽は大県だ。物資が豊富で文化が栄え、人物も輩出し、海浜の鄒魯（すうろ）だとさえ言われてきた。ここ数年不作が続いたとは言うものの、今年の出来は八割作と見られる。これで民間の食糧不足は解消したが、気の毒なのは軍隊で半年も俸給遅配がたまっている。抑（そもそ）も軍隊は人民を守るためのもので、人民は租税を払って軍糧を供給するのが当然の義務だ。ところが依然として租税が集まらないので上司からは隣県から米を借りてこいとのお達しだ。ここが潮陽人の考え所だ。借りに行く先の隣県は二流三流の小県だ。そこでは租税の米が倉に一っぱいになっているのに、堂々たる大県の潮陽から頭を下げて借りに行かれるかどうか。もちろん責任者は知県だが、知県の顔と一しょに潮陽土着の士大夫の顔が丸潰れになりはせぬか。そこで一つの相談だ。何分不作続きのあとだから、県民諸君も租税の全納は苦しかろう。本官はそれに同情してこの際完納する者には納税の

便宜を計りたい。税米一石に耗米として附加税一斗は天下の通例だ。併し本年に限り附加税一斗は五升ですませよう。もちろんそうなれば県庁の諸雑費が不足してくるが、それは知県が自ら節約して埋合せよう。こう定ったからには、古い滞納から取立てに行くので誠実な協力を願いたい。それでもなお納税を拒否する者があれば、これはもう論外だ。最早や知県の能力の範囲外で、お上の法律を適用する外はない。縉紳衿監など一般人民の上に立つ者には最も厳しい規則で臨むつもりだ。官員の地位を奪われ、学生たる身分を剝がれることはおろか、家破れ身亡ぶに至るとも、知県のせいにして恨まないでほしい。

こういう掲示を張り出して待っていると、管内の人民は、知県の言うことは道理だ、知県の顔をたててやれ、と続々租税を納めにやってきた。併し中には、せせら笑って取合わない者もいる。それは大てい貢生監生という身分の者だ。そういう奴は目星をつけて県へつれてくる。滞納の総額を計算して目の前へつきつけ、

これ以上の話合いは無駄らしい。この通りを上司に報告して、学生の身分を剝奪したい。併し今直ぐでは取返しのつかぬことになりそうで気の毒だ。暫くの反省期間を与えるから、未決の拘置所へでも入って熟考を願おうか。尤も租税を全納さえ下さらばすぐにもお出ししますから。

と獄へぶちこんでしまう。すると大ていは租税を届けて帰って行くものだ。ところがこの事が評判になると、学生は県へよび出してもなかなか出てこぬようになった。そこで訴訟の際

を利用して網を張ることにした。潮陽は訴訟の多い所で、三日に一ぺん訴訟を受付けるが、一日に多い時は二千枚、少い時でも千二、三百枚の訴状を受取る。そこで関係者の姓名点呼をする時に学生がいると先ず租税の納否をしらべる。完納者に対しては奨励して礼遇するが、滞納者はすぐ獄へぶちこむ。

こんなやり方で租税の徴収は案外すらすらと運び、隣県から米を借りてこないでも軍隊に糧米を支給することができ、年末までには遅配の分まで全部支給をすませることができた。その時の部隊長等の喜びようは格別であった。「軍隊の不満を抑えるには随分苦労しましたが、これで報われました。尤も始めは半額でも三分の二でも貰えば貰え得だと思っていた程でしたが全額支給とは。知県の腕前は正に神業だ！　頭が下ります」。

ところがうすうす予期していたことが遂にやってきた。従来の租税滞納には、そもそも県庁内部の胥吏共が通謀して一役買っていたことなのだ。そして藍鼎元をも脅迫して、依然租税滞納を続けさせ、巧く行けば最後に全部を帳消しという所へ持って行きたかった所へ、藍鼎元一人の決断で、租税がすらすら集まってしまった。胥吏共の顔が今度は丸潰れになった。そこで打った芝居が胥吏のストライキ、散堂である。

ある夕刻、わあッという喊声（かんせい）とともにばたばたという足音がざわめいて、大勢が東の方へ走って行ったかと思うと、あと事務室の中が急に静かになった。胥吏頭が一人顔を出して、

「長官！　ストライキです」と叫んだ。

「東山へ行くのかい」と落着いてたずねる。

「きっとそうだと思います」

「そうか。併し城の門はもう閉じた筈だ。まてまて。余が軍隊へ人をやって城門の鍵を借りてきて開けさせてやる。行きたい所へは行かせるものだ」

藍鼎元が少しも驚かないので、胥吏頭が反って不思議そうな顔をして引っこんだと思うと、胥吏の先輩株二、三十人を引きつれて又入ってきた。

「どうか私共にお任せ願います。逃げ出した奴等を連れ帰りますから」

「よせよせ。相手は二、三百人もいる。お前たちに何ができるか。ほうっておけ。明日はお前等に面白い捕物陣を見せてやるぞ。天下太平の今日、胥吏共が職務を放棄して山へ立籠るとはおだやかでない。知県の租税取立てが厳しすぎるのが不満だというなら、その知県はお上の委任でやっていることで知県の罪ではない。胥吏が知県に叛（そむ）くのは、取りも直さずお上に叛くことだぞ。明日はいよいよ知県が軍隊や警察の民壮を引率して、花々しく一戦を交えるつもりじゃ。叛乱平定の勲は軍功と同一に褒美が貰える。それにしても、叛乱に加担した奴は哀れ、その場は逃げおおせても、家や親類先まで尋ね出されて裁判を受けるぞ。併し加担した者と加担せぬ者と一しょに処分されては気の毒だ。お前たちは一体誰々が残っているか、今すぐに点呼して見よ。逃げたい奴は決して追ってはならぬぞ」

こう申し渡して待っていると、胥吏頭が人員点呼の用意ができたと報せてきた。庭へ出てみると大勢が集まっている。それぞれの組に分けて点呼させると誰一人欠席者はいなかった。

「おかしいな。全部が居残りだ。いったい東山へ逃げたとは誰が言ったのだ。よくもこの俺を見損ったな。余は昔台湾の軍中にあって三十万の賊を見ること草芥のようなものだった。況んや東山の石ころ如きは靴先きで一けりすれば転がりおちるだけのものだ。今度のことは忘れてやるが、今後は心を入れかえて奉公に精を出せ」

この事があってから、胥吏共はびくびくして規則を守り、土豪劣紳も二度と租税滞納で手間をかけさせることはなくなった（以上、鹿洲公案巻上、五営兵食）。

(2)　土豪

中国の中部南部は遅れて開けた土地なので、まだ個人主義が発達せず、一族聚居の習慣が残っている。そこに大族・小族の区別が生じ、械闘のような武力闘争も起る。いわゆる逋賦抗糧といわれる租税の意識的滞納はこれらの大族であり、清朝に至るまで水滸伝式の山寨を造って立籠っていた。

潮陽県十三都の中、洋烏都の山門城は趙姓の根拠で、趙氏一門は千丁を数え、衣冠の士だけでも数十人を含む。族中の趙麟、趙伯、趙鎬は康熙六十一年（一七二二年）以来、雍正六年（一七二八年）まで租税の正味だけで銀六十九両、米六十八石有余を滞納して平気でいる。図差の劉科等三人を差向けたが返事をしない。更に三人の添差を加えて出してやったが出てもこない。三月六日に更に保正の周理をやって出頭を促し、同家の趙徳迎を捕縛して引上げようとすると、一族の監生趙佳璧なる者が聞きつけ、同族に対する侮辱的挑戦だとばかり、二、三十人を率いてかけつけ、劉科の頭を殴傷し、趙徳迎を取返して逃げた。そこで此方も人数を増し、附近の保正等に加勢させ元凶の趙佳璧と趙徳鸞（ちょうとくらん）の二名を捕縛に向わせると、向うから出てきたのは趙阿武を大将とする三、四十人で、此方は衆寡敵せずして大敗して逃げ帰り、保正の周理が額を割られて血を吹くという始末。藍鼎元は事の仔細を上司に報告するとともに、県尉の馮灝（ふうこう）に警察と軍隊とを伴って現地に赴かせることとしたが、その場に及んでもなお馮県尉に耳打ちして、「要するに目的は租税を納めるかどうかにあるのだから、早まって事を荒立ててくれるな」と注意した。すると馮県尉も感激して、「明公がそれ程に心配されるならば、軍隊を引率して行くのは暫く見合せて、私が先（ま）ず当って見ましょう」と手下の警察だけをつれて出て行った。県尉は山門城へ行って趙佳璧等一同に面会し、租税滞納を詰問すると、彼等の言い分はこうだ。

> 従前、租税の徴収にこんな強制を受けたことは嘗てない。祖先以来一度だって百パーセント完納はしたことがなかった。そして十数年たつと、その間の滞納は赦免にあった。今度のように知県が衙役などを使って、読書人の一族に対して無法を行うのには腹が立った。われわれは上司に控訴して衙役等を処罰して貰おうとさえ思っているのに、納税とは何事だ。

という状態で全然問題にならない。しきりに利害を説いたが聴入れず、趙佳璧一人が県へ出て話合ってはと勧めたが聴入れず、少しでも納税しておいて反抗でないことを表明したらばと誘っても応ぜず、「別の知県がやってくるまでは動かない」の一点張りである。さすがの県尉も為す所なく引上げてきた。

県尉は今度は軍隊に出動して貰って山門城に押寄せると、先方も戦闘準備を整えて、寨門(さいもん)を固く閉し、寨内には刀槍林立し、鋒鋩(ほうぼう)が閃々(せんせん)として牆頭(しょうとう)上に露出している。県尉の呼び出しに答えて、こう声言する。

我等は租税も滞納したし、図差を殴ったことも事実として認めよう。上司に報告して学生の籍を剝奪しようというならそれも勝手だ。併しこの寨門は決して開き申さぬ。お好みなら攻めこんで来られるがよろしい。われわれも手並みを御覧に入れよう。

と飽くまでも頑強な態度に県尉も手をやいて事情を報告してきた。併し此方の困った頃が、向うでは更に大きな弱点を現わした時だ。早速実情を上司に報告して学生の身分を奪い、首謀者を黒龍江に発遣する罪に処せられんことを請うとともに、自身も民兵を引率して山門城攻囲に出陣した。先ず檄文を造って山門城の趙姓一同に示して帰順を促した。

租税はお上に納めるもので誰彼を問わない義務である。納税者が納税しなければ、誰かが代って納めなければなるまいが、一体誰に納めさそうとするのか。本県は理によって再三催促したのに、お前等は粒米も納めず、反って図差を殴り、犯人を奪い返す暴挙を敢てした。それでも本県は直ちに法律を適用するのを延ばし、県尉を遣わして説諭再三ならしめたがなお応ぜず、門を閉じ槍械を設けて反抗し、殆(ほと)んど叛逆と同じ道を辿ろうとしている。お前達は本県の手段が悪いために、良民を叛乱に追い立てたと喧伝して、本県の落度にしようとするが、一体どこに手抜かりがあったと思うか。お前達こそ田舎者のわからずやで、重大な運命の瀬戸際に立っているのを自覚しないか。本県は今、民兵と警察を総動員して配置につかせた。軍隊も続々集結しつつある。最早や一人として案内から出外するのを許さない。日時を定めてこの寨を一つぶしにするだけだ。或いはその中にまだ良心を残している者が居るかも知れない。玉石倶（とも）に焚かれるのが嫌ならば今が決断の時だ。三日間の猶予を与えるが、その後は本県の知ったことでない。

こうして最後通牒を送るとともに、山門城を十重二十重に取囲んだから、趙姓の方でも大いに畏懼（いく）して動揺しだした。中には趙佳璧を捕縛して差出せという者も出てきた。趙佳璧等は段々立場が苦しくなって、遂に一味関係者の十七人とともに降参してきた。彼等の挙動はもとより悪いが、従来彼等を甘やかしてきた政治方針も悪かったのだ。要するに問題は租税から出たことで、あとの派生的な事件にこだわる必要はない。趙佳璧等は一先ず未決の拘置所送りにし、租税の完納を見てから結末をつけると言いわたした。翌年の三、四月になって滞納は全部片付いた。藍鼎元は既に転任し、後任の知県が事件を受取って、彼等の一、二人を処罰し、趙佳璧も罰金位で済ませようとしたが、総督の孔毓珣（こういくじゅん）がきかない。この首謀者を見逃しては今後のみせしめにならないと言って、とうとう学籍を剝奪してしまった（以上、鹿洲公案巻下、山門城）。

ここに描かれたような、土豪が城寨を構えて聚居している状態は決して中国近世社会の常態ではない。寧（むし）ろ遅れた地方に残った中世的遺物であると言ってよいであろう。械闘のような現象もここから派生する問題であり、われわれは反ってこれによって六朝貴族の生活状態を想像することができる。それにも拘わらず、教育、文化の普及は彼等土豪の行動を六朝的な貴族にはしてしまわないのである。

(3) 訟師

これは藍鼎元が始めて普寧の知県に赴任した雍正五年（一七二七年）七月から、一月たつかたたぬかの頃に起った事件である。県民の陳天万なる者の妻の許氏が、嫉妬のあまり、妾の林氏の連れ子なる幼児王阿雄を毒殺したと、従兄の王士毅が訴えて出た。被告の陳天万と妻の許氏を喚出して問い訊すと、阿雄は腹を病んで二カ月して死んだので医者にもかかっていて別に不審はない。妻の許氏こそ肥大病で牛のように太り三、四人が抱きかかえて入ってきた程で、九年以来の病気だといい、到底人を毒殺しそうな人間とは見えない。ただ一つの問題は、死者の遺骸が墓地から消え失せていることで、事件発覚を恐れて、誰かが何処かへ匿してしまったと疑えば疑えない事はない。藍鼎元は反ってその細工をやったのは、原告の王士毅に違いないと目星をつけた。段々取調べて見ると、王士毅が阿雄の死んだ後、陳家の親戚を尋ねてきて、阿雄の葬り場所を聞いて立去ったことがわかった。そこで王士毅を訊問すると、果して身分の知れぬ乞食を頼んで阿雄の屍を盗ませたと白状した。これで事件は明白になったから、王士毅を杖三十に処決し、陳氏一家は無罪放免となり、判決を聞きに集まった県民は、近来にない名裁判だと歓呼して帰って行った。

藍鼎元はこの事件には何か深い裏があるように感じた。そこで民壮の林才をよんで、王士毅のあとをつけさせ、同宿の人間がいたなら有無を言わさず引立ててこいと命じた。果して間もなく訟師の王爵亭なる者を同行してきた。清代には訟師という行為は処罰の対象になる。そこで始めのうち、王爵亭は王士毅のために訟師になったことを極力否認したが、文字を書かせて見ると、全く先の王士毅の訴状と同一の筆蹟であることが暴露してしまった。そこで拷問にかけて実を吐かせると、陳偉度なる者の差金で阿雄の屍を盗み、隣県潮陽の洓水都なる烏石寨附近に埋めたが、その地点は陳偉度でなければ知らぬと言う。そこで今度は陳偉度なる者を拘引させると、出て来たのは見るからに海千山千のしたたか者の訟師で、王爵亭などに比べると十倍も思慮の深そうな大物である。しかも意外なことには、これが被告の陳天万の従兄弟にあたるのだった。彼は堅くこの事件に無関係なことを力説していう。

私は陳天万の近親だ。何で陳天万に不利益な謀らみなどするものか。この王士毅・王爵亭の二人の不届者は既に従弟を重大犯罪に陥れようとしたのみならず、更に私にまで無実の罪を吹きかけようとしている。誠に包龍図公の再来のような名県知事に会わなかったら、われわれはどんな酷い目にあったことか。

と切々と冤を訴えるし、その言葉も筋道が立っているので、ほんのすんでの事に、この重要人物を取逃がして放免する所だった。ただ不図その目を見ると、きらきらと眸に光るものがあって、どうも胡散くさい所がある。そこで試みに訊問して見た。

成程、聞きしに勝る訟師だ。聞いた所に関する限りは情理が具わって寸分も隙がない。恐らく別の知県ならそのままお前に言いまかされてしまうだろう。不幸にも今度の知県はお前のいう通り、包龍図公の再生とやらだ。それを知っての上なら、一々匿さずに実際を白状したらどうだ。

すると陳偉度は愕然とした様子で言葉に詰ったが、勢いを得たのが王爵亭だ。

陳偉度、お前は酷い奴だ。屍を盗んで隣県まで運んで埋めれば実地検証ができない。検屍して屍体に傷がないことが判明せねば、陳天万の毒殺の疑問は何時までも晴れない。皆が未決に拘留され拷問を受けたり、訴訟費用がかさんだ頃を見計らって賄賂を強制して和解を提議すれば、向うで折れてくるに定っているから、皆で一財産を造ろう。要するに阿雄の屍さえ出なければ計画が露見する心配はない、と言ってわれわれをここまで引っぱってきたのは陳偉度、お前ではないか。それが不幸にして龍図公にあって図星をさされた以上、計画は一ぺんにおじゃんになった。この時になって二人だけを罪に落して首謀者が逃げようとは卑怯ではないか。

と今度は仲間割れの言い争いになった。こうなれば〆めたものだ。三人の謀議か、二人だけの密議かということになるが、先ず県の東門の旅店で三人が連日同居していたことが分った。更にその前には城内の林泰なる者の家で三人が三日三晩同宿した事実が上った。さすがの陳偉度も遂に包みきれず、阿雄の屍は下渓尾という所で三、四尺の穴を掘って埋め、傍の樹を半分斫（き）り倒して目じるしにしておいたことを白状した。捜しにやると、果して屍体が出てきたので検屍したが別に異状は認められなかった。

陳偉度は有名な訟師で既に数々の悪事を重ねていたが、その伎倆を用いて何故にこのような、従弟を陥れる謀略を案出したかを取調べると、それは祖父の遺産分配をめぐっての争いが根にあったのだった。凡ての事件の根柢には田地だとか、租税だとか、経済をめぐっての葛藤がある。欲と得との世の中になったものだ（以上、鹿洲公案巻上、三究盗屍）。

訟師が活躍するような社会にはどこかに欠陥があるものだ。中国の法律では被疑者はその無罪を明らかにする証拠がない時は、何時までも嫌疑が晴れないという奇妙な原則がある。これが棍徒に悪用され、胥吏がそれにつけこみ、時には官員までが片棒をかついで良民を苦しめる結果になるのである。

(4) 窩主

潮陽に監生馬仕鎮なる者があり、仙村に住んでいる。馬氏は巨族であり、その丁男は二千人余り、一族が三寨に分れ、鼎足の形をなす。仕鎮は豪雄獷悍で尤も馬氏の冠たり。生れながらに盗癖があって、人の財物を見れば心平らかならず、攘窃して去らざれば止まず、至親密友も彼には物を見せるなと戒め合った、という厄介者である。彼は柳跖・宋江の人となりを慕い、匪類を招邀し往来親密にしたので、四方無頼の輩がみなこれに帰した。居宅の傍に大楼があり、群盗が至ればみな楼中に留めて歓待した。楼中の人衆百余人に至り出入往来し臂を掉い目を瞋らし、横行忌む所なく人民の顔色を犯す者あれば直ちに拳を揮って相向い、郷人はこれを畏れること虎の如きものがあった。

馬仕鎮はその始め攘窃をもって家を起し、漸くにして富饒を致し、康熙四十三年〔一七〇四年〕に捐納して監生の地位を買った。これより儼然として士林をもって自ら居り、群盗もこれを尊称して馬老爹と言った。馬老爹の名が潮州一帯に震い、撫按の承差や道府の胥吏はみな潜かに共に往来し、探索に出された者も十に八、九はその家に滞在した。そこで県中の紳士や県吏の捕役やが争って親交を求め、惴々として稍も意に払ることを恐れた。併しこのために附近一帯の人民は夜も安寝することができなかった。さればとて官司に密告して捕治しようとすれば、捕手に抵抗して殴って追い返す始末。潮陽知県となった者前後十人、これを拘禁しようと隙を覘うこと三十四年、遂に成功しなかった。そこで喰わすに利をもって籠絡しようと考え、彭知県は第五都の租税の催督係りを申付けたが、盗賊行為は依然としてやめなかった。次いで支知県は大いに怒りを発し、軍隊四百人を動員して貰い、自ら仙村に出向したが、仕鎮は三寨に命じて門を閉じて拒守させ、火砲を放って知県の軍隊に攻撃を加えてきたので、同行した武官が反って恐れをなして引上げてしまった。しかも上司の左右はみな馬氏の腹心なので、上司は反って支知県の行き過ぎを責めて馬仕鎮と仲直りを命ずる結果になった。次に赴任した魏知県は仕鎮を県の西南地方の総約長という名誉職に任じて機嫌をとろうとしたが、仕鎮は益々驕横となり、郷村のみならず城中に入ってまで盗賊を行うほど大胆になってきた。

たまたま馬仕鎮の部下の胡其暢なる者が、潮陽城内で布帛売買を営む商人陳開発の家に入り、数百丈の綿布を盗んで去ったが、その背後に馬仕鎮のあることが判った。折しも藍鼎元は普寧知県から潮陽知県を委署され、赴任の途にあったので、試みに馬仕鎮の仙村なる地に立寄って実地を視察した。見ると仙村は人口稠密で三寨が鼎立し、彼の案内には大楼が巍然として聳え、到底力をもって取るべきものではない。その夜は一晩中まんじりともせず、この対策を考えた。

いろいろ事情を探ると、県の衙役なる馬快の一人に林承なる者があり、仕鎮の外甥であった。そこで林承に命じ、知県が交替したから挨拶に来るよう馬仕鎮に勧めさせ、巧みに虎を県衙門内に誘いこんで捕縛した。さてそこで陳開発家の盗賊事件を自白させたが、その外に何百件の犯罪があるか分らない。捕手をやって仙村楼を捜索させたが、百余人の盗賊はいち早く風を喰って遁走したあとで何も獲物はなかった。そして馬仕鎮は仮にも監生という身分があるので、その身分剝奪を上司に申請している中に、藍鼎元自身が他の事で免職されてしまった。此奴を撲殺して百里内外のために禍を除いてやらなかったのが一番の心残りだ、と藍鼎元は後悔した（以上、鹿洲公案巻下、仙村楼）。

明清律に盗賊窩主の条がある。強盗或いは窃盗を匿まった者は、自ら行ってやったことでなくても、強窃盗の罪に問われる。ただ窩主と直接下手人との間の関係は証拠が挙げにくいので、大盗は反って屢々法網を逃れることが多い実状である。馬仕鎮の場合などがそれであろう。但しこれも人権擁護の思想から言えば社会の進歩とも言えるであろうか。人権（？）擁護が行き過ぎると善良な人間が迷惑を蒙るのも古今一轍である。

(5) 上司

潮陽県を含めた潮州府一帯は三年間の不作続きで穀物の不足が感じられてきた。府の上に立つ恵潮道の楼儼は前に広州府の知府であった。広州知府在任中に為残した仕事は、凡そ五万四千石ほどの穀物を民間から買上げる事であった。そこで今、潮州府が穀物不足になったので、潮州府のためにそれだけの穀物を買うことで、やり残した仕事の穴埋めをしようというわけだ。算盤の通りに行けば、潮州府下の穀価は一石銀八銭だが、同じ広東省内でもずっと西の方高州へ行くと、とびきり上等米でも一石五銭、普通は三、四銭だから非常に経済的になる筈だ。これが巧く行けば手柄にもなることなので、道台の楼儼は最も熱心に主張し、総督巡撫の賛成を得て、自ら仕事の全責任を引受けることになった。ところで広東西部へ実際に穀物を買いに行く人の人選だが、楼儼は自分の気に入りの部下で巡検級の官を選んだのが禍因となった。巡検は移動警察とも称すべきもので、従九品という最下の文官であり、その部下は弓兵という民兵である。さて楼儼が派遣した三班の買出し船部隊の中、第一班は宋肇烱巡検が頭で、先ず広州に赴いて価銀を受領すると、抜目なく附近の仏山鎮で名物の鉄鍋を買い、高州につくと鉄鍋を売って利益をあげた迄はよかったが、そんなことで手間取ったため、いざ穀物を買って帰る頃になると、もう風向きが変ってしまって、高州を出るなり三千石近い穀物を波に浚われてしまった。その上、途中に海賊にあったとか、船三隻が漂没したとか届けたが、不思議に自分の金で買った隠し荷物には損失がなかった。第二班の張宏声巡検が率いた船隊も同様、三千石近い穀物を流してしまった。

第三班の范仕化巡検の船隊は広東附近で穀物一万五百五十石を買集め、その全部を潮陽県知県の藍鼎元に交付することに定められた。ところがこれも同じような事情で信風の期を失したため帰路の困難が思いやられると、隊長の范仕化が一人で陸路を帰り、船を手下に任せたからたまらない。あとに残された衙役と雇われた船頭とは勝手の仕放題で、道すがら岸へ立寄っては穀物を売って着服したものだ。尤も売り放しでは足らなくなるから、代りにしいな籾を買ってまぜ、その上に水をかけて膨らませて分量を増すという悪辣なやり方を知っているのである。

四月二十八日に范巡検下の船八隻が潮陽県磊口という港についたという報せがあり、受取責任者たる知県藍鼎元は受領に赴くことを命ぜられた。尤も今度の穀物が劣等だという風聞は早くから聞いていたので、予め各船から見本一石ずつを取寄せ、県堂で検査した。先ずしいな籾が多すぎるので唐箕にかけて颺いで見ると、正味は八斗しかない。それを碾臼でひいて玄米にすると三斗八升から四斗やっとである。一石の籾で五斗以上の玄米という通念とは大分かけ離れている。ところが范巡検は平気なものだ。この穀物は道台が買ったものだから、良否は道台に聞くがよい、船頭等は何も責任がないと嘯いている。一方楼儼道台からは、早く穀物を受領しろと、上司たる命令で矢の催促である。范巡検は平素、道台から一番可愛がられている子分なのだ。

困ったことだが、船は海岸に碇泊している。愚図愚図している中に暴風でも来て、船が難破するようなことが起ると、今度は受取方の知県の責任にされる虞れがある。兎にも角にも受取事務は開始しなければならぬ。県の胥吏に命じて数百艘の小船をつれて受領にやったが、相手の衙役やら船頭やらは虎の如く狼の如きごろつきばかりである。劣等穀のしいな雑(まじ)りの、しかも水をぶっかけた籾を、一割方少く押しつけられて帰ってきた。その上、帰り際に此方の船頭が向うの船頭と喧嘩をして、傷を負わされて逃げてきた。これに懲りて胥吏も船頭も穀物受領に行こうとしない。遂に藍鼎元自身が出かけることになった。

　磊口の港について見ると、八隻の大船の上には「奉旨押運」と書いた大旗を立て、巡検の甥の馬相公という者、衙役の高光、民兵の董明(とうめい)など下っぱの者が、道台の威権を笠にきて、将軍のような威張り方である。聞けば毎晩のように、船上に俳優や遊女をよんで飲めや歌えやのどんちゃん騒ぎをしているという。併し藍鼎元としては仕方がないので穀物受取りの事務を再開したが、これでは後で勘定が合わなくなるのは必定だ。ところで受取った穀物をふと見た途端に、不思議に思ったのは籾の中に玄米が混っていることだ。これはおかしい。最初から籾の中に玄米の入っている筈がない。これはこの近くで、船頭が穀物を陸に上げて碾臼にかけ、その籾殻だけを持ち帰って穀物に混えた時に入りこんだものに違いない。

　そこで附近の陸上を捜索させると、果して棉花村の謝朝士という者の家から、まだ碾(ひ)いてない高州穀四包を発見した。証拠があれば船頭や水夫は捕縛することができる。八船の乗組員を全部拘留して訊問すると、彼等が高州出帆以来、途中で寄り道しては穀物を売って着服していた罪状が全部明るみに出た。これは勿論、巡検范仕化が全責任を負って賠償すべきものだから、この事を上司に対して公表しようかとも思ったが、また思うに范仕化は道台の子分であり、自己も言わば道台の属員であるから、道台の顔に泥をぬるようでも拙い。そこで船頭が盗んだ穀物は船を売って賠償させる外、なお不足分の二千二百石の穀物は自分が罪を被って弁償することにしてこの結末をつけた。ところが范仕化はこの処置にまだ不満である。船頭に賠償させるとなれば、やはり范仕化の監督不行届き、范仕化の監督不行届きは道台の責任ということになる。知県はそういう際には只黙って穀物に不足なしと答えておけばよい。役目交替の際に新任の知県に道台から一言話しておけば、新任知県は決して倉穀の不足を問題にすることはない。長い間にはその欠損は自然に埋合わされるものだのに、それをしないのは藍鼎元の依怙地から来ている、という言い分である。現に道台の目の前で、この事で議論をした。併し考えて見ると、倉庫の穀物は道台のものでもなし、知県のものでもなし、実にお上の穀物だ。それは結局人民から出て国家のために消費さるべきものだ。それを途中で有耶無耶に損失させてはお上に相済まぬ。道台は朝廷の大官だ。知県以上にお上に忠実になろうと考えているに違いないと思った。然るに范仕化はあとで人に話したそうだ。范仕化はこの事件で一時失職するかも知れぬが、間もなく浮び上るだろう。反対に道台から睨まれた藍鼎元は、范仕化の百倍も重い禍にあうだろう、と言ったとか。ところが真逆と思ったことが事実となって現れた。藍鼎元はこの時の受領した穀物が不足であったというその理由をもって、道台楼儼の摘発を受けて、その結果、革職という処分で免官になったのである（以上、鹿洲公案巻下、西穀船戸）。

三　知県の進退

藍鼎元は雍正六年〔一七二八年〕十二月内に、署理布政使王士俊の推薦で、番禺(ばんぐう)県の知県に調補された。果して彼が実際に発令され、赴任したかどうかも不明であるが、この前後に局面は急変した。(3) それは恵潮道の楼儼が藍鼎元の贓罪(ぞうざい)六カ条を摘発し、これを取調べた王士俊は、今まで推薦していた藍鼎元を弾劾しなければならなくなった。(4) そこで彼は取り敢えず革職に処せられたが、もっと悪いことには、七年の二月、当の楼儼が按察使に昇任して一省の刑名を掌ることになったのである。(5) 楼儼は更に藍鼎元の罪状を取調べて、倉穀三千二百石の不足があるとし、その賠償を命じ、賠償がすむまで未決監に拘留したというから無茶な話である。

併しこんな不条理な申立てに、総督や巡撫までが同意したのはおかしいが、実はこれには訳がある。雍正初年〔一七二三年〕には広東の官界には物凄い派閥争いがあった。その真相究明に派遣されたのが王士俊であり、更に喧嘩両成敗のあとの重石に任命されたのが総督郝(かく)玉麟(ぎょくりん)である。(6) 彼等は特に党派を立てぬよう、同僚が一致協力するように雍正帝から命ぜられて赴任したので、按察使の楼儼が強硬に主張すれば反対することを見合せた。大の虫を生かすためには小の虫を見殺しにせねばならなかったのである。

藍鼎元に同情した潮州府知府胡恂(こじゅん)は、彼の同僚や県民と計って金を出し合って賠償をすませ、獄から解放した上、潮州府志を編纂する委員に任じて内職の口を与えた。[7] 一方敵手の楼儼はこの頃から次第に評判が悪くなってきた。七年閏七月十二日付の奏摺で、署理広東巡撫の傅泰から、楼儼は最早や老いぼれて役に立たぬから、もっと閑散な省の按察使に廻して貰いたいと上奏し、八年の初め頃、楼儼が衙役の蕭鳴なる者を信任して失敗を演じた廉で総督郝玉麟の密奏があり、楼儼は解任上京を命ぜられている。[8] 後任の按察使としては塩運使の黄文煒が署理を命ぜられたので、藍鼎元も前途が明るくなってきた。

更に雍正十年〔一七三二年〕二月、満洲人の鄂弥達が広東総督として赴任してきた。彼は雍正帝が最も寵愛する鄂爾泰に次ぐ信任を得た人で、帝との間には漢人に見られない親愛感がある。彼は藍鼎元の人となりを聞き、門下に招いて幕友に任ずるとともに、九月三日付の密奏で、藍鼎元革職の実情を訴え、十二月一日付の奏摺で再び赴部引見を願っている。[9] これが聞入れられて、特旨をもって京に召され、十一年三月、吏部官の立会いの下に、いわゆる帯領引見が行われた。雍正帝はこういう際には特に質問を試みてその人物を知ろうとするのであるが、奏対良に久し、とあるから相当長時間の応対があったのであろう。そして彼の人物が気に入ったらしく、やがて広州知府署理を命じ、御書の諭訓詩文と貂皮・紫金錠・香・珠等の物を賜わって赴任せしめられた。これは異数の待遇であるという。ところが不幸にして彼は、同年五月着任すると間もなく病気にかかり、六月二十二日、志を抱いたままで病歿してしまった。享年五十四歳であった。

下情の上達ということは、どんな政体の下でも非常にむつかしい。特に中国歴代のような独裁君主制の下では、下達は容易だが、上達は行われ難い。併し雍正帝時代のように、独裁君主制が極度に徹底すると、反って下情上達が不可能でなくなる。天子がそれを求めて努力するからである。併し天子と地方政治末端の県とでは、中間の距離が随分長い。距離が長ければ時間もかかるのである。私は中国近世の独裁君主制の下で、天子の意向が果してどのように、どこまで下達したかを知りたかった。藍鼎元の場合だと、雍正帝の好みにあった知県が見出されて広東潮州府の属県に赴任するまで、即位から五年かかっている。その知県が遠方で働いて、上司の恣意のために免職させられ、やがて復活するには今度は三年余りかかっている。併しこれは雍正帝のような天子が即位した時の話で、他の時代であったならば、藍鼎元の名誉恢復は行われず、そのまま消滅してしまったかも知れない。

　そんなら雍正帝のようでない天子が位について政治をさぼっていた時には、地方末端の政治は一体どうなるのであろうか。骨を折って馬鹿を見るなら、誰も熱心に政治に精を出すものはなくなるだろう。併しそうかと言って、政治が全然暗黒になると考えたらばそれは行過ぎである。中国は広く、広いだけに善意の人は決して跡をたたない。そしてこの際に中国の伝統の儒学は、それなりに効果を発揮するのである。

　藍鼎元の鹿洲全集巻十に怪尹記（かいいんき）という一文があり、同僚の王輔なる人物の行為を記している。彼は江南天長県の人で、雍正三年〔一七二五年〕安徽学政孫嘉淦（そんかかん）に見出され、生員から貢生に抜かれ、潮州府海豊の知県を特授された。藍鼎元と大いに肝胆相照らしたと見え、その行動は怪尹記の本文を引用した方が早い。

雍正五年丁未の冬、余潮陽にあり、海豊に怪知県ありと聞く。その何の謂う所なるを知らず。明年春、便道して海豊を過り、之を其の県民に問うて曰く、汝の令君はこれ何如なる怪ぞや。対えて曰く、然らず、民を愛すること子の如く、県を治むること家の如し。吾が県に稀に見し循良の吏なり、と。曰く、然らば何ぞ怪を以て名つくるや。曰く、布衣蔬食して上官に事えず、直言を好み、諱忌に触る。官はこの故に之を怪とす。余聞いて愀然として曰く、布衣蔬食は何ぞ人に害あらん。上官に仕えず、国に仕え民に仕う。廉直を以て怪となすは余も之を知らず、と。薄暮に海豊県の郊外に宿するに、怪知県来りて吾を見る。果して衣は古き布衣、羸馬に乗り、両人の皂隷を先導となすのみ。余曰く、ああ善い哉。されど清操もて人に逼るに、独り娼嫉する者あるを畏れざるか。曰く、然り。嫉む者は多し。されど吾は吾が素（生地）を行うのみ。吾を嫉む者も吾が官を奪うに過ぎず。吾は徒歩して郷に帰らんに、何の害あらんや、と。この時、嶺南の廉能の吏はこの知県の右に出ずる者なし。而して知県の目中、また可とする者少し。ただ余と相得て甚だ歓ぶ。これより先立つこと五日、前広東巡撫楊文乾が騶従を率えて海豊県を過ぐるあり。知県はただ一館を掃除して待ちしのみにて他に供えし所なし。楊公曰く、吾が劾せんと欲する者三あり、一に曰く貪、二に曰く庸（無能）、三に曰く怪。知県平然として長揖して曰く、貪と庸とは該当せず。怪は確かに身に覚えあり。請うらくは劾を受けん、と。楊公悦ばず。詰るに地方の事を以てするに、条ごとに対えて了了たり。県内を巡ること三日、数々田間の民に問うに、乃ち知る、知県は政をなすこと明決、獄を折むること神の如く、悪を嫉むこと厳にして民を待つに寛なり。俸禄の外は一銭も指を染めず。地方大小の事務、弁ぜざるはなし。楊公喟然として大息して曰く、吾幾んど子を失せんとせり。知府は連りに六通の書を寄せて子の怪誕貪墨なるを言い、弾章を出して子を劾せんことを請えり。思わざりき、子の賢の斯の如くならんとは。吾れ今にして子を知る。子それ勉めよ、と。これよりして始めて知県は怪に非ずと謂う者あり。

本文は更に長く続くが、これによると王知県は直属上司の知府と正面衝突し、知府が知県を弾劾すれば、知県も知府の受賄を攻撃し、喧嘩両成敗で何れも解任された。楊巡撫はもちろん知県に加勢して推薦の労を惜しまなかったが、不幸にも楊巡撫は間もなく急逝した。知府の方は受賄が動かせぬ事実と認められ、その上に知県から面のあたり侮辱されたので痛恨してやがて病卒した。相手が亡くなったために知県の倉庫の銀が虧欠していた理由も証明できなくなり、知県は贓九百両の罪に問われたが、按察使の楼儼はここでも知県の罪を重くして、銀千三百両の使いこみと定めた。幸いに同僚や県民が義捐金を集めてこの金額を弁償した。藍鼎元はこの怪知県が上司と衝突しても正論を通そうとした勇気を賞讃して、自分の態度は中途半端で遥かに及ばなかったと後悔している。併し官途から遠去かったために、お互いに読書の時間を得たのは思いがけぬ儲けもので、これは仇人の賜として有難く拝領すべきではないか、と結んでいる。これで見ると、当時藍鼎元のような人物は必ずしも唯一人だけしかない特殊の例ではなかったことが分る。

何時の世の中にも善意の人はいるものだ。それらの人が本当に社会を支えている。特に中国のような長い伝統をもち、自己の文化に自信をもった国では、時々の大勢に順応し、バスに乗りおくれまいとあせる人ばかりではない。自己の信ずる所に従って忠実に自己のペースを守って歩んでいる人がいつもある。ただ世の中の変遷に従ってこれら善良な人が浮び上る時と、悪貨が世にはびこる時とがある。世の浮沈に従って、これらの人はたとえ野にあっても、野にありながらそれ相応の仕事をした人である。雍正という時代は、一寸見た目では怪と称せられるような人物がある程度まで価値を見出された時代である。そして天子個人の意向が、意外に早く地方末端の県政にまで滲透した事実をわれわれは知り得るのである。

藍鼎元は先に引いた雍正八年（一七三〇年）作の潮州風俗考の後半において、清朝の政治が漸く地方に滲透して風俗の一変したことを述べ、

> 聖諭広訓を奉じてより以来、海澨山陬、共に蕩平正直の王路を仰ぎ、毎に城郷市鎮にて朔望に宣講するに当り、父老は杖に扶って観、童児は翹首して聴く。（中略）邇者命案已に少きこと十の六七なり。讎忿を解き、身命を重んずる者これあり。（中略）士子は奔競を羞じ名節を励み、公に非ざれば長吏の庭に至らず。たとい、一二の儈習未だ除かず訟を好み蠹に結ぶものあるも、皆郷曲の容れざる所となり、他州に避匿して故土に還るを赧とせり。（中略）先には健訟習いを成せしも、今は已にその十の八を減じ、訟師は頭をかくし耳をたれ、散じて四方に行く者あり。（中略）先には逋賦風を成せしも、今は紳士みな踴躍して輸将し、公に急にして以て民望となる。本年の糧米は普・澄・

恵・埔・平・鎮の諸県の如き、或いは入秋已に通完し、或いは冬臘にみな廓清すべし。海・掲・程・饒の諸県も凡て九割以上にあり。潮陽のみは積逋ありて追及し難きも、亦十月内に清して八割以上に至れり。奏銷に及ぶころおい、最優を得んこと綽々として余りあらん。これ従来未だ曾てあらざりし事なり。

とあり、これでは少し話が旨すぎるような感じもするが、翻って思うに、平均して民智の進んだ社会においては腐敗も深刻であるが、適当な指導者を得れば改善も亦早いのである。雍正帝の努力は決して空転したのではなく、確かに手応えがあったのである。もちろん雍正帝の意向と言ってもそれは彼個人だけのものではなく、背後に社会全体の要求を控えての上であったことは言うまでもない。これらの事は近世の中国史を理解する上に大切なことと思う。だからもしも清朝末期の混迷した社会を、中国数千年の歴史が最終に到着した最高の段階と考え、そこから前代に遡って少しずつ劣った社会状態の存在を想像するなら、それは単に過去の影像を歪めて見るのみならず、民国以後の飛躍的な進歩を理解することができないであろう。われわれの雍正時代史研究は局外者が考えてくれる程の閑事業ではないのである。

四　むすび

中国歴代の正史には史記を始め、循吏伝と酷吏伝を設けるを常とする。尤も酷吏伝は唐あたりで消滅し、宋史以後はただ循吏伝の方だけが残っている。実際に宋以後、君主独裁権が成立すると、地方官にはそれほど強大な権限が与えられぬので、昔のように人民を撫で斬りにすることは出来なくなる。漢書や唐書に載せられた酷吏に匹敵するような大物は、実際にいなかったのが事実であろう。但し、それと同時に徳をもって一郡を化するような循吏も亦出にくくなった。藍鼎元は清史稿巻四八三、循吏伝二の中に伝を載せられるが、循吏と言うよりは寧ろ能吏と言うべきであろう。

藍鼎元を能吏という理由は、近世の官僚が凡てそうであるように一面に循吏であるとともに、一面には酷吏的な性質をも具えているからである。胥吏のストライキに対する弾圧や、租税滞納の土豪に対する制御には、お上の委託という錦旗をかざして大上段の構えを見せる。これが酷吏と共通する点である。但し近世の能吏は決して無暗に伝家の宝刀をひきぬかない。どこまでも理攻めである。彼等は碁や将棋の名人のように深く手を読む。相手もさるもので幾段構えの妙手を用意しているが、此方は更に多くの手数をもっている。段々手を出して、最後に出す手のなくなった相手が敗けてしまう。相手を敗かして、此方の要求を通せば、それ以上に深く追及する必要はない。だから近世の能吏は決して無駄な血を流さない。

清史稿藍鼎元伝には、

　尤も善く盗及び訟師を治め、多く耳目を置き、劾捕して稍（すこ）しも貸さず。而して断獄に平反する所多し。論者思えらく、厳にして残ならず。

とあるのが肯綮（こうけい）に当っている。これらの点から言っても、中国の政治は秦漢以後二千年ほどの間に見違えるほどに成長し、進歩してきたと言ってもよい。

近世の能吏は古代の循吏の後身であるが、両者の相違は人民に対する感化力の懸絶する相違にあるであろう。古代地方民度の低かった時には、中央から派遣された文化人長官の感化は絶対的な効果を発揮したこともあったであろうが、後世は文化の普及とともに批判力も高まり、地方長官は滅多に名声を恣ままにすることが出来なくなったのは当然である。また中央の地方に対する経済的な要求が増大するにつれ、中央に忠実な長官は反って地方で厄介視される傾向すらある。地方人民が長官に望む所は、中央の権力を善用して、土着の棍徒の害を除いて貰うことがせいぜいである。その期待の少い所が同時に、いわゆる善政の限界でもあるのである。藍鼎元の功績も結局はそういう所に落着くであろう。

雍正硃批諭旨の内容は甚だ詳細である。併し鹿洲公案の記述は更に具体的である。それは地方民政に携わった者が直接に残した史料である。事実は小説よりも奇なり、という古い言葉があるが、われわれは鹿洲公案を読むとき、いわば捕物帳的な興味を覚える。本論稿の読者は、或いは学術論文にあるまじき興味本位の記述だと顰蹙（ひんしゅく）される向があるかも知れぬが、それは資料とした鹿洲公案そのものが面白すぎたためである。もしも読者が直接に鹿洲公案を読まれたならば、或いは反って、著者の筆力の尚足らないことを攻めるように転向されぬとも限らぬ。既にこのような好資料があるとき、何もわざわざ生きたものを殺し、こまぎりにして干物にし、味もビタミンも抜いた上で食膳に供しなければならぬ規則はない。私はなるべく生のままでこの資料を紹介する義務を感じ、それに似合うような新しい額縁を造ってみようとしたのである。

（1）　雍正硃批諭旨に含まれた下級地方官の奏摺の例。第十一函六十八冊の孫国璽は雍正六年二月杭州府知府として、第十五函九十二冊の呉関杰は雍正二年八月兗州府知府として奏摺を上っている。

（2）　藍鼎元の初任官。藍鼎元の鹿洲奏疏、履歴条奏第一に、漳州府漳浦県人。年四十八歳。雍正元年抜貢。充内閣一統志館纂輯効力。雍正五年三月初四日。吏部欽奉特旨帯領引見。奉旨著記名遇有要緊知県缺出奏聞。とあり、彼の長子雲錦の藍鼎元行述によれば六年冬普寧知県に任ぜられたとあるが、六年は五年の誤りであろう。鹿洲公案巻上、五営兵食の条によれば、彼は雍正五年丁未十月十八日抵任、踰月にして潮陽に署せられたとある。

（3）　藍鼎元の署番禺県。雍正硃批諭旨、署理広東布政使王士俊の雍正六年十二月初十日付奏摺に、普寧県知県藍鼎元。擬調番禺県。已節次詳明督撫。聴候題補。とあり、別に鹿洲公案巻下、林軍師の条によれば、余適因公奉檄赴省。院司列憲。並擬薦調番禺。以首邑事繁。廃弛已久。留我即日在番視事。余固辞不可。至于臘月乃帰。（中略）奉参去位。とある。

（4）　藍鼎元の被劾。藍鼎元行述に、観察（道台楼儼）銜之。属藩臬（布政使王士俊・按察使尹継善？）誣掲六款。裁贓千余。所革漁船例金其首也。漁人賷石刻鳴冤。弗省。奏上。奉旨革職。而観察旋陞臬司。周納成獄。とあり、漁船例金云云はこの前文に、邑故有漁船四百。毎船例四金。新令至。必輸金以易新照。府君峻却之。鐫石於泊舟之歩。とあるに当る。王士俊がこの参劾に加わったことは、彼の雍正七年七月二十四日付奏摺に、於署理布政使時。将署潮陽令藍鼎元。列款掲参。とある。更に革職後の罪状調査に関しては、硃批諭旨、鄂弥達雍正十年九月初三日奏摺に、縁雍正六年署潮陽事任内。有原任恵潮道楼儼。運貯潮陽西穀。被押運巡検范仕化等。勾同船戸。沿途盗売并買粃穀攙和。共欠少穀三千二百石。楼儼令鼎元代賠。鼎元無力賠補。致被楼儼掲参革職。とあるが、革職の時期は行述の方が正しいのであろう。

（5）楼儼の按察使着任。硃批諭旨、傅泰雍正七年二月二十四日署理広東巡撫としての奏摺に、楼儼於二月初九日。已到按察使任。とあり、藍鼎元の革職はこの直前のことであろう。

（6）広東における党争。硃批諭旨、王士俊雍正六年十一月十五日署理広東布政使としての奏摺に、奉上諭。原任広東巡撫楊文乾。係宣力封疆之大臣。朕聞其病故。心甚憫惻。聞（署総督）阿克敦。自広西回至広東。与（布政使）官達（按察使）方願瑛等。懐挟私怨。以楊文乾病故為快。演戯開筵。置酒称慶。とあり、但し官達・方願瑛が倶に解任されたのは早く五年九月のことであった。

（7）潮州府知府胡恂。行述に、郡守胡公延修府志。出府君於獄。諸款頼士民投匭。上官同寅。傾囊集腋。依限結案。例得回籍。とあり、胡恂は硃批諭旨書中にもところどころ名が見えている。

（8）楼儼の人物。硃批諭旨、署理広東布政使王士俊、雍正七年六月十一日付奏摺に、原任恵潮道楼儼。奉特旨署理臬司印務。到任四月以来。該員感激天恩。力図報効。尽心辦事。不敢偸安。但自上年大病之後。未免精力少衰。（硃批。此人果肯竭力奉公。何事不克辦集耶。古人云。為善日強。既能尽心辦事。朕可保其精神。行当倍増也）。とあり、この時はまだ雍正帝は楼儼を信用していたらしい。然るに同年閏七月十二日、署理広東巡撫傅泰が楼儼を召還されんことを請うの奏摺あり、雍正八年三月十一日、広東総督郝玉麟の奏摺には、窃広東按察使楼儼。信用革役蕭鳴一案。経臣奏明。奉旨楼儼必有失於覚察之処。著解任来京。（中略）蠹役蕭鳴強横肆行。目無法紀。甚属可悪。著該撫厳審。定擬具奏。該部知道欽此。とあり、この後雍正帝の楼儼に対する評価は大分に変ってきた。雍正九年九月初四日付江西巡撫謝旻の奏疏に、査按察使楼儼。於上年十一月到任。臣見其履歴。開写年六十三歳。恐其年力就衰。精明不足。（中略）知楼儼居心誠実行事謹慎。（硃批。言楼儼誠実。汝誤矣）。楼儼為人忠厚。遇事過寛。（硃批。若言忠厚。更誤矣。留心試看。汝自知之。其遇事用寛。不過仮仁慈。以沽名誉耳。非出自本心也）。と随分手酷い批評を加えているが、そんな者を何故に江西按察使に再起させたか分らない。

（9）　鄂弥達の藍鼎元薦挙。硃批諭旨、雍正十年九月初三日署理広東総督鄂弥達の奏摺において藍鼎元を薦挙した末尾に、硃批。藍鼎元応賠之項。如果全完。案件既経清楚。給咨令其赴部引見可也。とあり、次いで同年十二月初一日の奏摺で追賠各項が清楚であったことを述べ、業経前督臣郝玉麟題明。准部議覆。奉旨免罪。此外並無不清之案。と証明せるに対し、硃批。俟引見後。有旨諭部。とある。その後のことは行述に、奉特旨赴京。十一年三月引見。奏対良久。命署広州知府。賜御書諭訓詩文及貂皮紫金錠香珠等物。温綸奨励。蓋異数也。と見えている。総体的に見て僅か知県級の人物が、その行述や墓誌銘によってでなく、硃批諭旨のような勅撰書でその履歴が細かく分るということは、これ亦雍正時代でなければ見られない特殊な現象である。

（『東洋史研究』第十八巻第三号、昭和三十四年〔一九五九年〕十二月）

〔『宮崎市定　アジア史論考』下巻、朝日新聞社、一九七六年〕

文化史

シナの鉄について

産業革命以前の世界史において、中国の鉄産は世界的に重要な意義を有した。戦国時代の頃から中国では鉄器の使用が盛んとなり、漢代に入って一つの頂点を形造る。シナの鉄はローマの市場にまで販売された。漢が匈奴(きょうど)に打撃を与えてこれを西方に遁走せしめたのは、鉄製武器のおかげであった。然るに三国以後に入って中国国内は鉄の不足を感じた。クビカセ、アシカセのような刑具をも、従来鉄製であったものを木製品で代用した。この時代に成立したと思われる北方民族の言語の中に、中国語の鉄という言葉が直接受容された形迹がない。

ところが、唐末から宋初にかけて中国に燃料革命とも称すべきものが起り、石炭を燃して高熱を得、製鉄にも石炭を利用して大量生産が可能となった。ここに世界史上、極東の優位が出現し、シナ鉄を利用した蒙古の大征服、これに圧されてトルコ族の西遷という事件も起った。南海方面では中国の鉄が重要な貿易品となり、アラビア半島にまで輸出された。

一　緒言

あらゆる科学の分野において、先入見ほど恐るべきものはない。歴史学の例をとって見ても、史料の広さと深さは、その多様性、複雑性と相俟って、個人の感受力を范然自失させるに足る。そこで最初にいかなる予想を抱いて研究に当るかによって、結果において大きな差違が生ずるのは当然の帰結で已むを得ない。正に始発における毫釐（ごうり）の差が、到着点において千里も啻（ただ）ならず、という諺の通りである。私は自ら客観主義の歴史学を標傍して、あらゆる先入見を排除して研究に当っているつもりであるが、後になって省みると、まだまだ多分に偏見に累（わずら）わされていたことを発見して慚愧に堪えぬことがある。今ここに問題としようとする、「シナの鉄」の如きもその一つである。

　中国の鉄工業について、最も精確な見通しをもってわれわれを導かれたのは、故桑原隲蔵（じつぞう）博士である。いま私の学生時代のノートを取出して見ると、

　鉄は古来シナに多く産し、この製造法も進んでいた。史記貨殖伝を見ても鉄で富を成した者が多い。張騫（ちょうけん）は西域で未だ鉄を知らざる国を見たことがあり、シナと交通してから鉄を用うるを知るようになった。シナ鉄は品質が優良であって、西紀一世紀頃には波斯（ペルシア）を通り、羅馬（ローマ）市場で売られた。そこで第一等の価を有するは serico-ferro（シナ鉄）であり、波斯鉄が第二等であった。中世アラビア時代にも西アジアでシナ鉄が尊ばれた
（大正十二年（一九二三年）度、東洋史普通講義）。

とあり、更に博士の「アラビア人の記録に見えたるシナ」という特殊講義でも、縷々として説かれる所があった。ところが、頭から中国には自然科学や工業技術が発達しないものだと定めてかかっていた私は、こういう点を上の空で聞きながし、その後も殆（ほと）んど注意を向ける

ことがなかった。中国文化の価値には寧ろ最も懐疑的な態度を持せられた博士が、この事実を指摘されるのは、よほど重大な意味を有することだと、当然気付かなければならぬ筈であったのだが、知らず識らずの間に私はやはり先入見の虜になっていたのであろう。

私は中国史の研究を先ず宋代から着手し、宋以後の中国の文化の発達に多大の敬意を払うに拘わらず、その理由が判然と摑めなかったが、この頃に至って漸く、その根柢に工業技術の進歩が横たわっていることに気付き、所見の一端を雑誌『東方学』第十三輯に「宋代における石炭と鉄」(一九五七年)なる題で発表し、宋代における製鉄業の進歩について論ずる所があった。そしてこれと同時に嘗て桑原博士から教えられた「シナの鉄」についての講義内容が、改めて生々と脳中に甦ってきたのである。

二　漢代の鉄

考古学上に鉄器時代という言葉があるが、青銅器時代を脱して鉄器時代に入れば、あとは一様の鉄器時代かと考えたならば大間違いである。同じ鉄でもそこには質の問題とともに量の問題があり、殊に量の如何によって、それが社会経済に及ぼす影響には雲泥の差が生ずる。私は西洋文化東漸以前の中国における鉄工業の発展の段階を、他の場合と同じく、おおよそ三時期に分って概観して見ようと思う。

中国古代史の頂点をなす漢帝国は、鉄が生んだ大領土だと言ってもさして誇張ではあるまい。漢は武帝の時に鉄の専売を行い、鉄産地に鉄官を置いて生産加工せしめたが、その分布を見ると概ね淮水以北の華北に集中して四十カ所に上り、揚子江流域では蜀に三カ所、鄱陽湖以下の下流江北に四カ所を数えるに過ぎない。明らかに鉄産地の分布は当時の文化によって左右されている。[1] そして原礦は殆んど砂鉄を用いていたのであろう。

それにも拘わらず、漢帝国が有する鉄資源と製鉄技術とは、当時の世界において隠然として重きをなしていた。漢が神出鬼没の騎馬民族なる匈奴に対して勝を掣したのも、その鉄製の武器の賜であった。漢書陳湯伝に、彼が成帝の河平元年（前二八年）、帝に対して、

胡兵の五は漢兵の一に当る。何となれば彼は兵刃朴鈍にして弓弩利ならず。今聞くに頗る漢巧を得たりというも、然れどもなお三にして一に当らんのみ。

と述べたことを記している。故に漢は国境に関所を設けて、鉄が北方民族中に流出するのを防いだ。[2] 同様の措置は、漢初両広地方に独立政権を樹立した南越に対しても取られた。当時北方民族の間には鉄が殆んど存在せず、専ら青銅製のものを使用して、それがスキタイ文化と称せられたのは周知の事実である。

西域地方の城郭諸国は既に日常に鉄器を使用しており、漢書西域伝においても、鉄の産地として、婼羌、難兜、姑墨、山国、莎車などの名を挙げている。ただ北方に偏した大宛は文化が遅れていたと見え、漢人の亡命者がこれに鋳鉄の技術を教授した形迹がある。[3]

ところで鉄なるものが最初に登場したのは多分に銅の代用品たる意味をもつものであった。中国では古くは金といえば寧ろ銅を意味し、兵器の如き利器すら専ら青銅が用いられ、

鉄の優秀性が認識されるに至ったのは、遥かに後世に属する。ただ鉄は銅よりも豊富に各地に産した。管子、地数第七十七に、

　銅を出すの山四百六十七山、鉄を出すの山三千六百九山あり。

とあり、鉄産地の数は、銅産地の数の約八倍に当っている。その大衆性が先ず認識されたのであって、既に鉄器が普遍化した後においても、利器の代表たる刀剣は銅をもって造られ、いわゆる宝剣なるものもその例に洩れなかったらしいのである。中国の刀剣は、春秋時代までは凡て青銅で造られ戦国の頃から鉄製のものが現れたようである。そこで一つの問題は、春秋末に有名な、呉王闔閭の宝剣である干将莫邪（鏌邪）が銅製であったか、鉄製であったかということである。呉越春秋巻二、闔閭内伝第四によると、

　干将は剣を造らんとし、五山の鉄を采り、六合の英を合し、天を候し地を伺うに、陰陽同光にして、金鉄の穎未だ淪流せず。干将夫妻乃ち髪を断ち指を剪り、之を鑪中に投じ、童子二百をして、橐を鼓し炭を装せしむれば、金鉄乃ち濡けたり。遂に以て剣を成せり。陽を干将と曰いて亀文を作し、陰を鏌邪と曰いて漫理を作す。

とあって、文中に金鉄とあるから鉄製のようにも思われるが、併し鉄ならば鍛錬してよかりそうなのに、一語もそれに及ばず、単に高熱で堅い原料を溶解させた点に物語の主眼が置かれているのは甚だ不思議である。よって思うに、そもそもこの物語は元来が伝説である。そしてその物語は必ずしも春秋末期の呉王の事実を伝えたとも限らない。但しそれが人口に膾炙している所から見て、先秦戦国の頃に広く各地の都市社会で口伝された物語であったであ

ろう。そしてその形式は、元来は銅剣のつもりであったので、従って鍛錬に関する語句が入っていなかったに違いない。然るに呉越春秋が書物に書き下される頃（恐らく後漢末期）に、刀剣の鋭利なものは鉄製ということになっていたので、急に干将鏌邪を金鉄の質としたが、説話の形式は口碑をそのままに伝えたので、さてこそ質と製法との間にちぐはぐな矛盾を生じたのではあるまいか。同じ呉越春秋に見ゆる、越王允常が欧冶子に命じて造らせた名剣五枚の原料は、

　赤菫の山破れて錫を出し、若耶の谿涸れて銅を出す。

とあり、その銅錫をもって造ったと言えば明らかにこれは青銅製でなければならぬ。

干将莫邪は春秋末の物語であるが、戦国末の物語なる燕の荊軻が秦王を脅したという利匕首も、果して鉄製であったかどうか疑わしい。史記刺客列伝によれば彼は、

　予め天下の利匕首を求めて、趙人徐夫人の匕首を得たり。之を百金にて取り、工をして薬を以て之を焠せしめ、以て人を試したるに血濡縷す。

とあり、焠は元来焼くの意であるが、また淬と通じて用いられ、淬は辞源の解に、

　刀剣を鍛錬するとき水を以て火を滅するを淬と曰う。

とあり、要するに、「焼きをいれる」ことであるから、この解に従えば荊軻の匕首は鋼鉄製であったことになる。

然しながら戦国末期になると、鉄製の刀剣は既に一般的に普及して、その利鈍が問題とされるようになってきた。史記范雎伝に、秦の昭王の言葉として、

吾聞く、楚の鉄剣利にして倡優（しょうゆう）は拙なり、と。

とあっては、元来はその多量生産のために便利とされた鉄が、漸くその独特の堅剛性が認められてきたのである。漢代に入っていよいよ精錬の法が進歩し、同時に消費者はその堅剛なることを要求した。武帝の時に鉄を専売として、官営で農器具を製造販売せしめた時、民間の苦情はその性質が鈍脆であったという点にあった。

漢代の鉄は中央アジアを越えて、遠くローマ世界にまで輸出された。そのことは、プリニウス（二三―七九年）の博物志に、左の有名な一句がある。

セーレスの送る鉄が最も優れ、パルティアのものが之に次ぐ（XXXIV）。

このセーレスは普通に解すればシナであるが、古来中国の文化に疑惑を有する学者間に、この場合に限ってこれを他の地域に比定しようという意見がある。併し右のプリニウスの文章は、何も当時の漢の鉄が凡て一様の性質で、それが世界に冠絶していたと解釈する必要はない。精錬法の未熟であった時代、鉄製品の品質は甚だ多くを原鉱の性質に依存する。土地が広く、各種各様の原鉱を得て精錬した鉄の中に、西方の商人が他で求めて得られなかった良質の鉄があり、それが西アジアを通過してローマ市場に現れたからと言って、それは決して不思議ではない。当時大道がローマから長安に通じていたことは、私が嘗て本誌〔『史林』〕、第二十四巻に載せた「条支と大秦と西海」〔本書所収〕なる小論において論証した通りである。

三　中世の鉄

中国の社会は漢から三国に入ると大きく変るが、鉄工業の上においても注目すべき二つの傾向が顕著に現れてくる。

その一つは鉄製の刀剣がいよいよ精巧となって、宝物視さるるものを生じたことである。これは当時における貴族社会の成立と関係あり、また私が嘗て指摘した如く、社会の好尚が量の尊重から質の尊重へ転向した、その大勢を背景とするものである。そしてかかる貴族的な刀剣趣味を鼓吹したものは、実に魏の曹操と曹丕（そうひ）の親子であった。芸文類聚巻六十、魏武帝内戒の令に、

往歳百辟の刀を作る。所謂（いわゆる）百錬の利器なり。以て不祥を辟（しりぞ）け、姦宄（かんき）を懾服（しょうふく）す。

とあり、辟の意味不明であるが、下でこれを百錬と受けているから、辟は錬と同じ意味でなければならぬ。思うに辟は襞と同じく、刀身を打延ばしては折畳んだことを謂わんとするものであろう。当時の刀剣がこのように鍛錬して成ったものであることについては、子の曹丕がその典論の中で、一層明白に説明している。曰く、

建安二十四年（二一九年）二月壬午、魏の太子丕、百辟の宝剣を造る。長さ四尺二寸。（中略）茲（こ）の良金を選び、彼の国工をして、精にして之を錬え、百辟に至る。淬するに清漳（せいしょう）（の水）を以てし、厲（と）ぐに鑑諸を以てす。（中略）光は流星に似たり、名づけて飛

景と曰う。

当時の貴族趣味において、ある製品の質の高貴なるを欲するとき、その原料、その加工法について、あらゆる勿体をつけるのが一般の流行であった。鑑諸の意味不明であるが、何か特殊な砥石であろう。

魏の武帝即ち曹操が造った百辟刀は五口を造って、長子丕（即ち後の文帝）、陳王植、饒陽侯林にそれぞれ一口を与え、余の二口を自ら帯したと言うが、これを受けた陳王植にこの事を叙した宝刀賦がある。兄の曹丕は特に刀剣愛好家で、宝剣と同時に百辟宝刀、百辟匕首、百辟露陌刀などを造っている。

刀剣趣味は単に工人に命じて鍛造させるのみならず、自ら鍛錬する所まで行かねばやまなかった。曹操は起兵の前に襄邑にありし時、工師とともに卑手刀なるものを作り、北海の孫賓碩に譏られたという。梁の陶弘景の刀剣録はかかる刀剣趣味の時代を反映して作られた書であるが、これによれば、張飛は自ら匠に命じて赤珠山の鉄を錬して一刀を為らせ、董元代（襲）は少より果勇にして、自ら鉄を打って刀を作り、関羽もまた自ら五都山の鉄を採って二刀を作ったとある。魏の嵆康が河内の山陽県に引きこもって、夏日柳樹の下に鍛え、鍾会が来ても礼をなさなかったので、後に禍に遭ったのは有名な逸話であるが、素人鍛冶は当時の貴族社会における一種の流行であったことを知らぬと、この話は甚だ唐突に聞える。

このような刀剣を鍛錬する技術、及びこれを宝刀として愛玩する風習はどこから発生したのであろうか。私はやはりこれは西方文化の影響ではないかと思う。当時、西方には中国人

が愛好する玉とともに、割玉刀というものが存在すると伝えられた。孔叢子、陳王義第十四に、

　秦王、西戎(せいじゅう)の利刀を得たり、之を以て玉を割くに木を割くが如し。

とあり、海内十洲記に、

　昆吾割玉刀は周の穆王(ぼくおう)の時、西胡の献ずる所、玉を切ること泥を切るが如し。

とあるは、何れも魏晋間の思想であろう。陳王曹植の弁道論に、韓世雅なる者の話を載せ、

　諸梁の時、西域の胡来りて香罽(こうけい)の腰帯、割玉刀を献ず。

とあるが、彼の兄、文帝曹丕の考え方は甚だ合理的で、抱朴子(ほうぼくし)内篇論仙に引かれた彼の言葉は、

　天下に切玉の刀なるものなし。

と喝破しているのも面白い。勿論、いかに鋭利であっても、刀剣で玉は切れないが、併し西方の鍛造術が中国に紹介され、それと同時に呪術的な宝刀の伝説が中国に伝えられたことは充分に推測されてよいと思う。

　特殊な宝刀は寧ろ伝説的なものであるが、現実に名刀の産地が、北魏の頃から現れる。その一つは相州（鄴(ぎょう)）であり、もう一つは襄国(じょうこく)である。魏書食貨志に、

　其の鉄を鋳て農器兵刃となすは在所に之れ有り。然れども相州牽口冶を以て工と為す。
　故に常に錬鍛して刀を為り、武庫に送る。

とあり、また北斉書巻四十九、綦毋懐文伝(きぶかいぶんでん)に、

又宿鉄刀を造る。その法は生鉄精を焼き、以て柔鋌に重ね、数宿すれば剛を成す。柔鉄を以て刀脊と為し、浴するに五牲の溺を以てし、淬するに五牲の脂を以てす。甲を斬るに三十札を過ぐ。今襄国の冶家鋳る所の宿柔鋌は乃ち其の遺法なり。刀を作ること猶お甚だ快利なり。但だ三十札を截る能わざる也。

とあり、多分に神秘的な要素を含むが、要するに錬鉄を身として鋼鉄の刃をつけた普通の刀剣鍛造法を説いているのである。ところでこの相州（鄴）と襄国の鉄工業は北朝に入ってからの記事であるが、その起源は恐らく三国以来のものであろうと思われる。というのは、曹操が漢の宰相魏王として実権を握って都した所は鄴であり、五胡十六国の石勒が襄国を都とし、以後この二都市は南北朝時代、華北の国都に非ずんば重鎮であったのは、この地における鉄工業と何等かの関係があったに違いないと考えられるからである。国都や重鎮であったから鉄工業が繁栄したとも推測されるし、また鉄工業が盛んであり、又は盛んになり得る条件を具えたが故に国都であり重鎮であり得たとも考えられるのである。

　総じて刀鍛冶こそは、東西を通じて最も中世的工業の代表者である。それは最も小規模な家内工業であり、その製品は実用品であるとともに美術品であり、また神秘的、呪術的な性質すら具えていた。

　三国魏に入って鉄工業の上に現れたもう一つの注意すべき現象は、鉄材の不足という事実である。晋書刑法志に、後漢末年のこととして曹操の刑法改正を記し、

乃ち甲子の科を定め、左右の趾を釱する（罪）を犯す者は、易うるに木械を以て

す。是の時鉄に乏し。故に易うるに木を以てせり。

とあり、刑具を造る鉄すら不足したことを述べている。ここに引いた晋の刑法志の文は鈦、即ちアシカセについてしか記していないが、クビカセについても同様であったと思われる。漢の時代のクビカセは鉗といい、その字形でも分るように鉄製であった。

鉗は鉄を以て頸を束ぬる也（漢書高帝紀九年十二月条顔注）。

鉗は頸に在り、鈦は足に在り、皆鉄を以て之を為る（漢書陳万年伝顔注）。

従って後世のような、木製の枷というものはなかったようで、枷といえば脱穀器を意味した。首枷の制が明白に現れるのは魏書で、刑罰志、世宗紀、宋翻伝などに見えているが、(4)実質的には恐らく三国魏から既に存在していたのであろう。そして一度木で造られると、その方が取扱いに便利でもあり、人道的でもあったので、後世まで木枷が使用された。

当時は勿論、兵馬倥偬の時であるが、刑具のような僅かな器具すら、鉄をもって造り得なかったのは尋常の事柄でない。恐らく需要の増加と反対に、生産の低下が伴って起ったのであろう。これは連年の戦争によって旧来の工場設備の破壊、工人の流散が起り、秩序が恢復した後も、労力技術の管理が十分に行かずして、生産が萎縮を続けたことは容易に考えられる。

既に政府の力をもってしても、鉄材が充分に得られなかったとすれば、民間において猶更ら入手困難を愬えたであろうことも想像に難くない。そして一般人民大衆にとって、農具の不足が最も食糧生産の隘路となっていたであろう。曹操による屯田法の実施の如きは、このように極端な生産設備の破壊縮小の後、恰も今度の戦争敗後の日本のような状態にあった時に始めて可能であったと思われる。

曹操は河北を平定して、鉄冶を開くと、王脩を司金中郎将に任命し、郡国の鉄官を統率して軍国の用を弁ぜしめた。また末年に韓曁を監冶謁者、司金都尉に任じ、彼は従来の馬力による鞴は能率が低いので、水力による仕掛（水排）を発明したので、在職七年間に器用が充実したという（魏志巻二十三）。司金中郎将の官は蜀にもあり、張裔がこれに任ぜられて、農戦の器を典作したとあるから（蜀志巻十一）、魏においても恐らく司金の下にある鉄官が農器をも製作したであろうと思われる。

とまれ三国以来、中国国内で鉄材の不足が感ぜられ、充分に外国へも輸出する余力がなかったらしいことは、中国の鉄があまり北方民族の生活に影響を及ぼしていなかったらしいことによっても推察される。

殊に面白いのは現今の朝鮮語であって、そこでは金、銀、銅、鉛は何れも中国語そのままに、クム、ウン、トング、ヨーンであるが、鉄だけはチョールで、或いは鉄の転訛と考えられぬこともないが、大分違っている。恐らくこれは朝鮮における製鉄の起源が甚だ古いことに由来する。後漢書東夷伝に、

韓国は鉄を出し、濊、倭、馬韓、並びに従って之を市す。凡そ諸の貿易、皆鉄を以て貨となす。

とあり、また三国志東夷伝、弁辰の条に、

　　国より鉄を出し、韓、濊、倭、皆従って之を取り、諸の市買に皆鉄を用うること、中国
　　の銭を用うるが如し。また以て二郡に供給す。

とあるように、鉄は古くから朝鮮の土産であったので、朝鮮固有の言語を用いたのであろう。この語は満洲一帯に拡まったと見え、女真訳語では珍宝門に、

　　塞勒（séh-léh）　銕

とあり、その後の満洲語にも sele となって残っている。

唐代の突厥(とっけつ)碑文には鉄を tämir と言っている。同僚の岩村忍教授によると、トルコ人は古くからバイカル湖附近の砂鉄から鉄を製造していたと言う。そして tämir なる言葉はそのまま後世の蒙古語となって残った。欽定遼史語解巻九、人名の条に、

　　特穆爾（＝鉄睦爾）蒙古語鉄也。

とあり、元史語解巻二十三、人名にも同様な説明がある。

尤(もっと)も蒙古語には外に鉄を意味する bolot なる言葉があるそうで、〔Berthold〕Laufer の Sino-Iranica〔Field Museum of Natural History, 1919〕五七五頁によると、これは近代ペルシア語 Pūlād から来たもので、それがトルコ民族を通して蒙古へ入ったか否かは不明だということである。この語はアラビア語の fūlādh と同じ言葉で西方に広く通用した語である。

これで見ると北方民族に対して、中国語の鉄という語が直接受容された形迹がなく、そのことは同時に彼等が中国の鉄を殆んど利用することが出来なかったことを物語るものであろ

う。そして後に宋代以後、中国の鉄が広く北方に流入しても、既に彼等の間に自身の言葉が成立していたので、中国の鉄なる言葉が新たに受容される余地がなかったと考えられる。

四　宋以後の鉄

然るにこの形勢は、唐末頃から大きな変化を見せてくる。唐律疏議巻八に、

金銀鉄は並びに西辺北辺の諸関を度り、及び縁辺の諸州に至りて興易するを得ざれ。

とあり、少くも開元頃から中国の鉄が西方北方へ流出することを明文で禁止する措置をとらねばならなかった。然るに事実は中国鉄が国境を越えて流出したのであって、恐らく唐宋の頃の状態であろうが、

Ibn el-Werde は Toguzgouz の町なる Pākhawān にて、シナ鉄を材料として造られるあらゆる種類の器具について記述す。(5)

と紹介されている。同じことは南海方面についても言えるので、九世紀後半の人なる Ibn Khurdādhbeh は、

チャンパから百ファルサングにてシナの最初の港なる al-wakīn に着く。そこには優秀なシナの鉄、陶器、米などがある。(6)

と記している。

中国の鉄工業が再び生気を取戻した原因は、唐末の頃から燃料革命ともいうべき、石炭利

用が普及化し、それが製鉄にまで用いられるに至ったからである。高度の熱の発生とその操作の成功こそ、宋代の文化を発達させ、世界における極東の優位を樹立させた地盤であった。かくて石炭と鉄とを併せ有する山西省の製鉄事業が世界史に関連を有することになった。既に杜甫の戯題王宰画山水図歌に、

焉得并州快剪刀　　焉んぞ并州の快剪刀を得て
剪取呉淞半江水　　呉淞の半江の水を剪取せん

とあり、もちろん鋏は小物であるが、この後は河北に代って并州が製鉄刃物業の中心となった。五代において後唐、後晋、後漢の三代が并州（晋陽）を根拠として崛起したことは、その背後に製鉄業があったと考えられる。

并州の北、雲州大同附近にも鉄と石炭とを併せ産する。ここを領有した遼、及びこれに続く蒙古の西方への発展、蒙古族に圧迫を受けたトルコ族の西遷という一連の歴史事実は、東方よりする鉄製の武器の優位を物語るものと言ってよい。

アジア大陸内地における、シナの鉄の意義は私が既に『東方学』第十三輯「宋代における石炭と鉄」において大略を述べたから、ここに再び繰返すのを避ける。シナ鉄の西方への発展は南海を通じて行われたことを、ここに改めて指摘しよう。

元の汪大淵の島夷誌略は元末至正年間（一三四一―六七年）に成るところであるが、南海地方の各地について、殆んど凡てに亘り地産と貿易の貨なるものを掲げている。地産は該地の産物であるが、言いかえれば輸出品を示すものなるは明らかである。ところでこの書のい

鉄	交趾　暹　文老古
鉄塊	三島　麻逸　日麗
鉄器	彭坑　八節那間　浡泥　爪哇　東西竺　淡洋　斑達里　喃哑哩　東淡邈　波斯離　小唄喃　古里仏　大烏爹　阿思里
鉄鼎	無枝抜　麻里嚕　針路　八都馬　尖山　都督岸　龍牙菩提　斑卒　龍牙門　金塔　撻吉那　天堂
鉄鍋	三仏斉　嘯噴
鉄条	羅衛　蘇禄　斑卒　霊山　花面　大八丹　加里那　千里馬　万年港　甘埋綫
鉄綫	遐来物　蒲奔
倭鉄	波斯離

わゆる貿易の貨には、鉄材もしくは鉄製品が殆んど毎条に含まれている。そこでいま、各品種毎にその輸入される国名地名を一覧表に作成すると上のようになる。

さて島夷誌略には藤田豊八博士の校注本があるが、まだ充分に研究し尽されていないので、品名も地名も曖昧な点がある。品目について言えば、鉄鼎と鉄鍋とは同一かも知れない。鉄条は鉄棒、鉄綫は針金であるが、但し中国の針金はずっと後世まで殆んど鋳鉄に近い硬直なものが用いられていたから、現今の針金のように弾力性のある錬鉄ではなかったであろう。

地名についての一々の考証は今の私の手に余るが、その西方の極限を考えて見ると天堂とは普通にはアラビアのメッカ、波斯離はペルシア湾頭のバスラであると考えられる。そして上に掲げた鉄材鉄製品は、実は中国産であったろうとの想像がつく。何となれば当時の西方地理学者がこれを証明しているからである。

先ず Idrīsī（一一六六年歿）はアラビア半島の海港アデンについて、

アデンの町は小さいがその港はインドやシナへ行く船が寄港するので有名である。殊にシナからは鉄や刃物が輸入される。[7]

とあり、また Dimichqui（一三二七年歿）の世界誌には、

鉄なるものは、その鉱脈の存在する国の異るに従って、その堅さ強さが異る。而して最良の鉄はシナの鉄である。[8]

とあり、これによって宋元時代における中国の鉄は南海を経てアラビア半島に至るまで、至る所の国々において使用されたことが知られる。そしてこれを中国から言えば、鉄は既に重要な輸出商品となっていたわけである。

五　結語

私は先に三国魏以後、中国に鉄が不足したことを推測するために、刑具が鉄製から木製に変った事実を捉えた。同じように宋代以後中国の製鉄業が隆盛となった一つの証拠として錨の変遷を挙げて見よう。

錨は嘗て日本で海軍を象徴したように、航海に最も必要な器具である。一寸考えると、船は走りさえすればよいように思われるが、実は走ると同時に静止することも必要なのであ

る。静止して安定していることができなければ荷物の積み卸しができない。現在の飛行機の機能の最大の欠陥は空中で静止していることが出来ない点にある。この船を停止させる役目を荷っているのが外ならぬ錨なのである。

ところで「イカリ」は、古くは石で造ったことは、文字の碇が示す通りである。和名類聚抄巻十、舟具第一四五に、四声字苑なる書を引いて、

海中に石を以て舟を駐むるを碇と曰う。

と説明しているが、恐らくこの書は唐代、もしくは唐以前の書であろう。

ところがそれが鉄製に変ったのは恐らく宋代のことであると思われる。南宋の趙汝适の諸蕃志巻下、志物、珊瑚樹の条に、

毗啫耶国の土人は、糸縄を以て五爪の鉄錨児を繋ぎ、烏鉛を用いて墜となし、海中に抛擲してその根を発し、索を以て舟上に繋ぎ、絞車もて搭起す。常に有ること能わず。

とあり、ここにいう五爪の鉄錨児なるものは小さな錨で、それを多数つなぎ合せたものに鉛の重りをつけて海に沈めたのであろう。こういう小さな鉄錨の実物の形は、北宋の曾公亮等撰するところの武経総要前集巻十に見えている（尤も用途は異る）。もう少し大形のものは、同書巻十二に見えており、これには飛鈎という名がついている。

この鉄錨が同時に船の錨として用いられたに違いないことは、元初の周密の癸辛雑識続集上、海蛆の条に次のような記事があるからである。曰く、

李声伯云う。常て老張万戸（瑄）に従って海に入り、張家浜より塩城に至る、凡そ十八

沙あり（中略）。海舟の鉄錨の大なる者は重さ数百斤、嘗て舟あり風に遇い下釘す。而して風怒ること甚だしく、鉄錨の四爪皆折れ、舟も亦随って敗れたり。

更に下って明代に至れば、宋応星の天工開物巻中、錨の条に、

凡そ舟行して風に遇い泊し難きときは、則ち全身、命を錨に繋く。戦船・海船には重さ千鈞なる者あり。錘法は、先ず四爪を成し、次を以て節を逐い身に接す（中略）。蓋し炉錘の中、此の物は其の最も巨なる者なり。

とあって、宋代に数百斤であった錨が、明代になると千鈞（三万斤）の重さになっている。鍛造品としては当時これほど巨大なものは外になかったというのである。天工開物の図を見ると、鉄錨の一本の爪が凡そ人間の身長ほどあるように書いてある。しかも一船に数個を用いるというから、これは莫大な鉄の消費になるわけである。このように重い錨を船が携行するのは如何に錨が重要であるかを示すとともに、また鉄産の豊富がかかる巨大な錨の製造を可能にしたとも言える。

中国の鉄器の南海方面への輸出は、明清を通じて盛大に行われたに違いない。殊に広東仏山鎮の鉄鍋はその名声を内外に轟かせた[9]。そしてヨーロッパの産業革命の文化が東漸するまで南海は中国の鉄製品の独擅場であったのである。

（1）　漢代の鉄官の所在。宇都宮清吉『漢代社会経済史研究』（弘文堂、一九五五年、のち補訂版、弘文堂書房、一九六七年）一二二頁、漢書地理志による塩鉄官の分布図参照。

（2）漢の鉄と匈奴との関係について。江上波夫『ユウラシア古代北方文化』十一「馬弩関と匈奴の鉄器文化」〔全国書房、一九四八年、のち山川出版社、一九五〇年〕参照。

（3）大宛国の鉄について。史記大宛伝に、自大宛以西。至安息国。雖頗異言。然大同俗（中略）。不知鋳銭器。及漢使亡卒降。教鋳作他兵器。とあり、銭器とは農器のことであるが、この条に徐広の注があり、

多作銭字。又或作鉄字。

とあって、もしこれが鉄字であるとすると意味が大いに変ってきて、大宛から安息国境に至る現今の西トルキスタン地方には、当時まで鉄器が普及していなかったことになる。但しこの事がもし事実であったとしても、それ故に中国人の鉄に関する知識と技術とが、全くメソポタミア先進国と異った独立の起源をもつものだとは即断できない。文化の伝播は途中をとびこえることが、いくらも可能だからである。

（4）魏書の枷に関する記事。刑罰志にいう。時法官及州郡県。不能以情折獄。乃為重枷。大幾囲。復以縋石。懸於囚頸。傷内至骨。又いう、造大枷長一丈三尺。喉下長一丈。通頬木。各方五寸云々。

（5）Ibn el-Werde の記事は、Carra de Vaux; Les Penseurs de l'Islam, II〔Geuthner, 1921〕, p. 361 より引用した。

（6）Ibn Khurdādhbeh の記事は、〔Henry〕Yule & 〔Henri〕Cordier; Cathay and the Way Thither, I〔the Hakluyt Society, 1866, New edition, 1915〕, p. 135 より引用した。

（7）Idrīsī の記事は〔Friedrich〕Hirth and〔William Woodville〕Rockhill; Chau Ju-Kua〔Printing office of the Imperial Academy of Sciences, 1911〕, p. 3 note〔趙汝适、諸蕃志の英訳〕より引用した。

（8）Dimichqui の記事は Carra de Vaux; Les Penseurs de l'Islam, II〔Geuthner, 1921〕, p. 360 より引用した。

（9）広東仏山鎮の鉄鍋について。『東洋史研究』第十二巻第二号、笹本重巳「広東の鉄鍋について」〔一九五二年〕参照。

（『史林』第四十巻第六号、昭和三十二年〔一九五七年〕十一月）

〔『宮崎市定 アジア史論考』下巻、朝日新聞社、一九七六年〕

江戸時代におけるシナ趣味

一

私は前に中国における奢侈(しゃし)の変遷ということを考えてみたことがあります。恐らくどこの国においても同じと思いますが、中国の奢侈のやり方は時代と共に発達する。それは量的なものから質的なものへ、外面的なものから内面的なものへ、非合理的なものから合理的なものへと段々発展して結局高雅な趣味に落着くのであって、中国では大体漢から六朝へ移る間に量的から質的へ、外面的から内面的への転換を終り、次に唐から宋へ移る間に、非合理的から合理的へと発展して立派なシナ趣味とも言うべきものを造り上げた。これを他の外国の奢侈の発達に比べてみますと、その発展が非常に早い、奢侈の点にかけては中国は先進国であるという結論に到達したのであります。

日本は昔から質実剛健をもって国是とする、奢侈などいうものとは縁の遠い国でありす。ところが時によると、時代の移り変り目、社会の変動期において、たまに飛んでもない贅沢屋が出現して奢侈を極めることがあります。尤(もっと)も驕る平家は久しからずで、じきに馬鹿げた奢侈は熄んでしまいますが、奢侈によって引起された趣味的な生活、そういうものは段々一般の中に浸透して、立派な日本趣味というものを造り上げてゆく。一旦庶民生活の中に融け込んだ趣味は最早奢侈とは言えない、国民の文化遺産ともいうべきものになってしまう。つまり昨日の奢侈は今日の奢侈ではなくなって来るのであって、絶えずそういう経過を繰返して現今の日本文化を造り上げたのであります。そうして奢侈の点では中国という先進国を傍に控えているので、どうしてもその影響を受け易い。ここに問題とするのは、江戸時代におけるそういった日本の奢侈の発展と中国との関係であります。

日本の文化は平安朝頃までは宮廷中心の文化であったが、鎌倉時代からそれが武家中心の文化となり、室町時代の末から別に一つの有力な文化の中心が出来てきた。それは庶民、就中町人勢力の擡頭に伴って、庶民町人の間に一つの文化の中心が発生したことでありま す。この町人は新興階級であって古い歴史を持たない。それで奢侈のやり方も、最初は最も原始的な形式で始めている。それが段々発達して先に言った量的から質的へ、外面的から内面的へ、非合理的から合理的へという発展を遂げて、今日の庶民文化の根柢を造ったのであります。即ち日本は江戸時代の短い間に、他の世界で長い間かかって成就した発展を、最初の段階から繰返しているので、生物学でいう系統発生を個体発生が繰返すようなことを実施しているのであります。そうしてこの発展発育を助けたものは、日本自体において既に経験したる歴史的伝統の再現とともに、外部から、殊に奢侈の点では先進国たる中国からの影響が与って力があるのでありまして、今は特に後者に重点を置いて観察して見ようと思うのであります。

二

江戸時代に入って日本には急に二つの大きな経済の中心が出来上った。それは江戸と大阪であります。この二つの都会は全然新しく発生したものではないが、その発達が余りに急激であったので、いわば新たに誕生した都会ともいえるのであって、従って歴史的伝統というものを殆(ほと)んど持っていない。就中大阪は純然たる経済都市に近いから、町人の都であるといってよい。また江戸は幕府の膝元であり、封建制度の世の中であるから、武家が威張っているには違いないが、一旦形勢が安定してしまうと、経済力を持った町人の勢力というものは意外に強大なものであって、これに対して武力というものが加える圧力には自ら限度がある。即ち個々の町人を抑えることは出来るが、町人が持つ経済力そのものを抑えることは出来ない。遂には武家の生活を町人が支配するようになって、これが最後に幕府倒壊の一因になったのでありますが、この町人勢力の進出ということは案外早い時代から始まっているのであります。

大阪が発展する以前にはすぐ南の堺が海外貿易などで栄え、豪商の多く集まる所でありました。豊臣秀吉が大阪城を経営したのは、堺商人の勢力を挫く意味もあったでしょう。それが前後二度の大阪の役で、大阪商人は相当打撃を蒙ったと思いますが、何分地の利を得ていることて間もなく勢力を恢復した。尤も商人といっても、まだ殖産興業のあまり発達しない時代であるから、多くは政商であって、政権と結びつき、諸大名の領地から上る年貢米の仲買いなどで巨利を博する手合が多かった。堂島の米穀取引所はそういう連中の集まった所から出来たのであるが、その中に今も淀屋橋の名が残っている淀屋辰五郎というのがあった。これが大阪財界の大立者で、諸大名にも金の調達を勤める。ところが大名は時々借金を踏み倒すので大名相手の金貸は危険率が非常に大きい。肥後の細川家などはその踏倒しの常習犯であったと見え、淀屋の手帳の黒名帳（ブラックリスト）に載せられて、「不埒なる御家柄」と書きつけられたという。代々の金満家であった淀屋も、四代頃から身代が傾き出した。四代辰五郎というのが、「雨天に長き衣裳を著し、泥の中を引づりて大阪中を経めぐり、直に座敷に上りて泥だらけにする。諸大名に金銀貸すを面白き事に思ひ、千両無心あれば千五百両貸す」という無軌道者であった。五代辰五郎になり、更に輪をかけて金づかいの荒いことから、番頭等の計らいで禁治産となり、金に困ってか謀判をついたことが露見して闕所（けっしょ）となったのが、元禄の次の宝永二年〔一七〇五年〕のことである。そのとき没収になった淀屋の財産目録というものがあるが、その中を見てゆくと当時の富豪の趣味というか、鑑識眼が窺われて面白い。金銀の類は除いて骨董めいたものを挙げると、書画類では、

徽宗（きそう）皇帝墨画の鶏
玄宗皇帝の掛物二幅
牧谿（もっけい）の唐画二百三十枚

掛物類凡二百三十幅但し一軸百両以上の分

とあります。これを見るとどうも怪しいのは、徽宗皇帝の画というものは、大てい極彩色の、院体風の花鳥が多いのですが、ここには墨画の鶏とある。徽宗皇帝は絶対墨画の鶏を描かないとは言えませぬが、どうも相応わしくない。相応わしくないなら猶さら珍らしいともいえるが、どうも偽物ではなかったかと思う。次の玄宗皇帝の掛物に至っては、明らかに偽物に相違ない。そんなものがあっても日本へ来る筈がないのであります。次の牧谿の画ならば、あったかも知れぬが二百三十枚は多すぎる。その次にまた二百三十幅あって何れも百両以上とあるから、その前に掲げたものは何れも同様百両以上と値踏みされたのでしょう。実物がないから何とも鑑定のしようがない訳ですが、察するところ、どれもこれも真赤な偽物を摑まされていたのだろうと想像するの外はありませぬ。次に、

玄宗皇帝の手水鉢（ちょうずばち）、但し杓をならせば水沸き出づる
唐渡硯石、墨摺り候へば水の出る

とあります。玄宗皇帝が余程好きだと見えて、またその手水鉢が出てくるが、どういう仕掛けかこれは今日から推測の限りでない。次の唐渡の硯石は、墨を磨れば水が出るのではなく、恐らく息を吹きかけると水滴がたまる程度のものと思われます。これは中国でも古く話題に上ったもので五総志という本に、そういう上等の硯石を王安石に贈ろうとした者があったところ、王安石は、一担の水を吐き出させたところが、何程にも当らないといってこれを却けたという話があります。これは王安石が他人からの贈物を好まないから遁辞を設けたの

であって、もし淀屋の硯が、果して歙州龍尾か端渓水巌ででもあれば、これだけは及第であります。

通観するところ、大金を出して買ったかは知らぬが何れも通らないものばかりらしい。当時の富豪の生活内容はこれで大体が分ります。そうして案外こういうものが諸大名のところへ納められるなどしているかも知れぬ。伝家の名物といってもあまり信用は出来ないのであって、当時一般にその鑑識眼はずいぶん怪しかったと申さねばなりませぬ。

三

江戸では家康が幕府を開き、諸大名がそこに邸宅を構えるということになると、土木工事も起さねばならず、諸方から人民が流れこんでこれに衣食住を供給せねばならず、商人活動の分野が急に開けて参りました。そのどさくさに紛れて成金が輩出しました。その中でも有名なのは紀国屋文左衛門と、奈良屋茂左衛門、略して紀文、奈良茂というのがそれです。紀文は有名な蜜柑舟で巨利を博してから江戸で活躍し、幕府の要路者に取入り、土木事業の請負を行って一代の間に巨万の富を成し、元禄〔一六八八―一七〇四年〕頃を中心に栄えた人であります。紀文が大火の後、木曾で材木買占めを行ったのは有名な話ですが、その檜を目方にして二倍の黄金に売りつけたと言われた。彼等が有力者に取入るには惜しまずに金銀を散ぜなければならぬので、出来る限りの豪奢な浪費をして奢侈を張合ったものであります。

簾のある客があると、必ず真新しい畳を敷いた座敷へ通す。畳職人が数名入りこんで毎日畳換えをしていたというから、新しい畳といってもわれわれのいう新しいとは意味が違う。大石内蔵之助が言った「女房と畳は新しいのがよい」というのは、そういう新しいの意味であったかも知れませぬ。ところが紀文などの奢侈のやり方を見ますと、何分新興階級、悪く言えば成金の悲しさで、その方法が全然なっていない。全く奢侈の一年生から始めているのであります。紀文が料理屋で月見をしていると、友人から贈物があった。それは大きな饅頭である。あまり大きすぎて二階へ上らない。梯子段の欄干をこわし板を外して担ぎ上げた。その饅頭を割ると中から無数の小饅頭が出て来た。妙な饅頭もあったものですが、この饅頭を造るには蒸釜から道具を全部新調しなければならなかったので、それに大工の手間賃などを加えると、この饅頭一個が七十両についた。五十両で娘を売ろうという時代の七十両です。今度は紀文がその友人の昵近な芸妓のあづまの所へ病気見舞いに行った。小さな箱を一つくれたので、開けて見ると豆蟹が数百匹走り出した。よく見ると蟹の甲羅に金蒔絵で客と芸妓の定紋がついていた。

四

紀文と張合ったのは奈良茂であります。奈良茂の先代は、幕府の日光山造営に際して工事の請負をして大儲けした。そのとき競争相手の柏木屋というのが、材木の売惜しみをしたのを摘発して、幕府の御用命に背いたという廉で入牢闕所にさせ、その材木を只で自分のものにして幕府から金をとったという剛の者ですが、その次男三代奈良茂というのが紀文の敵手であった。かつて奈良茂が友人の昵妓の許へ附き合いに行くとて、手土産として、蕎麦を二箱届けさせた。友人が二箱では足らぬので、近所へ追加を買いにやらせたところがどこにもない。吉原五町、山谷、田町、その他附近の蕎麦屋の蕎麦は悉く奈良茂が手を廻して買いしめて、その中の二箱だけを提供したのであった。

どうもこういう遣り方を見ると、彼等の奢侈は結局浪費である。浪費ですから畢竟分量という性質を離れない。大きな饅頭とあるが、その餡はどう吟味したか少しも書いてない。どうも大して旨いものではなかったと思われます。もし本当に良心的な老舗の饅頭屋ならば、恐らくこんな注文に応じなかったであろうと思われる。蕎麦にしても江戸中の蕎麦を買占めたところが、残りの二箱が旨くなるものではない。彼等の着眼はどこまでも投機屋の成金の着眼であって、大きいとか小さいとか、多いとか少いとか、どれだけ金をかけたかとかに止まってそれ以上一歩も出ないのであります。

彼等の交際場は吉原であった。町人が官吏を買収するのも吉原で行われた。それで新流行は吉原から始まる。大名や武家の好尚も吉原風を段々取り入れた。言い換えれば町人が武家の生活を指導したのであります。衣裳が段々華美となったについても吉原は大きな役目を演じている。例えば現今日本人の正装のようになっている紋付の羽織というものは紀文が始めたものだというが、恐らくそれは吉原から全国に広まったものでしょう。女の振袖は昔は鯨一尺八寸が止りであったが、貞享〔一六八四―八八年〕の頃に二尺ばかりになり、段々長くなって二尺四、五寸にもなって来た。それで振袖火事などいうものも起るようになったわけです。更にまた女の帯について、江戸時代の初めまでは、日本の女帯の幅はごく狭く、二寸ほどであって前で結んでいた。古い浮世絵などを見ると皆そういう風に画いてあります。それが段々幅が広くなって、四寸になり、八寸になり九寸になった。これ以上幅を広くすると鎧のようになるから自然に止ったが、幅広の帯は元来吉原風であったのであります。ですから当時心ある人は、女の帯の幅広きは下司に見えると言ったものであります。ところがそれが段々世上を風靡して、町家は勿論、武家大名も九寸幅の帯を締めるようになった。外国人は日本の帯を賞めますが、外国人が賞めたからといって自慢する必要は毫もない。私はどうもあまり感心した風俗とは思いませぬ。別に吉原から起ったから排斥する訳ではないが、畢竟あれは裳がないところから帯の幅が広くなり得たので、日本の婦人ももっと活動的になり、裳をつけるようになれば、否でも広い帯は消滅せざるを得なくなるだろうと思っています。

五

こういう馬鹿げた奢侈が行われる一方、町人も次第に伝統が出来、多少趣味的に教養されて来ますと、ここにその奢侈が量的なものから質的なものに発展して来ます。そこで衣裳比べということが起って来た。

衣裳比べが高じると、一地の衣裳比べにては足らず、東西対抗の選手権獲得競技会に発展する。江戸の豪商石川六兵衛の妻が、わざわざ京都まで出掛けて、難波屋十左衛門の妻に一騎打を挑んだ。日を期して東山近辺で出会って群衆の間を徘徊して、輿論の採決をとったものである。難波屋の妻女が着て出たのは緋綸子(りんず)に金糸銀糸をもって洛中の図を縫わせた目の醒めるような衣裳であった。石川の妻女は、ただ黒羽二重に立木の南天の染小袖を着ただけであった。これでは異論なく京の勝かと思ったが、近付いてよくよく見ると、石川の衣裳は南天の実が悉く実物の珊瑚を砕いて縫いつけたものであったので、一同仰天して石川の勝とした。この石川は江戸で諸大名の屋敷の石垣工事を請負って財産をためた成金であるが、奢侈が高じて天和元年〔一六八一年〕闕所となった。

石川と難波屋の衣裳比べは江戸方の勝となったが、さて何故珊瑚を縫いつけた方がよかったか、その理由がどうもはっきりしない。実は趣味の競争ということになりますと、京都はさすがに千年の都、古い伝統がありますから、江戸大阪に伍してひけをとらない。奢侈の選手が続々現われて互いに張合いを始めます。殊に京は着だおれの名に背かず、趣味の点では自信のあるのが集まって、甲乙を争う。会場は東山です。かつての衣裳比べの会合に、銀座役人の中村内蔵之助の妻女が出演した。その参謀が尾形光琳だとあるから本格である。京洛富豪の妻女の面々、思い思いに意匠を凝らして金に飽かせた晴の衣裳を着飾りて東山に集まりたる中に、中村の妻女は女中にきらびやかなる服装させたるを夥多(あまた)従え、自らは打掛帯付ともに黒羽二重の無地、両面の下には雪のようなる白無垢を幾つも重ねて着したるのみであった。錦の中に黒白無地の鮮やかなる対照は、反って立ち勝って抜群に見えた。

此等の奢侈を見ると、その内容は紀文、奈良茂と違い、量的よりも質的になって来ている。そして其処には趣味というものが織り込まれているが、但しこの奢侈は他人に見せびらかすという外面的なところをまだ脱しきらない。またそのやり方がまだ非合理的である。着物の模様になっている南天の実のところへ珊瑚を縫いつけたところが、どれだけ装飾的の効果が出るものかどうか、そんなことで驚く当時の人の鑑賞眼も余程低級であったと申さなければならぬ。尾形光琳の入れ知恵の方はさすがに美術家らしいが、要するに画家の悪戯で、人を喰ったところがある。光琳自身が人を喰ったことをするのが好きである。ある時友人と花見に行ったところが、中食の際、人々めいめい善美を尽した弁当箱から山海の珍味を取り出して箸をつけいる中に、光琳は竹の皮包を開いて握飯を出して食べた。その竹の皮を棄てたのを見ると、驚くべし金銀蒔絵の精巧なる花鳥山水を施していた。

六

竹の皮に金蒔絵をしてみたところが、奢侈かは知らぬがそれでどうということはない。要するに時と所とを得ていないのであって、寧（むし）ろ時と所とを得ていないことが彼の着眼で、それだけ宣伝価値があった訳でもあろう。ところがこういう奢侈のやり方は、奢侈発展史の上からいうと実はごく初歩なので、中国ではこの段階を既に漢唐の昔に卒業しているのである。宋頃になると中国の奢侈は、洗練された趣味と一致して来ている。凡て物事は自然の道理に従い、時と所とを得た奢侈を尊重する。宮殿を造るならばその材木は生地のままなるを尊び、それに無闇に色彩などを加えない。庭を造るならば石は石のように、木は木のように自然の趣を具えることをよしとしています。そういう趣味の指導者は当時の知識階級即ち士大夫、読書人の仲間である。学問もあり、教養もあり、余裕もある士大夫が生活様式を指導しているのである。彼等の気分を最もよく代表しているのは南画、乃至は文人画と称するものであります。南画の定義はむつかしいが要するに技巧を超脱した絵画とでも言いましょうか、自分の表現したいと思う気分を直接他人に伝えたい、或いはもっと進んで自分自身で眺めたいという絵であるといってよい。強い色彩を用いると、効果がある反面、余計なものが混入する虞がある。それで南画は色彩を使っても構わぬが、結局淡彩もしくは水墨になる。画面は大きいほど、効果があるが、そうするとまた大きさから来る錯覚が入りやすいので自然あまり大きなものにならない。細かく描くとそれだけ効果があるが、また余分なものが入って来やすいので、成るべく筆を省くようになる。技巧を使いすぎるとまた技巧に禍されやすいので、成るべく無技巧の技巧を尊ぶ。そうして是非描かねばならぬものだけを描くので、そこには説明が這入らない。分る人だけが見る画、気の合った人だけが見る画、終いには自分独りだけが見る画というものになって来るかも知れません。そういう芸術は、どうしても教養ある士大夫階級というものを背後に予想せぬと出現し難いものなのであります。

日本では戦国時代は兵馬倥偬の時代で、僧侶や公卿が僅かに学問を伝えたと称せられるほどで、僧侶、公卿といっても皆が皆知識階級とも言い兼ねるものである。江戸時代になって形勢が安定しますと、幕府始め各藩で学校を興し、文教を奨励したので、ここに学問で身を立てる特殊な階級が成立した。尤も或る者は僧侶であり、或る者は武家であり、或る者は町人であり、何れも別に本職を持ったものが多いのであるから、これを階級というのは当らないかも知れぬ。寧ろそういう人達が自然に落合ってきて相互に連絡がとれ、一つのささやかなる社交界が成立したことに意義がある。

こういう社交界の成立の時期は勿論画定することは出来ぬが、大体元禄頃から始まり、その盛んになったのは文化文政の頃であって、これがため文化文政時代の一般の風尚はその一昔前の元禄前後の風尚と著しい対照をなしている。一口に言えば前に挙げたような元禄頃の幼稚な奢侈から脱却して、文化文政頃の奢侈は趣味と一致して来ている。僅かに百年ほどの間に日本人の鑑識眼は見違えるほどに進歩した。そしてそれにはシナ趣味の輸入ということが、与って大いに力があったのであります。

七

元禄時代は吉原を中心として町人の社交界が出現し、それが上下を風靡したことは前に述べたが、これと並行して学者が諸大名に重用されるようになって学問が進歩して来ますと、学者文人の社交界が一方に成立した。その中心は江戸と京都であって、有名な儒者が塾を開いて門弟に教える。諸大名もそこへ内地留学生を派遣するといった調子で、塾が中心となって学者文人の社交団体とも言うべきものが発達して来た。江戸では荻生徂徠、京都では伊藤仁斎の古義塾が最も有名であります。此等の学者文人が寄り集まって詩文の会合を催す。これは既に単なる学問ではなくて一種のシナ趣味の会合と言ってよいと思います。こういう文人の中に祇園南海という人があり、木下順庵の門に出て、新井白石などと列び称せられた人ですが、この人が普通に日本南画の祖先とされております。

それまでの日本の絵画は大体北画系統であり、北画は元来技巧と伝統を尊ぶので、次第にその画法が形式化し固定して来てしまった。又それがいつのまにか日本化した大和絵の流派が別にありましたが、これは兎もすると卑俗に流れたがるので、学者文人の趣味にぴったり来ない。それで自然に南画的風尚が文人社会に起ったのであります。これも一種のシナ趣味であって、中国においては南画の起源は遠く唐代の王維にありとされていますから、日本に享保〔一七一六―三六年〕頃まで南画趣味が伝わらなかったのは寧ろ不思議なくらいです。但し南画は元来士大夫の余技として発達したもので商品的絵画とは違うから、南画の名筆というものはそうざらにあるものでない。なかなか日本へなど渡って来ないので自然に日本人の目に触れることも少い。また日本人が中国へ行っても、中国の文人社会などへはそう容易に出入りすることが出来なかったので、雪舟のような名人が渡明しても、その伝えて来たのはやはり北画であった。ところが中国では南画的風尚が益々熾んになって、猫も杓子も南画をやる。遂には南画の画譜というようなものまで出版されることになりました。その画譜が長崎の狭い門戸を通して日本に入りこんで来た。祇園南海は黄檗の禅僧や、長崎派の画人の感化を受けたかも知れませんが、最も影響を蒙ったのは、唐六如等の編纂した八種画譜であったと言われております。ところで画譜は木版印刷でありますから、いかに巧妙に出来ているとはいえ、絵に最も必要な筆致などというものは、そのままに現わせるものではありません。日本の南画は直接中国の名筆を見て、その感化を受けたものでなく、印刷物を見て感動を受け、自ら一派を開いたものでありますから、中国そのままの翻訳ではなく、寧ろ一種の創作とも称すべきものである。しかもそれが立派な南画になっておって中国南画に比べても負けをとらぬ名作を出しているので、これが日本南画の特徴であると共に、日本の偉いところでもあります。

池大雅はこの祇園南海について南画の法を問うたと言われますが、大雅出でて日本の南画は画壇に動ぎない根柢を築きました。尤も大雅の絵は一種独特のもので、いわゆる南画とも違うものだと言われますが、元来南画には定まった型のないものですから、そうならば大雅の絵は益々以て南画的な南画とも言える筈です。

大雅の後に出て、大雅にまけぬくらい独特な絵を描いたのは青木木米である。大雅の絵と木米の絵とは、何処にあっても一目でそれと判るほど、著しい個性を持った絵であるが、どちらかといえば木米の絵の方が中国に近い、深いシナ趣味をもって描かれた絵であります。突拍子もない山の形も出て来ることがあるが、それが少しも不自然でない。大雅も木米も日本に渡った南画の名筆を見て歩いたと言われるが、今から考えると彼等の見たものは大抵上

木米筆　渓山行旅図

出来の偽物であったらしい。頼山陽の耶馬渓の紀行を読むと、董巨の筆のようだなど書いてあるが、当時の日本に董源や巨然などの絵が渡って来ている筈はない。尤も山陽の文は筆の綾であろうが、木米等の見た南画は兎に角そういうものがあったらしい。しかもそんな偽物に啓発されながら、その絵は真物の段階にまで到達している。

木米は山水を描くのに、皴法というものを非常に研究している。皴法とは大地のうねりを写すとでも言いましょうか、山や岩の地肌を現わす線の描き方ですが、ごく大体について言えば北画は直線に近く堅いが、南画は円味を帯びて柔らかである。南画の真価は皴法の巧拙によって定まると言ってよいのですが、これは大家でも中々むつかしいように見えます。ところで大雅の皴法は割合に単純であるが、木米の皴法は複雑で実に色々な描き方を苦心して発明している。これは木米が陶工であって、土をいじる経験から、山の形なども色々な形相を具えていることに深い理解があり、各個の場合に新しい手法を試みたためだと思われます。木米は庭園をつくるつもりで、他人が何と思おうと頓着せず、自分が好きな山や岩を並べた景色を思う存分に造って見たのであります。挿絵はその一例で、仙人掌（サボテン）みたいな、山といおうか、土の塊といおうか、そういうものを重ね上げて一つの風景をつくり、それが見事に成功しています。

併し木米について言いたいことは、彼の絵よりも寧ろ彼の焼物についてであります。

八

青木木米は明和四年〔一七六七年〕に生れ、文化文政時代を中心として働き、天保四年〔一八三三年〕、六十七歳で歿しております。生れつき器用な質であって、若い時には古銭の偽物を造ったこともあるそうです。当時古銭蒐集が一つの流行で、やはりこれも日本におけるシナ趣味に数えることが出来ます。木米はその古銭趣味から入って、古器物に対する興味を覚え、自分でも焼物を造ってみようと思ったのは、三十歳前後だということです。しかもその決心がついたのは、木村蒹葭堂（けんかどう）の所で陶説を見たことに始まる。当時大阪の木村蒹葭堂、号は巽斎（そんさい）という人が、関西における文人社会の一中心をなしていた。自身南画を描きますが、絵の方はあまり巧くない。それよりは沢山の蔵書があり古器物を所有しておって、それを人に見せて楽しむという誠に調法な大親分である。自ら、我が収蔵の物は、書画・詩

木村蒹葭堂の水墨画帖

文・地図・器物・異産の類、知らざることは、雅楽・管絃・猿楽・俗謡・囲棋諸勝負・妓館声色の遊、と言っているくらいで、これを一代前の元禄頃の町人に比べると、その趣味の変遷は同日にして語るべからざるものがあります。紀文や奈良茂等の豪遊よりも、静かな境地で自ら詩文をつくり、絵を描き、気に入った器物で茶を飲んで楽しむ、この方が内面的であり合理的であり、本当の贅沢である。木米は蒹葭堂の所で陶説を見て大いに心動き、やがて自分でも所有したくなり、陶説は単行本でなかったので、止むを得ず大金を投じて陶説の入っている龍威秘書一部八十冊を買い込んだ。当時この書は京都に三部、建仁寺と近衛家と某家だけにしかなく、その価は五十両であったという。木米も恐らくこの位の金を出したであろうが、そのために姉のらいしが身を売ったというのは作り事らしい。木米は苦心してこの陶説を読んだので、歿後にその訓点本が出版されている。

木米が本を読んでから製陶を始めたというのは、前に祇園南海が画譜を見て南画を始めたのと比較して甚だ面白い対照である。どうしてもこうなくてはならないという、結論の方が先に出来て、実地にそれを創作して見せたわけです。尤も陶器は多少中国から実物が来ていたので、木米もそれを見ていたに違いない。但しこれまで日本人は陶器というものに対して、少し間違った観念をもっていた。それは茶の湯の影響で、何でも天目茶碗のような黒い厚手のものが陶器の真髄だと考えていたらしい。〔野々村〕仁清、〔尾形〕乾山、〔奥田〕頴川などによって明るい美しいものが出来てきたが、その模様は大和絵風である。ところが木米は陶説に刺戟され、中国の陶器は天目茶碗のような真黒なものが本筋ではない、もっと高尚な上手物があることに気づき、実物も見たのでしょうが、そういう立派なものを造ってみようと思った。これにはまた当時の煎茶趣味の普及ということが与って力があります。

一体、禅寺から出たと思われる日本の抹茶作法は本場の中国では早く過去のものになっている。抹茶には天目茶碗が向くかも知れないが、煎茶にはもっと明るい派手なものがぴったりする。また抹茶には、一つの茶碗から多ぜいで飲み廻すという汚ない作法があったりして、この点、煎茶の方が余程合理的です。木米は抹茶茶碗も焼いたが、寧ろ多いのは煎茶茶碗であり、その方によりよく木米の真面目が現われています。

木米が初期に焼いた陶器は無落款であったといいます。言いかえると木米は、シナ焼の代用品を造ったのである。或いは意識的にシナ焼の偽物を造ったと言ってもよい。ところが段々腕に自信が出来てくると自分の銘を入れだした。これは非常に面白いことで、木米がそれほど心酔したシナ趣味というものに対して、単にこれを模倣するに止まらず、進んで自ら新境地を開こうというだけの自覚に到達したことを示すものであります。作品にもちゃんと日本の年号を入れております。これは大きく言えば日本文化の自覚である。

日本の文化は絶えず隣邦中国から影響を受けながら、よくこれを消化し、日本独特の風尚を出して来ているのであるが、中国も絶えず進歩している。それで或る時には、当時の中国のものをそのまま日本へ持って来るとそれが非常に珍しく、時には生硬な中国風のものがそのまま日本を風靡することがあり、日本を忘れて中国に心酔する風も生じて来ます。ところがやがて日本人も中国に追及し、別に中国が恐るるに足らぬことを悟ると日本の自覚が生じます。こういう経過を日本は何遍も繰返しているのであって、日本の自覚は唯一度だけ起ってそれで終ったのではありません。元寇の役は日本の政治的一自覚であり、鎌倉時代の新仏教は日本仏教の一自覚であり、本居宣長等の国学復興は日本文学の一自覚であります。そして木米の自覚は趣味上の一自覚ということが出来ようかと存じます。ここに至って木米の陶器は、シナ趣味の陶器でなく木米趣味の陶器であり、同時に日本的陶器でもあった訳である。

木米の陶器は彼の絵のように、そこに著しい個性が現われており、一目でそれと見分けがつきます。木米は頼山陽や〔田能村〕竹田と親交があり、そのためか器物に詩句などの文字を書き入れたものが多いが、これも一種のシナ趣味で、木米より以前にはあまり流行らなかったことであります。シナ趣味の陶器には、のちに彦根の湖東焼のあることは有名でありますが、木米以後一個人でこういう著しい個性を現わした型破りの陶器作者は、〔村田〕永翁があるだけであります。尤も永翁は明治に入っての人ですが余程木米の影響を受けていると思います。実は永翁のことは書いた本もなく、私自身も特別に研究したことがないので立入って説明することが出来ないのは残念ですが、これはもっと重く評価してもよい、注意すべき陶芸家であると思います。

九

江戸幕府の鎖国時代、日本は眠っているように見えてもその実、色々な方面でやはり飛躍的な進歩を遂げているのであります。シナ学の領域の上でも、日本は江戸時代の初めから享保まで百年ほどの間に、中国の宋から清朝までの発達を一足飛びに飛び越えて、就中山井鼎の七経孟子考文などは中国へ渡って、清朝の考証学の大家を驚かした。南画の方でも享保頃に南画が始まったと思うと、直ちにそれが長足の進歩を遂げ、大雅を出し、木米を出し、竹田を出した。内藤〔湖南〕博士の高説では竹田の画は清朝嘉慶〔一七九六―一八二〇年〕頃の南画の気分に合っているということです。そうしますと、日本の南画は僅かに百年ほどの間に、中国の唐から清朝までの発達を遂げていることになります。

一方この間に蘭学というものが発達し、これは随分束縛を蒙り不自由しながら、やはり江戸幕府末期までには一通りの骨格を心得るまでになっていた。蘭学の延長が即ち明治以後の西洋学でありますから、日本が欧米の技術を取入れたのは決して明治に始まったものでなく、更に遠い淵源がある。それにしても西洋学の進歩が明治以後非常な速度で行われたこともやはり事実であります。

江戸時代に蘭学の勃興に伴って一般生活の上にも、いわゆる南蛮趣味が盛んになって来た。これが明治以後の西洋趣味に接続するのでありまして、明治の初期、文明開化が叫ばれて以来、西洋の文物が大びらに日本に輸入され、従来の日本趣味、シナ趣味はこれによって大いに影響変化を蒙らざるを得なかったのであります。しかし過去においてシナ趣味を取入れて日本の生活と調和させたわれわれは、新たに西洋趣味を取入れても次第にそれを日本のものにして来ました。但し明治初期の社会の変動期に当って、急に表面に出てきたいわゆる新興階級の政治家や、実業家は、その趣味の点において再び原始的な奢侈から出発するような傾向があったことも否定出来ぬようです。更に前の欧州大戦中のいわゆる好景気時代において、一部に再び原始的な奢侈の再発足をしたことがありました。その余勢がついこの頃まで続いて来たと思いますが、現今は自戒緊粛の時代、これが反って日本趣味の誤った方向への道行に対する一大痛棒であってよいと考えます。

〔『日出づる国と日暮るる処』（星野書店、一九四三年）所収。底本は『宮崎市定　アジア史論考』上巻、朝日新聞社、一九七六年〕

III

全集未収録作品

大きな静けさ

私には美術のことも音楽のことも、皆目わからない。

その私が、文部省在外研究員という長い肩書を貰つて西欧の文明国に、たつぷり二年間留学する機会を与えられた。もつともこれはもう十五年も前の、昔のことである——ニュースとしては古すぎるし、歴史としては新しすぎるかも知れない——

猫に小判の譬えの通りで、名画を見ても音楽を聞いても、ただ感心するばかりで、ここぞと摑んだものは何もない。併(しか)し日本に帰つてから、ある音楽会のあとで、どうもピアノの叩き方が弱いようですね、と減らず口を利いたところ、座に専門の方が居られて、いや本当にその通りなんです、と賛成してくれた。力のこもつた、自信に溢れた音楽は、聞く人の内臓までゆすぶらずにはおかないのだが、小手先きの器用さで弾く音楽は、鼓膜を震動しただけで消えて行くものなのだ。

日本の自然は美しいが、大きさが足りないとよく言われる。私はまだこの言葉を全面的に肯定するほどの経験を積んでいないのだが、留学の往復の途上や、旅行の行き先きで、ずいぶんと大きな自然に出遇つて驚いたことがある。どうも日本では一寸(ちょっと)得られない大きさであると思う。

ナイヤガラの滝が雄大であることは、日本にも知れ渡つている。高さの百六十呎（フィート）は別に驚くに当らない。驚歎に値するのはその絶大な水量である。この滝は山羊島（ゴート）によつて東西に分けられているが、東側のアメリカ滝が幅一千呎、西側のカナダ滝が馬蹄形をなしている湾曲の幅に沿うて計ると、約三千呎ある。我々の、滝というものは帯をたらしたように、細い水が長く落ちるものだといつた概念にはちよつとあてはまらない。それはカーテンのように幅の広い水、いな、城壁のように厚い水の塊りの躍動である。

汽車でニューヨークを発つて、半日あまりすると、ナイヤガラ駅へつく。車から下りると停車場の建物がずしんずしんと揺れている。遠い雷のような、海潮のよせてくるような、何とも言えない無気味な轟音が前方から聞えてくる。汽車が動いている時は一向に気がつかなかつたのだが、この轟音は二十□〔判読不能〕四方に響き渡るのだそうだ。この距離は大阪と京都との間よりももつと遠い。

誰に道を尋ねる必要もない。ただ音のする方角へ歩いて行けばよい。滝見公園を横切つて見晴し台の欄干にもたれて眺めると、アメリカ滝の全貌が見渡せる。アメリカ滝は数年前に中央が崩れて、大きな岩の屑が滝壺を埋めたために幾分、風致を害していると言う。その向うがカナダ滝であるが、盛んに飛沫をあげて、霞のように滝の面を蔽つているので、はつきり正体が分らない。全体の中で九割以上の水量はカナダ滝の方に流れ、馬蹄形をなした崖の縁から、大量の水が中心の滝壺めがけて落ちこむのだから、飛沫も従つて高く上るわけである。

見晴し台というのは、アメリカ側から突き出した岩磐の上にあつて、アメリカ滝を側面から眺められる。ここから見た滝の水面は何とも言えず美しい。時にはガラスのように、時には陶器のように、時には磨かれた金属の面のように刻々に変り、その中に此方の眼がくらくらとして正視に堪えなくなり、飛沫の雲がわき上つてくると何も見えなくなつてしまう。

　見晴し台からエレヴェーターで滝壺の近くへ降りて行くと、そこに発動機船の発着所がある。船の名は霞姫という。四五十人の客を乗せて滝壺の近くまで漕ぎ出して、下から滝を見上げようという趣向である。船に乗る時に、消防夫の着るような合羽と頭巾をすつぽり、上からかぶせられた。いささか黄色味をおびた、むくむくと下から沸き上るような波の上を、我が霞姫号は危つかしく駛(はし)り出した。アメリカ滝の前を通りすぎて、カナダ滝の前へ来るともう何も見えず、何も聞こえない。飛沫は上からばかり落ちるような生やさしいものでない。四方八方から霰(あられ)と降りそそぐ。一秒間に二十万立方呎という莫大な水量が滝壺に落ちこみ、百五十呎の深さに潜つて再び浮き上るのだから、小さな霞姫は木の葉のように翻弄される。古い伝えによると、先住民のインディアンは、独木舟(まるきぶね)を操つて、この滝をすべり越したというが、身の毛のよだつような冒険である。もし本当なら神業とでも言うべきだろう。

　何よりも魂を消させるのは、万雷のような滝の轟音である。それは決して高い音ではないが実に大きな音である。強い音である。峡谷で雷が落ちた時の、耳を劈(つんざ)くような鋭い音ではない。前後左右上下から、身体全体を振動させて、滝壺へ引つぱりこもうとするような無気味な轟音である。時には猛獣の吼えるような、時には大砲が発射されたような、時には噴火口の唸りのような、耳を聾（ろう）する地響きである。恐らく気持のせいであろうが、つい耳元まで轟音が迫つて来て人を気狂いにしてしまいはせぬかと思うと、今度はずつと遠去かつて何も聞えなくなる、と忽（たちま）ち前にも増して大きな強い轟音が聞え出してくる。

手に汗を握つて、何十分たつたか、何時間たつたかも分らずにいる中、沫（しぶき）の中を抜け出して我が霞姫は帰途につく。大地を踏んでほつとするが、この大地も揺れている。エレヴェーターで上つて、滝見公園の平和な陽光を浴びながら漫歩していよいよほつとする。しかしこの公園全体が相変らず、ずしんずしんと揺れているのである。

あれは大砲の音、あれは雷の音という風に正体のつきとめられる中は、まだ本当の大きい音ではない。またそれが何処から出たとつきとめられるようでは、やはり本当の大きな音ではない。何処からとも知れず、何の音とも知れず、四方八方から人を包んで、単に耳を聾にさすばかりでなく、あらゆる感覚を奪い去つて人を叩きのめすのが本当の大きな音である。ナイヤガラの瀑布は、赤毛布（ゲット）の私にそうした貴重な体験を与えてくれた。

大きな音を出すには大きな仕掛けがいる。それは自然でも人工でもよい。ナイヤガラ位の大きな仕掛けがなければ、決してあれだけの大きな地響きは生れてこないだろう。そしてアメリカという大きな大陸でなければ、あれだけ大きな滝はできてこない。日本の自然ではせいぜい華厳の滝くらいで止るのは、何とも仕方がない。相手は人力の届かない自然のことである。

そんなら消極的な静けさには、大きさも小ささもないものだろうか。一億から一億引いた答えも零であり、一から一引いた結果も零である。数学的にはどの零もみな同じ零であつて大小の区別はない。ところが実際には、音が零になつた静けさにも、大きな静けさと小さな静けさとがあるのである。

山寺の茶室は四畳半大の静けさである。そよ風に揺られる笹の葉のすれあう音や、一声けたたましい杜鵑（ほととぎす）の啼き声やは、一層淋しさを増すかも知れない。しかし淋しさは静けさではない。四畳半大の静寂は、愛すべき静けさであるが、それは決して大きな静けさ、深い静けさとは言えない。ところが世の中には途方もなく大きな、恐しい静寂の世界があるものなのである。

私は留学地のフランスから抜けて、二月ほど近東地方を歩きまわつたことがある。近東は世界最古の文明が栄えた地で、世界史の最初に出てくる所だが、今はすつかり衰えて、日本人も滅多にこの方面には旅行しない。しかしヨーロッパや中国の文明が始まる頃までに、この地方は更に数千年も前から立派な文明が続いてきた土地であるから、歴史的には見逃すことの出来ぬ地方である。性来の物好きも手伝つて、私は単身で、全く言葉の通じないこの地へ乗りこんだものである。

この地方は海岸から少し奥地へ入るとすぐ一面の砂漠である。大きな河の沿辺には所々にオアシスがあつて、若し河水を引いて灌漑すれば天然のオアシスの外に、無限に広い耕地を獲得することも不可能ではない。古代文明はそうした人工灌漑のもたらした肥沃な土壌の上に発生したと思われるが、この灌漑事業が放棄されると耕地は忽ち荒廃してしまう。私は古代遺址のある町から町へ渡る時に、三度大きな砂漠を横断した。

その一回は汽車であつたから問題はない。他の二回は自動車で通つたが、旅費を倹約して、人間を貨物扱いにする安乗合に乗つたからたまらない。凸凹(でこぼこ)の荒涼たる平野の、道らしい道もない所を、只方角だけきめてガタガタの貨物自動車を無茶苦茶に走らせるのである。これで身体中、所きらわず打撲傷ができなければむしろ不思議というものだろう。

モスールの町を昼前に発つて、砂漠の中に乗り出すと青いものは何一つ見えない、全部が灰色の世界である。砂漠にも色々あつて、焼野原のような所もあり、一面の堅い粘土にひび割の入つた所もあり、谷間では細かい灰のような砂がたまつていて、濛々(もうもう)と灰神楽を立たせて車が進むような所もある。しかし共通に同じ点はひどく凸凹があつて、その上を通る車体が前後左右上下に方角をきめずに動揺することである。狭い座席に釘付けにされて足もろくに伸せない所へもつてきて、車が大きな石でも乗り越した時には、身体が一尺あまりも上へとび上る。どしんと落ちて背骨をしたたか打つたと思うと、今度は横倒しで頭を窓枠へぶつつける。しがみ付こうと思つてもしがみつく物がない。なまじいに妙な突起をつけておくと大怪我をする虞(おそ)れがあるから、余計な細工は一切してない。お客は転んだら起きればよい、転んだぐらいでは怪我をしないという寸法であるらしい。

半日ほどこの車に痛めつけられ、とつぷり日が暮れて人家の二三軒ある宿場に到着した。目指すバグダッドまで、まだ半分しか来ていないと聞かされて、がつかりしたが今度はここで夜を明かすのだと車から下されて、ほつと一息した。

人家といつても低い泥造りの家である。その外には見渡す限り何もない、只の平地である。人家の提供する薄暗い石油ランプの光で味気ない胡餅（こへい）の夕食をしたため終ると、相乗り客はみな思い思いの方角へ散つて、砂の上に倒れて仮寐（かりね）の夢を結ぶのである。

人家が戸をしめて灯を消すと、地上はまつ暗になる。そして真暗になると同時に、雄大な静けさが四方から迫つてくるのだ。

地上には風がない。風が吹いていても動くものがない。地平線はどこまでのびているか暗くて見えない。暗くなくても恐らく見極めがつくまい。地平線の果てると思わしい所から空が始まる。空には一片の雲もない。一面に星を鏤（ちりば）めた大きな半穹（はんきゅう）が地上を蔽つている。ただそれだけだ。どこまでも果しなく続く天と地とだけであとは何もない。

何という静寂さであろう。

星が時々チラチラと瞬く。その瞬きの音が聞えてくるような気がする。

これは偉大な静けさである。破ろうと思つても破れない雄大な静けさである。生きとし生ける物が悉くこの世から立ち去つてしまつたあとに残る、死のような静けさである。何という無気味さ、何という恐しさであろう。もし耳元で誰かが大砲をぶち放したとしても、その音はきつと粉のようにとび散つてそのまま大地に吸い取られてしまつて、ゴム風船が破れた位にしか聞えぬであろう。

洋服のまま砂の上にごろりと横たわつて、人並みに眠つてみようとしたが、あまりの静けさのためにどうしても寝つかれない。思えばこれまで、ずい分静かな夜だと思つた時でも、それが人家の密集した都会なら猶更のこと、人里離れた山里でも、たえず何等かの物音は耳に届いていたのだ。それはたとえ意識しない程でも、耳の鼓膜は何かの刺戟を受けて、その刺戟に安心して自分を眠らせてくれていたのだつた。ところが今夜は絶対の静寂である。私の耳は針先のように鋭敏になつて物音を探しまわつているのだが、何一つ聴覚に触れてくるものはないのである。目をふさげば耳はいよいよ敏くなり、目を開けば頭がいよいよ冴えてくる。とうとう一晩中まんじりともせずに夜明けを迎えてしまつた。

静けさにも大きさがある、これは私にとつて一つの発見であつた。

美しさと大きさとは本来は別物である。あの人には絵の大きいと小さいだけが分ります、というのは、絵のことは何も分らないという皮肉である。併し両者は全々無関係ではない。額の字は始から額の字として書かなければふさわしくない。どんな名筆でも細書を引伸したのでは、どこか間の抜けたものになる。名画の複製を見て勝手にその大きさを想像し、いざ原物を見た時に、意外に大きいので驚いたり、意外に小さくて失望したりすることがよくある。

大きさには強さが伴うのが普通である。量は何といつても圧力をもつからである。ところで強さとなると、これは恐らく美の一要素と言えるであろう。

展覧会用と悪口を云われるただ大きいというだけの作品は、絵であろうが、彫刻であろうが、これは論外とする。しかし同じ技量の作品であれば、大きなものの側に小さなものを置けば見劣りするのを免れない。

いては、無比の発達を遂げたものだと言うことができる。それにも拘らず、西洋画と並べて見た時に、何かしら引け目を感ずるのは私だけであろうか。東洋画には清潔さ飄逸（ひょういつ）さなど多くの特長をもつているに拘らず、西洋画のような強さ、逞しさに欠けているのである。

これは簡単に云えば歴史的な背景から来ていることである。即ち現在の東洋画は本の挿絵を主体としてそこから抜け出して掛物となつたので、云わば小さなものを大きく引伸したものである。ところが西洋画は壁画を主体として、そこから抜け出して額画となつた、云わば大きなものを縮めて出来上つたのである。そして最初の大きさに含まれた強さが、そのまま最後まで残つたのである、とこう説明するより外によい解釈が見つからない。何となれば中国の文化は、他の方面において、その強さにおいて決して西洋に劣つているとは考えられないからである。

日本の絵画はこれを中国に比べると更に力の弱い感じを免れない。これは日本の風土の優美性に帰せられる。確かにそれにも一理あると思うが、問題は過去でなくて将来にある。芸術がその国民の住む風土に拘束されて、その枠外に出ることができぬほどに宿命づけられているものなら、雄大な風土には常に雄大な芸術が生れ、繊細な風土には常に孱弱（せんじゃく）な芸術しか生れない、とすると、芸術家はひたすらにその郷土色だけを追求しなければならぬものだろうか。

決してそんなことはない。

アメリカ人だからと言つて何も凡ての人がナイヤガラの滝を見ているわけではない。それは丁度日本人だからと言つて何も凡ての人が松島や瀬戸内海の風景を見ているわけでないのと同じである。四面海に囲まれていながら、海を生涯見ないでしまう日本人すら多かつた。同時に東洋のものを見ていないとも限らない。

問題は感受性である。今は世界が次第に縮まつて昔のような遠い距離はなくなつた。身近い所でも探せばヨーロッパもあり、アメリカもあり、中国もあり、ロシアもある。日本の伝統の美を感じ取るセンスは勿論大切である。しかし日本美ばかりが美ではない。ヨーロッパ的な美も美であり、中国的な美も美である。美は根柢において通つている。その深い大きな地下水から汲み上げてこそ、始めて日本美も大成し得るであろう。

自然もまた日本の自然ばかりが自然ではない。太平洋の波も、ヒマラヤの雪も自然である。大きな自然もあり、小さな自然もあり、優雅な自然もあり、雄壮な自然もある。そしてあらゆる自然の中に美が存するであろう。

いけ花の世界も、近頃は昔から見るとずい分変つてきたようである。古い型に満足しないでこれを突き破ろうとする新派には、大きさと強さとを取入れようとする主張が見られるが、その気持には私も同感できる。但し大きさや強さは、ただそれだけでは美しさにならない。またいけ花の題材が自然の植物であるからには、いかに大きくし、いかに強くしようと思つても、そこには自ら一定の限界があろう。ここまで来るとその道の人でない私には、もう先が言えない。詳しくは専門の方に研究して貰うより外ない。

〔『華道』第十五巻第六・七号、一九五三年〕

はしがき〔『地獄の決闘』〕

今から十五、六年前に、フランス留学中の私は春の休みにイタリアを訪れ、ナポリに近いポンペイの遺跡を見学しました。この町はローマ帝国の盛んであった頃、貴族や金持ちの別荘のあった所で、人口が三万近くもあったといいます。それが突然、ヴェスヴィオス火山の爆発にあい、降ってきた火山灰のためにすっかり埋められてしまったのです。その時逃げおくれた二千人あまりの人が、六、七メートルもある厚さの灰をかぶって、生き埋めにされてしまいました。今から百年ほど前から、イタリア政府は、灰をかきのけて、二千年も前の町を掘りおこしました。私が行った時、灰を他処に運んだあとに現われた町の様子を見て、その悲惨な有様に強く心をうたれたものでした。これから行く人はきっと原爆でやられた町のあとかと思うことでしょう。私はそれからヴェスヴィオス火山へ上って噴火口をのぞきこみ、帰り途にまた高い所から、ポンペイの荒れはてた町並みを見わたして、この「地獄の決闘」原名「ポンペイ最後の日」の物語りを心の中に描きながら、一層感慨を深くしたものでした。今も私の机の引出しの中に、ポンペイの町で拾ってきた彩色をした瓦のかけらが転っています。

〔『地獄の決闘』カバヤ児童文化研究所編、カバヤ児童文化研究所、一九五三年。エドワード・ブルワー＝リットン『ポンペイ最後の日』(Edward Bulwer-Lytton, *The Last Days of Pompeii*, Richard Bentley, 1834) を改題〕

中国漢代の都市(1)*

I

三十年以上前、私が京都大学の学生であった時、指導教授の桑原隲蔵（じつぞう）による日知録の演習の授業を受けた。日知録は、清代の偉大な学者顧炎武（一六一三―八二年）が日々行った研究の覚え書きを集成した作品として名高いものである。覚え書きの一つは、共同体の長の機能、すなわち郷亭之職の機能に関係していたが（巻八）、これが私の注意を特に引いた。顧炎武はこの覚え書きで、漢の地方行政が他の全ての王朝のそれより優れていたと指摘している。実際、漢代には小さな共同体の長が大きな役割を果たしていた。政治家や高官、皇帝自身すらも、彼らを尊重し、彼らに敬意を示し、彼らの意見を政治に反映させたのであった。このようなことは後代には想像できないことである。この事実を説明するには、漢の社会がその後に続く時代とは異なる基盤の上に立っていたと想定する必要がある。過去は、現在を縮小しただけのものではない。過去は、現在が失った特別な性質を有していたのである。

漢代には三種類の小さな共同体が存在していたことが知られている。すなわち、郷、亭、りわけ困惑させてきたのは、漢代の史料に現れる次の三つの表現であり、それらは互いに矛盾するように思われたのである。

十里一亭[3]、十里一郷[4]、十亭一郷[5]

十という数字が必ずしも厳密に十を意味しないことは自明である。つまり、十は複数の意味で用いられているのであろう。しかし、それだけでは、これらの定型表現が提示する矛盾を解決することはできない。この問題について、私自身のこれまでの研究の結論に基づいて、ここで一つの仮説を提示したい。ただし、時間がないので、史料と証明の詳細には立ち入らない[6]。

まず、郷と亭であるが、これらの聚落は、城、あるいは郭とよばれる城壁によって囲まれた小さな都市であり、四方に門をもっていた。城壁の中の都市は、里と呼ばれる区画に分けられていた。そして、里は互いに街と呼ばれる大小の道によって隔てられていた。里もまた、垣、あるいは牆（しょう）と呼ばれる塀で囲まれており、それらには閭（りょ）、あるいは閭門と呼ばれる入り口が一つだけあった。里の中には百ほどの家屋、ないし家族があり、これら各々の「家」もまた、それぞれ牆と呼ばれる塀によって囲まれていたのである。里の唯一の入り口から、それぞれの家の門までは、巷（こう）と呼ばれる小さな道が通っていた。巷は非常に道幅が狭く、車がようやく通れるに過ぎない。住人は、都市から外に出るには、少なくとも三つの門を通らなければならなかったのである。すなわち、家の門、里の門、都市の城壁の門である。

このように説明される漢代以前の都市に特に特徴的であったのは、里の門であった。王、あるいは封建君主が誰かに敬意を表そうとする時には、当該の人物の住む里の門の前を馬車で通り過ぎる際に彼らはその頭を下げたのである。[7] 門には屋根があり、馬車で通行ができるだけの充分な高さがあった。前漢書（七十一）には当時の有力政治家であった于定国の父についての重要なエピソードが語られている。里の住人が、その門を修理するために集まった時、于定国の父は集まった者たちに次のように言ったというのである。「私は、今日まで多くの善行を積んできた。それゆえ、私の子孫は宮廷で高い地位に就くに違いない。だからこの門は、豪華な馬車が通れるほどに充分に高く、大きくしなければならない。後でもう一度立て直すよりも、先んじて、今から門を立派にしよう」。彼が予見した通り、やがて息子の于定国は大臣となり、この門を通って父をしばしば訪問したのであった。

高官が里に入る際には、高官の護衛が先に走って里の門番にこのことを知らせる。すると門番は、関係者に訪問者の到着を知らせなければならない。[8] 里のたった一つの門を通らなければ、里に絶対出入りできないというのは、確かにたいへん不便なことであったが、里の塀を切って、往来に面した私用の門を作ることは許されていなかった。唯一の例外は、一万戸以上の封土をもつ封建君主で、彼らにはこれが許されていた。[9]

すべての門は、それが都市の門であれ、里の門であれ、衛兵によって監視されており、夜には閉じられた。夜に里の外の大通りを徘徊することは許されていなかった。門を通らずに、家の塀を越えることも、里の塀を越えることも、都市の城壁を越えることも許されていなかったのである。家の塀を越えることを指す踰牆（ゆしょう）という言葉は、当時は非難されるべきことであった隣同士の男女の自由恋愛を意味していた。一方、塀の中で争うことを指す鬩牆（げきしょう）という言葉は、兄弟間の争いを意味し、これもまた非難されるべきことであった。都市の城壁を乗り越えた者は、厳しく罰せられ、足を切り落とす刖（げつ）という罰すら時に受けたのである。人々を塀で囲まれた区画に閉じ込める里の制度が、漢に先行する秦帝国の時代（前二二一―前二〇七年）から存在していたことは明らかである。秦の政府は、軍の半分を外国攻撃のために動員していたが、その兵を確保するために、里の門から入って左手に住む成人を全て徴した。[10]漢代に政府は毎年、八月に、厳しい人口調査を行ったが、人々は里の制度のゆえにこれを逃れることは出来なかった。

郷と亭は、その城壁の中に複数の里を含む都市であった。この点について漢の文書は、先に述べたように、十里一亭、十里一郷というあいまいな表現で述べていた。これら郷と亭の間に本質的な違いはないように思われる。郷は亭の一種にすぎず、ただ郷のほうがより重要で、より大きかったのである。亭が複数ある場合は、そのうちの一つが主要な中心的都市、すなわち都亭となり、都亭は他の亭を管理した。この都亭が郷に他ならないのであり、同時に亭の集合体を指す言葉でもあったのである。三つめの表現である十亭一郷とは、このことを意味するに違いない。他方、郷が複数ある場合は、そのうちの一つが都郷になったに違いなく、これが県と呼ばれた。県は、〔エマニュエル・エドゥアール・〕シャバンヌが

préfecture と訳したように県庁所在地のようなものである。

漢代の都市は、前代と同様、農業都市で、住人の大部分は農民であった。工業と商業はまだ栄えてはいなかった。全ての大都市には、市と呼ばれる商売のための特別な里があり、そこには商店があった。政府は、商人と職人は市の近くに、農民は門の近くに住めるように人々の居住地を配置する必要があった。[11] 農民は、夏には毎日、農作業に行くために門を出て、また帰ってこなければならなかったのである。都市の城壁の近くの畑は、負郭の田と呼ばれ、これは他の遠くの畑と比べて、より便利で、価格は高かった。[12] 城壁の近くには、貧民や窮民が住んだのに対して、行政府や公的な場所は都市の中心にあり、特権的な場所とみなされていた。

前漢の時代には、県が千五百八十七、郷が六千六百二十二、亭が二万九千六百三十五あり、合計すれば[13]三万七千八百四十四の都市があった。仮に一つの都市に平均して二千人の住人がいるとすれば、人口六千万人を超えなかった漢帝国の住人は、すべて都市に住んでいたことになるが、実際、人口の大部分は、都市に住んでいたのであり、ほんの少数の者だけが都市の外に住んでいたのである。このような状態は、漢以前から続いていた。この点に関連するが、往古の時代に実施されたという、いわゆる井田（せいでん）の制度について誤った考えが世間に広まっているようである。この制度では、全ての農民が、九つの区画に分けられたおよそ四百五十メートル四方の土地の一区画を国家から受け取る。うち八つの区画は、これを受け取った農民がそれぞれ自分のために耕し、この私的な区画から農民は生産物を得る。九つ目の区画は、真ん中にあるが、これは国家によって所有され、八人の農民によって共同で耕作される。国家は、ここからの産物を受け取るのである。多くの学者は、八人の農民は、恒常的な住居を中央の九つ目の区画の十分の二に当たる場所に構えていたと考えているが、私の考えはこれとは異なる。前漢書によれば、農民は各々の里に住み、農閑期には里で休む。春が来ると、農民は、都市外にある割り当てられた土地に働きに出なければならない。里の責任者は、毎朝、里の門の側に座り、農民が出ていくのを検分し、夕方には彼らが帰ってくるのを監視するのである。(14)この仕事は、畑仕事が終わる夏の終わりまで課される。農民は、畑に廬舎(ろしゃ)をもつが、これは物置か、あるいは昼食休憩のために使われるのであって、決して恒常的な住居ではない。これらの畑の小屋は、村ではないことに注意しなければならない。村という言葉は、漢代にはまだ存在しなかったのである。

各々の都市は、その周囲に畑を持ち、領土は円い形をとった。その直径はそれほど長くはない。なぜならば、農民は毎日、往き来しなければならないからである。畑の向こうには、耕作可能ではあるが、人が住まない広大な土地が広がっていたので、北方の遊牧民は、住人の知らない間に、中原の帝国の中心部にまで入り込むことが出来た。秦の初代皇帝始皇帝が、帝国の外に遊牧民を追い払った後、中国の住民を守るために北方の国境に長城を築かねばならなかったのは、このような事情があったからであった。

都市の数は、次第に減っていった。後漢の時代には、その数は一万七千三百三になっていた。これには二つの理由が考えられる。まず、都市が時間と共に次第に大きくなっていったことが挙げられる。中央集権化の政策は、人口の集中を引き起こし、人々は、小さな都市から大きな都市へ、大きな都市からより大きな都市へと移住し、もっとも小さな都市は見捨てられ、姿を消したのである。一方で、放棄された土地は兼併されて、荘園が形成され始めた。荘園は村の形をとった。政府が創設した軍人小作人による屯田は、中国社会にとりわけ大きな変化を引き起こした。前漢の時代（前二〇六年―後八年）において、屯田の目的は、国境近くの小さな弱い都市を強化することにあったが[15]、後漢（二五年―二二〇年）の末期には、屯田は多くの小さな村から成り、おのおのの村には六十の世帯があった[16]。これらの村は邨（そん）と呼ばれたが、この漢字は同じ発音の村の字で置き換えられ、村という漢字が一般的に村落を示すために使われるようになった。

　農民が都市に住むという原則は、晋の時代（二六五―四二〇年）までは特に維持されていた。当時、北中国を占領した異民族の王朝の一つに、原トルコ人である鮮卑人によって建てられた南涼がある。この王朝の創建者であった禿髪利鹿孤（とくはつりろくこ）は、黄河の西に位置する州の中国人を四〇一年に征服した後で、王の称号を名乗った。その後、禿髪利鹿孤は、大きな都市に根拠を定め、皇帝になろうとしたが、これを彼の大臣であった鍮勿崙は、次のように説いて、断念させた。「われわれの先祖は、北の荒野に王国を建て、蛮風を保っていた。文明化した生活を知らず、あちこちを遊牧して暮らしていた。城邑之制（城壁を有する都市）を取り入れることはなかったのである。われわれもまた中国人の生活をまねてはならない。中国人は城の中においておき、軍事行動のために非常に有用な資となる穀物と絹を増産させ、われわれ遊牧民は、つねに遊牧民のままでいるべきです。戦争の技術を磨き続けるのです」[17]。この発言は、農民と絹生産者が古代中国では都市住民であったことを思い起こさなければ、理解できないだろう。

最近、甘粛(かんしゅく)省の居延の地域で発見された漢代の木簡によって、漢代の都市の制度が明らかになった。この新出文書を研究した台湾の勞榦(ろうかん)教授によれば、人々は里に所属し、土地は、小さな都市である亭に属していた。里と亭が漢の社会の基盤であった。郡県と呼ばれる帝国の行政の制度は、この基礎の上に乗った表層的なものに過ぎなかったのである。

II

以上で、私は、漢代の都市の形態と住人の生活を概観した。この種の都市の起源はいったいどこにあったのだろうか。古代において、全ての都市は邑と呼ばれていた。東周の都であった最大の都市洛邑から孔子の言う十室之邑に至るまで、都市は大小にかかわらず邑と呼ばれたのである。邑のうち、封建君主の領土の都は、国と呼ばれた。そこには君主の宮殿があり、祖先の廟があった。中国の伝統的な歴史観によれば、文明が生まれた初めには一万を数える多くの封建国家があったとされている。封建国家は、戦争を経て併合されていったため、次第にその数を減らしていった。周の初めには、千七百しか残っておらず、春秋の時代（前八―前五世紀）には、せいぜい数十という数になっていた。しかしながら、封建国家の数が減っても、小さな都市は逆に増え続けた。それは人口増加と、中国文明が遊牧民や山岳民などの蛮族の間に広がっていった結果であった。都市生活が中国人の特徴であり、中国人と他の民族を分けていたのである。漢代の亭となったのは、これら往古から存在した数多くの邑であった。邑から亭への名称の変化は、秦の行政のもとで一般化されたようである。

封建国家の都は、往古から戦国時代に至るまでの間は、二重の城壁、すなわち内城と外城で囲まれていた。内城は、「城」と呼ばれ、敵の攻撃から君主を守るものであり、都市の中心の丘の上にあった君主の宮殿を囲んでいた。これは、古代ギリシアのアクロポリスに似た一種の城塞であった。一方、外城は弱い囲いにすぎなかった。これは盗賊や野獣から住民を守るためのものであると同時に住人の逃亡も防いでいた。この外城は「取り囲む」を意味する「郭」という言葉で呼ばれ、軍事的意味はなかった。大国の軍隊はしばしば隣国の都市の外城の内側に侵入し、略奪放火をおこなった。このような侵入は、君主に大きな経済的打撃を与えた。しかし、君主自体は、内城の中でよく守られており、たいてい安全で無事であった。とはいえ、やがて君主は都市全体の防衛を強化しなければならなくなった。その際には、内城ではなく、外城が高くされた。戦国時代の終わりには、都市中央の城塞は、ますます無視されるようになり、外城を主要な防壁とするようになっていった。こうして内城と外城の区別は失われ、全ての都市が外城しか持たなくなった。このような外城は、時に城、時に郭と呼ばれた。[18]

戦国時代の大国によって追求された中央集権化政策の結果、大都市は国家の都となった。

斉の臨淄には、七万戸の人口があった[19]。秦代の長安には始皇帝の離宮があったが、長安自体は小都市である郷にすぎなかった。劉邦は、この離宮に入り、やがて長安は前漢の都となった。この都市のプランは非常に不整形であった。都市は城壁で囲まれていたが、北側の城壁と南側の城壁は段々状になっており、それぞれ南斗と北斗に比された。人口は、八万戸を超えた[20]。宮殿は三つあり、帝室の先祖を祀る廟も三つあり、大門が十二、立派な橋が十六、市場は九つあった[21]。

時間と共に、特に大都市では商業が発展した。市場は重要性を増した。市場は、有閑人も引き付け、単なる物品の交換の場ではなくなり、市民が時間を過ごす公的な場所となった。市民たちがお互いを知り、政治的行動を起こすのもこの場所であった。市民は、邑里に閉じ込められていたとはいえ、市場のおかげで、開かれた社会を作り出すことが出来たのである。

始皇帝殺害を試みた、名高い刺客である燕の荊軻は、酒飲みで、燕の都の市場を二人の友人――一人は楽人で一人は犬肉屋――と共にぶらぶらすることを好んだ（当時は、犬の肉をよく食べていたのである。というのも、犬の肉は羊の肉よりも安かったからである）。荊軻は、楽人が音楽を奏でている間、歌い、笑い、最後には涙を流したのである。

斉が燕によって侵略された時、斉の大臣が王を殺し、王位を奪った。王孫賈なる人は、母親に言われて、市場で市民に呼びかけた。「母国〔斉〕の独立を望むものは我に続け」、と。彼は市人、すなわち市場の人を四百人集め、簒奪者を攻撃し、殺した。この市人という表現は、商人を意味していない。たまたま市場にいた人たちのことである[22]。

前漢の都長安の大学の近くには市場があり、大学の学生たちは月に二回この市場に集まり、書物や彼らの母国の物品を交換し合い、また哲学や科学など様々な話題について論議して時間を過ごした。

漢代の地方の小さな都市は、中央政府に派遣された役人によって支配されていたとはいえ、かなりの自治権を有していた。里には、何人かの父老がおり、大きな影響力をもっていた。小都市である亭には、亭長が県によって任命されており、警察の役割を果たした。しかし、住人を直接支配するのは、郷の代表者たちであった。郷の代表は三人、すなわち三老、嗇夫（しょくふ）、遊徼（ゆうきょう）で、彼らは特に重要な権力を行使した。三老は全般的な指導者で、嗇夫は税を徴収し、遊徼は警察署長である。三老は、精神的な指導者でもあり、高い権威を有し、皇帝自身も彼らに敬意を払わねばならなかった。

しかし、漢の取った中央集権化の方針は、都市の自治に反するものであり、最終的に自治を破壊し去った。一方で、人々の繰返される移動が、里の制度を全面的に解体した。北魏（三八六―五三四年）は漢の里の制度を復活させようとした。唐（六一八―九〇七年）は、里の代りに、坊とよばれる制度を作り出した。しかし、中国社会は、数世紀の間に大きな変化を被っており、唐の都市は、漢の都市と同じではなかった。まず、唐の都市は、もはやかつての農業都市ではなかった。それは兵士、役人、商人、職人、貴族のためのもので、農民のものではなかった。農民の大部分が、中国の広大な領域に広がる村に住んでいた。都市と村の併存が、唐代社会を端的に特徴づけている。唐代まで生き残った都市の数は、漢代の都市の数よりも少なかった。しかし、それらは地方の行政の中心となるに十分な大きさであった。[23]古代の小都市の大部分は、姿を消し、住人は村に散らばったのである。

唐の都市もまた城壁で囲まれており、都市の中は漢代の里に相当する多くの坊に分けられていた。しかし、かなり重要な違いもいくつかあった。漢の里の入り口は一つしかなかったが、唐の坊は概して、四方に四つの門を有していた。このことは、住人同士の交流をかなり容易にした。漢代には、ほんの少数の封建君主だけが、彼らの家の門を大通りに向けて建てることが出来た。しかし、唐代には、高位の貴族と仏教の大寺院に、大通りに向いた私的な門を持つことが許されていた。要するに、唐の坊の制度は漢の里の制度よりもかなり緩やかであったのである。以上の事実は、社会の進歩と人々の自由の増大を反映しているが、続く時代に里防制度の最終的な崩壊を引き起こすことになる。

唐代の人々は、時に広大な平地の中に孤立した村に住み、時に都市内の、里より開放的な坊に住んだ。唐の政府は、漢代の皇帝たちが里の制度を利用してそうしたように、住人を把握する必要を感じたので、人々を小さな集団に分けて、相互に監視させた。この政策は、住人の数と居住形態を考慮に入れて、入念に行われた。

村と同様、都市においても、住人は一定数の集団に分けられた。五つの家が一つの「保」を構成し、その構成員は、他の四つの保の行動に連帯責任を負った。さらに、それぞれの家は、近隣の家である「隣」との連帯責任を義務的に負った。「隣」とは、四方を接する家のことで、必ずしも同じ保に属しているとは限らなかった。[24]二十ほどの保を構成する百の家が里を形成し、その長である里正は、里のメンバーの中から指名され、民政と土地台帳の責任を負った。税を徴収し、犯罪を調べるのも、里正の仕事であった。最終的に、五つの里は郷にまとめられ、県の統治の円滑化が図られた。このように里と郷という言葉は、唐代には、漢代と全く違った意味で用いられていたのである。

このような一定の人数に基く集団とは別に、居住形態に基く集団もあった。農村地帯では、村落が一つの共同体を形成することが認められていたのである。その長は村正で、住人から選ばれ、特に治安の維持の点で里正を助けた。都市においては坊が半自治的組織としてあり、その長である坊正は、村の村正に相当した。

唐代には、農民は都市外の村に住み、都市の住民の大部分はもはや農民ではなかったことを強調しておくべきだろう。都市においては、多くの区画が市場として取っておかれ、商人がそこで店を開いた。農民は、原則として、都市の市場に生産品を売りに行き、必要な品を買いに行かねばならなかった。しかし、都市が村から離れていたならば、これは大変不便なことである。それゆえ、無認可で、私的な市場が形成されていった。このような市場は、交通の要衝で月に数回、臨時に開かれたのであり、そこには恒常的な店はなく、露店が集まり、草市と呼ばれた。しかし、これらの市場は次第に重要性を増していき、ついには恒常的な都市になった。ここに鎮と呼ばれる新しい都市の起源を求めねばならないだろう。鎮は、宋代以後、小さな商業都市として現れてくるものである。

他方、大きな都市の中では、取引が活発になるにつれて、商業を独占する市場の規模が十分でなくなってきた。こうして、城壁の門のすぐそばの都市の外側に、一種の草市が出来てくる。やがて、商人はいつしか、都市の中においても、法的に許可された市場の外にある大路や一般居住区内に店を構えるようになる。こうして都市全体が市場化するのである。[25] 同時期には、坊の塀は除去され、里坊に区画された都市制度を終わらせたのである。その結果、宋代の近世的大都市が形成されたが、これはまったくの商業都市であった。

東洋と西洋の都市の発達にいくつもの類似性があることには、驚きを禁じ得ない。世界史の土壌を深く掘り下げていけば、人間の本性の深部から湧き出る共通の源に突き当たることができると私は信じている。

（1）この論文は、一九六一年の四月十七日と二十日に私がコレージュ・ド・フランスで行った講演の原稿である。

（2）小畑龍雄「漢代の村落組織に就いて」、『東亜人文学報』第一巻第四号、一九四二年。松本善海「秦漢時代における亭の変遷」、『東洋文化研究所紀要』第三冊、一九五二年。曾我部静雄「都市里坊制の成立過程について」、『史学雑誌』第五十八編第六号、一九四九年。日比野丈夫「郷亭里についての研究」、『東洋史研究』第十四巻第一・二号、一九五五年。増村宏「晋南朝の符伍制」、『鹿大史学』第四号、一九五六年。王毓銓「漢代亭与郷里不同性質不同行政系統説」、『歴史研究』第二期、一九五四年。

（3）前漢書百官公卿表、県令長。宋書百官志、県令長。後漢書百官志、亭の注に引用されている風俗通。

（4）後漢書百官志、郷の注に引用されている風俗通。

（5）前漢書百官公卿表、県令長。宋書百官志、県令長。

(6) 詳細については、私の次の論文を参照。「漢代の郷制」、『史林』第二十一巻第一号、一九三五年。この論文は『アジア史研究』第一、京都（東洋史研究会）、一九五七年に採録。「中国における聚落形体の変遷について」、『大谷史学』第六号、一九五七年。「中国における村制の成立」、『東洋史研究』第十八巻第四号、一九六〇年。

(7) 軾（しょく）、あるいは式（しょく）という語は、馬車に乗った状態で挨拶することを意味する。魏の文侯は、段干木（だんかんぼく）の閭の前を通る時、そのように挨拶した（史記魏世家）。同様に、周の武王は、商容の閭の前を通る時、挨拶した（書経武成）。

(8) 説苑を見よ。その九の正諫には、「前駆報閭、曰君至」とある。これは斉の景公が大臣の晏子を訪問した際の話である。

(9) 初学記巻二四（居処、宅）に引用される「魏王奏事」を見よ。そこには「出不由里、門面大道者曰第。爵雖列侯、食邑不満万戸、不得作第。其舎在里中、皆不称第」とある。

(10) 前漢書食貨志と陳勝伝には、「発閭左之戍」の表現があり、前漢書鼂錯伝には「入閭取其左」とある。

(11) 管子、大匡第十八には、「凡仕者近宮、不仕者与耕者近門、工賈近市」とある。

(12) 史記蘇秦列伝には、「負郭田」の言葉がある。「帯郭田」（貨殖伝）は、最もよい畑を指しており、一方、「負郭窮巷」（陳丞相世家）は、最も悪い場所である狭い道を指している。

(13) この数字に正確な根拠はないが、私の計算では、亭侯に与えられた家の数は、三百から五百の間であり、それは千五百から二千五百の住人となる。

(14) 前漢書食貨志参照。

(15) 前漢書趙充国伝。

(16) 晋書食貨志参照。

(17) 晋書巻一二六の要約である。資治通鑑巻一一二も見よ。

(18) 一九三三年の私の研究「中国城郭の起源異説」〔『歴史と地理』第三十二巻第三号〕を見よ。この論文は、『アジア史研究』第一、一九五七年に採録されている。

(19) 戦国策斉策。

(20) 前漢書地理志、長安県注には、「戸八万八百、口二十四万六千二百」とある。これは漢初めの統計と思われる。

(21) 顧炎武歴代帝王宅京記の巻四「漢長安故城」参照。

(22) 戦国策斉策。

(23) 唐代において、県の数は六三九年には千五百五十一、七四〇年には千五百七十三あった。県の他には都市はほとんど存在しなかった。

(24) 四家為隣という言葉は、非常に曖昧である。四は、四海のように、しばしば四方を意味する。したがって、四家は東西南北にある家のこと

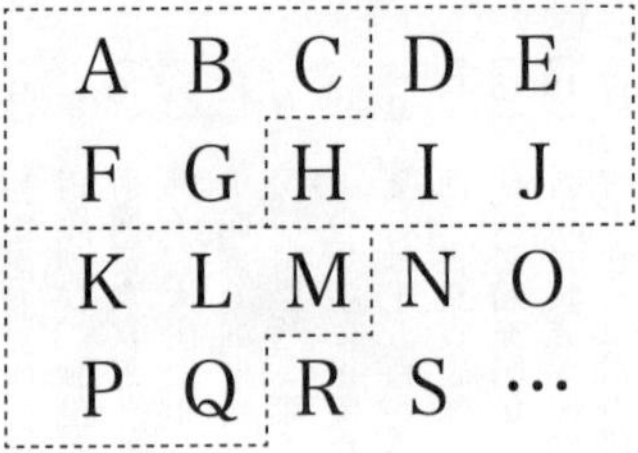

である。右図のCとH、GとH、IとH、MとHの家の間には隣の関係がある。このことは、ABCFGやDEHIJによって形成される保の関係と矛盾しない。この点については、私の小論「四家を隣と為す」、『東洋史研究』第十一巻第一号、一九五〇年と増村宏「唐の隣保制」、『鹿大史学』第六号、一九五九年を見よ。

(25) 加藤繁「唐宋の草市に就いて」、『支那経済史考証』一、東京〔東洋文庫〕、一九五二年。

〔« Les villes en Chine à l'époque des Han », *T'oung Pao*, Second Series, Vol. 48, Livr. 4/5, 1960, pp. 376-392〕

〔井上文則訳〕

中国における易占の発達[1]*

儒教の古典の中で、最も難しく、最も理解しがたいのは易経である。私はしばしばこれを読もうと試みたが、その度に途中で投げ出してしまった。率直に言って、私は易経をほとんど全く理解していない。なぜこの本は、理解が難しいのだろうか。その難しさはどこに由来するのだろうか。考えた末、この本の本質の部分は、卦(け)と呼ばれる記号にあり、本文はこの卦に対する解説に他ならないという結論に達した。易経には六十四の卦があり、それぞれの卦は六つの爻(こう)から構成されている。例えば、乾䷀と呼ばれる卦は、全て陽の六つの爻から構成され、一方、坤䷁と呼ばれる卦は、全て陰の六つの爻から構成される。残りの六十二の卦は、陰と陽の組み合わせから成る六つの爻で構成されるのである。易経の性格を明らかにするためには、まず、どのようにして非常に単純な爻から卦が発展して来たのか、言い換えれば、卦を構成するために爻を重ねていくその原理がどのようにして発達して来たのか、を明らかにする必要がある。

非常に古い時代の中国において、占いには主に二つの種類があった。一つは卜(ぼく)であり、もう一つは筮(ぜい)である。前者は、骨と亀甲を用いる占いである。占い師は、これらに火を接触させて接触面の反対側に瞬時にひび割れを起こさせる。そして、このひび割れの形が神の意志を解釈するのに使われるのである。卜の字は、ひび割れの形に他ならない。筮は、メドギの小枝による占いである。この種の占いは、その起源において、非常に単純な手続きを踏んだに違いない。箱の中に一定数の小枝を入れ、任意に複数回、枝を取り出す。残った枝が偶数か奇数かを数える。その際間違えないように、ペアにして並べる。そして、それぞれのペアはバツ印にして置く。爻の字は、これらバツ印を二つ組み合わせたものに他ならない。最終的に、残らずバツ印になったならば結果は凶である。枝が一本だけ残れば、これは吉である。吉になった場合、奇数であることがよりよく分かるように、三本の枝は（吉の字の上の部分の形に）造形された。吉の字の下の部分はもともと箱を表す凵であったが、後に口の字に置き換えられた。こうして吉の字の形ができたのである。なぜ口の字に置き換えられたのかは分からないが、おそらく吉兆は大声で伝えられたからであろう。

爻から派生した漢字はたくさんある。例えば、覺（覚）、嚳、學（学）。これらの漢字の冠の部分は、テーブルの上の爻を手で動かしている様である。冠の下に見という字を付け加えると、覺の字となる。同じく下に告の字を付けると、五帝の一人嚳の名になる。嚳は、一種の神だったのであろう。また下に子の字を付けると、學という字になる。教育や学校、教授に関係する字は全て、語源的には占いから派生しているのである。古代において、占いの技術は父から子へと世襲で継がれるものであった。子供は、つねに熱心な学習者ではなかったので、時にこれを叩いて教え込まねばならなかった。ここから教育を意味する斆の字が生まれた。(2) この字は、今日でも、この形で用いられることもあるが、これを単純化した教（教）

は、爻の形が二つ入っている。

もともと筮は非常に単純で原始的であった。結果は「はい」か「いいえ」かであり、これでは事態の複雑さには対応していない。例えば、戦闘の場合、勝利と敗北に加えて、第三の可能性もある。勝ち負けなしである。より正確な結果を得るために、占いを二度、三度することもでき、結果が二回連続して違った場合は、戦闘は引き分けと解釈された。ここから卦の字が出現した。この字の偏は土の字を二つ重ねているのではなく、占いの二度の結果を示している。旁に卜の字を付け加えることで、よく似た字との混同を避けているのである。

爻から卦への移行は、重大な発展であった。占いは神の意志を明らかにするものであり、不確かな結果は、全能の神にふさわしくない。それゆえ、占いについての考えを変えなければならなくなったのである。神の力は限定されており、この力を逃れる客観的な状況が存在する。神意は賢明さゆえにこれらの状況を知り、自分を信じる人にその状況を知らせることを欲した。そうすると、神意の示すところを知識で解釈し、その解釈に従って行動することが人に課されるだろう。これは、主観を重視する立場から客観を重視する立場への移行であり、神の意志から人間の知性への移行である。爻はそれ以後、もはや神の意志を表さず、全体の状況の解釈に必要な神意の一部を単に明らかにするにすぎない。その解釈に際しては、陰--と陽―の二つの言葉が考慮に入れられた。陽は奇数であり、太陽、昼、光、男性であり、一方の陰は偶数で、月、夜、闇、女性である。

☱ 兌　☶ 艮　☲ 離　☵ 坎　☴ 巽　☳ 震　☷ 坤　☰ 乾

爻を三度繰り返すと、異なる三つの組み合わせは上図のように八つできる。これが八卦で、八卦は易経においては、全てを内包するとされる。

私の同僚、森鹿三教授の考えでは、八卦の形は、それに対応する漢字の中に見つけることができる[3]。ところで、漢字は、秦の時代になってようやく、現在の形をとったにすぎない。その上、この時代には、まだ儒教は占いの本を取り入れていなかった。そのため、占いの本は秦の始皇帝の焚書を免れた。易経が儒教の経典である経に入るのは、漢の初めになってからであった。

易経には、爻を六回繰り返すとできる六十四の卦もある。卦にはそれぞれ名称があり、それぞれの卦の中で爻はその独立性を保っている。しかし、八卦六十四の卦に発達したことに大きな意義はなかった。単に、占いの手続きとその解釈がますます複雑化したにすぎない。

しかしながら、この発展の結果、非常に深刻な問題が起こった。それは蓋然性の問題である。神の意志を一回の手続きで爻によって占う場合は、その占いが実現する蓋然性は五十パーセントである。というのも、吉か凶かのいずれかの答えしかないからである。しかし、ひとたび占いの結果が様々に識別されるようになり、また占われる事例が増えるにつれて、占いが実現する蓋然性は下がることになった。占いのやり方は細かい点では、それぞれの状況に応じて変わってくるが、とにかく、明白な結果を得ることは非常に難しくなるのである。

この難しさは、様々な流派の多くの占い師が腕を競った時に特に明らかになる。この点に関して、司馬遷の後継者褚少孫（ちょしょうそん）は、非常に興味深い話を伝えている（司馬遷と褚少孫は史記の日者列伝と亀策列伝において、当時の名高い占い師を列挙しているが、その記述はあまり正確ではない）。漢の武帝は、多くの占い師を集め、息子の結婚式に予定されている日が吉か凶かを問うた。最初の占い師は良いと言い、次の占い師は悪いと言い、三番目の占い師は不吉ですと答え、四番目の占い師は大凶ですと答え、五番目の占い師は小凶ですと答え、六番目の占い師は小吉、七番目の占い師は大吉と答えた。占いが失敗したことは明らかである。一方で、六十四の卦で占うこの本は、哲学の本になっていった。六十四の形は、陰と陽を二つの極とする二元論哲学の考えに従って、森羅万象を含むものとされていったのである。儒教の徒は、二つの極を起点とする体系的な秩序を打ち建てようと試みた。六十四の形と宇宙の現象との間の対応関係を確立するだけのことであるならば、その作業は簡単で、実行可能なことであったかもしれない。しかし、彼らは、大きな障害にぶつかった。障害となったのは、経であった。経は聖典で、ひとつひとつの卦と関係づけられていた。ところが、その内容は、断片的で、雑多で、一貫しておらず、非常に曖昧なものであった。どこかの流派の占い師のメモのようなものであり、そこには秩序も、体系もなかった。しかし儒教の徒は、この経をあえて捨てず、古の帝王に由来する神聖な文書とみなした。彼らは、経の一語一語を研究し、理解しがたい注釈をつけた。経に付属する十翼の中でも経の直接的な注釈となっているものは全てとりわけて理解しがたいが、一方、同じ十翼の中でも、経とは独立した形で著された補論は、まだしも明快な内容をもっている。儒教にはその始めから、宇宙観が欠如していたのであり、儒教にそれを提供したのは易経であった。易経は、他の古典よりも遅れて儒教に取り入れられた。すなわち、儒教の徒と占い師が協力するようになったのは、儒教が支配的な地位に着いてからであった。占い師たちは、自らの地位を儒教の徒の中で改善させようと努め、孔子について新しい伝説を作り出した。すなわち、易経は、孔子がとりわけその晩年に最も重視し、この本の頁を止めていた革ひもが三度切れるほど読んだとしたのである。占い師たちの努力と社会の変化のおかげで、易経は、儒教の聖典の中で第一の地位に到達した。

占いの結果は不確かであったにもかかわらず、占い師たちは人間の弱さに付け入った。小枝による占いは、儒教の中で高い威信を持ち、他の占い方法を押しのけて、広まった。占い師たちは、生計を維持するために、占いの手続きを出来るだけ厳粛にすることに腐心し、その手続きは、ますます長く、複雑になっていった。爻を得るのに、三度小枝による作業を繰返した。その手続きは具体的には次のようなものである。まず、手に五十本の小枝をもち、そこから一本を引き抜き、残りを適当に二つに分ける。二つの束はほぼ同じ分量にする。続いて、四の倍数を二つ得るように、それぞれの束の数を減らしていく。そして最後に残った二つの束を足す。

一回目

次に同じ作業をもう二回行う。

二回目

$50 - 1 = 49$

$49 \to 25,\ 24$

$25 - 1 = 24$　　$24 - 4 = 20$

$24 + 20 \to 44$

三回目

$44 - 1 = 43$

$43 \to 22,\ 21$

$22 - 2 = 20$　　$21 - 1 = 20$

$20 + 20 \to 40$

$40 - 1 = 39$

$39 \to 20,\ 19$

$20 - 4 = 16$　　$19 - 3 = 16$

$16 + 16 \to 32$

この作業の結果出てくる数字は、三十六、三十二、二十八、二十四のいずれかにしかならない。そして、この数字を四で割る。割った数字が、奇数（九、あるいは七）であるならば、それは陽であり、偶数（八、あるいは六）であれば陰である。[4] これは数学的な観点からすれば、全く笑うべきことである。

易経は、神秘的な本であるとされている。実際には、その神秘的な性格は、卦の形の中にあるのであり、易経の本文にはない。神の意志、ないし知恵は爻の中に表されるのであり、ここに神秘があるのである。実際、占い師のメモの断片や残りかすからいったい何を引き出すことができるのだろうか。私は、易経の本質は、六十四の卦の形に他ならないと確信している者であり、それゆえに、易経の「神聖な」本文を無視して、爻から卦への発展を跡付けようとしたのである。

（1）　この論文は高等研究院中国部門において、〔ポール・〕ドゥミエヴィル教授の前で一九六一年五月二十五日に行われた講演原稿である。

（2）　この字は、殷代の甲骨に既に出てくる。羅振玉『殷虚書契考釈』〔永慕園、一九一四年、のち増訂して全三巻、東方学会、一九二七年〕、五五頁。

（3）　森鹿三「唯水史観」、『史林』第三十二巻第二号、一九四九年。例えば、乾の字には、☰の形を含む日の要素があり、坤の字には☷の形を含む田の要素が含まれている。

（4）　実際には、数字の九は陰に変わる。なぜならば、陽が多すぎるからである。数字の六は陰が多すぎるので、陽にならなければならなかった。

〔« Le développement de l'idée de divination en Chine », *Mélanges de sinologie offerts à Monsieur Paul Demiéville*, 1, Paris: Presses universitaires de France, 1966〕

〔井上文則訳〕

付録　宮崎市定と青木木米

リチャード・ピアソン＆一枝・ピアソン
井上文則訳

宮崎市定（一九〇一―一九九五年）は、二十世紀を代表する中国史家の一人であり、また東西交渉史を軸にした世界史の見方の提唱者であったが、同時に熱心な古美術蒐集家でもあった。宮崎の関心を引いたのは、どのような美術であったのだろうか。この論文では、宮崎の青木木米（一七六七―一八三三年）への関心に焦点を当てる。木米の中国への愛着と興味の対象の広さは、多くの点で宮崎と類似したものがあるからである。ここでは特に宮崎が大切にしていた木米の作品のいくつかを紹介することで、両者の個性がその中国趣味の鑑賞において、いかに共鳴し合っていたかを示したい。

宮崎市定は、現在の長野県飯山市に生まれた。父親は、高等女学校の教員をしており、中国の古典や仏典を含む、かなりの個人蔵書を有していた。宮崎は、松本高等学校と京都大学で学び、京都大学では内藤湖南（一八六六―一九三四年）の学生の一人であった。湖南は、唐と宋の移行期が中国史上の重要な画期、すなわち「近代」経済への移行期であると主張した人物である（Fogel

1996: 806)。宮崎は、一九三〇年代にはパリに留学し、西アジアを旅行して回った。一九六〇年代には、ソルボンヌ、ハンブルク、ボーフム、そしてハーヴァードの諸大学で教鞭をとった。宮崎の全集は、二十五巻から成る（宮崎 一九九一—九四）。顕著な業績としては、学士院賞を受賞した九品官人法の分析、清代の科挙制度の研究（一九七六年に英訳された）(Miyazaki 1976)、雍正帝（一六七八—一七三五年）についての詳細な研究、それに水滸伝の歴史的分析がある。晩年に宮崎は、論語のような中国古典の新訳も行った。論語の訳は、さらに韓国語や中国語にも訳された。宮崎は、明晰で読みやすい文章を書くことに腐心し、多くの一般読者を得た。

　青木木米は、京都の茶屋「木屋」に生まれた。青木の姓は、画家になってから名乗ったに過ぎない。木米は若いころ、美術と中国の哲学や詩文に強く惹かれていた。繁華な地の一角に育ったため、木米は、多くの興味深い、影響力ある人物と居ながらにして出会うことが出来た。彼らは木米の興味関心を助長するのに一役買った。十八歳の時に、木米は知識人高芙蓉（一七二二—八四年）の弟子となった。高芙蓉からは、篆刻、金石学、文人画、儒学、中国の美術工芸を学んだ (Beerens 2006: 51, Sasaki 2016, Rosenfield 1999: 2: 14)。木米は、高芙蓉のもとにあった中国の古器を学ぶことが出来た。また中国の古銭も集め始め、いくつかの模造貨幣も作った。高芙蓉を通して、木米は池大雅とも知り合うことになったにちがいない。大雅は高芙蓉とよく山野に遊んでいた (Rosenfield 1999: 2: 71)。

　木米は木村蒹葭堂（一七三六—一八〇二年）とも知遇を得た。蒹葭堂の家は、大坂の大きな造り酒屋であった。一七九六年には、木米は、蒹葭堂所有の「陶説」を研究することになった。「陶説」は、一七七四年に朱琰によって書かれたものである (Zhu, Bushell and Dentrecolles

1977)。木米の手になる和訳は、木米の死の二年後に刊行された。ただし、宮崎によれば、木米の訳文には多くの誤りがある（宮崎 一九七五、一〇頁）。木米の焼き物は革新的であったが、それは「陶説」を誤解していたためだったのか。あるいは誤解にもかかわらず、革新的であったのだろうか。木米はまた、奥田穎川（えいせん）（一七五三―一八一一年）と共に焼き物の研究も行った。穎川は、京都に定着した中国人移民の三代目であった。木米に関する史料は非常に少ない。木米は、文人たちとそれほど密な交流をもたず、自身の作品により注力していたように思われる。この点は、宮崎と似ている。

とはいえ、木米は、十九世紀初頭の京都の文人サークルに属していた。もっとも親密だったのは、田能村竹田（一七七七―一八三五年）と頼山陽（一七八〇―一八三二年）であり、彼らは、文人画の第二世代に属していた。第一世代には与謝蕪村がいた。第二世代の中には、様々な画風の画家がいた。例えば、田能村竹田は、古典的な清朝風の画を描き、浦上玉堂（一七四五―一八二〇年）と青木木米は一種の表現主義を追求した。頼山陽は重要な著作家で、先駆的な歴史作品でよく知られている（頼 一九七六―八二）。一八一一年以後、頼山陽は京都で学塾を開いていた。山陽のたいへん素晴らしい、流れるような字は木米の焼き物や、本稿の最後で取り上げる山陽の竹製の茶量に見られる。

木米と宮崎は、共に京都の文人気質を体現していた（Beerens 2006, Rosenfield 1999）。また両者は共に東山と鴨川に挟まれた京都の同じ土地で静かに生涯を送った。停年後、宮崎は、木米を含む多くの京都の芸術家たちが住んだ土地を日々散歩していた。両者は共に、物覚えがよく、独学で物事を始め、周りの人たちから考え方や物の見方を吸収していたのであり、その生育環境は芸術や学芸の主な庇護者であった裕福な大坂の商人とは異なっていた。両者は、既存の境界を越えて、新しい問題に目を向けた。共に中国を直接に幅広く見聞することはなく、中国は想像の中にあった。両者の中国についての解釈は、独特の日本的特徴を有していた。また両者は共に、ひねった、絶妙なユーモアの心でよく知られていた。宮崎は、何十年にもわたって、古美術店や古道具屋、あるいは毎月開かれる東寺の骨董市で、木米やその仲間たちの作品（とその模造品）を探していたが、それらを見つけた時の宮崎の喜びを想像するのは難しくないだろう。

木米は、様々な画の技法に巧みであった。ローゼンフィールドによれば、木米は一八二〇年から一八二七年にかけての期間、なかでも一八二四年にもっとも集中して画の制作に取り組んだ(Rosenfield 1999: 2: 185)。木米の作品の一部は、田能村竹田の作品に似ていた。竹田は、当時日本に輸入されていた清朝画に見られる正統派の画法に従っていた。島村幸忠は、事実上同じ構図で描かれた二つの竹田の画を紹介している（島村 二〇一六、六四頁）。一つは、竹田自身を、もう一つは木米を描いたものであり、両人とも茶を喫している。木米の画は、浦上玉堂のものにも似ている。玉堂は、山を硬直したアーチと円で、木の葉の輪郭をぶつぶつ途切れる線と点、そして傾斜した楔（くさび）の形で描いた。ローゼンフィールドは、玉堂の風景画を「日本美術史上、もっとも深く主観的で、創造的な絵画の一つ」とみなしている (Rosenfield 1999: 2: 170)。ローゼンフィールドが紹介する一八一五年に玉堂の描いた画は、以下で議論する一八二〇年代に描かれたと思われる木米の画と非常によく似ている。仲間の文人画家たちと同様、木米が日本の御用絵師たちの画を模倣したり、学んだりすることはなかったが、中国画については独自の評価を有していた。一八一八年頃に確立された木米独特の画風は、「化け物山水」と呼ばれた。木米が使った絵の具には「不純物」も混ざっていた。木米は、よく尖った竹製の器具で画を描くことを好み、時に陶器用の顔料を画に使ったのである。風景画は、墨だけで描かれるか、あるいは茶色や藍色でアクセントが付けられたが、これは焼き物の技法の影響を受けたものである（Sasaki 2016）。

木米の署名と印の種類は、同時代人と比較して少ない。「古器観木米」（古物を見る木米の意）、「聾米」（木米は、耳を近付けて窯の音を聞いてその火加減を調節していたことから耳を悪くしていた）、「九九鱗」（九十九の鱗の意）がそれである。九九鱗の号は、名古屋城の屋根を飾る金の鯱（しゃちほこ）を意識したものである。木米の父親は名古屋の生まれであった。木米はまた、「百六山人」（文字通り、百六の人）の号も用いた。木米という字は、十八と八十八という数に還元でき、併せて百六なのである。木は漢数字の十八を、米は同じく漢数字の八十八を縦に組み合わせた形に似ている。

以下ではまず、木米作、あるいは木米の作とされる画と焼き物の例を紹介する。

画

図一から図七の画は、木米の驚くべきレパートリーの広さを示している。風景、人物、お気に入りのもの、そして花、これらすべてが様々な画風で描かれているのである。初期の風景画は伝統的であるが、後期の風景画は挑戦的である。

図一と図二の風景画は、同じ主題を描いているが、異なる筆致で描かれている。いずれの画でも、傾いた木の下の蔭に、やや広々とした藁葺きの四阿（あずまや）があり、構図は元代の画家倪瓚（げいさん）の作品に似ている。倪瓚の描く孤独な木は、当時、文人を象徴するものとなっていた。木米は、この画を木版印刷で見たのだろうか。図一の画において、木は薄墨で濃淡をつけられている。後背にそびえる山

は、淡く描かれている。かすかであるが、黄色と茶色も用いられていた。画の上部には、「古器観木米」の署名がある。その下には「木米」の印が押してある。図二の画にも、同じ傾いた木と四阿があり、松葉を含む細かい描写が乾いた筆致で描かれている。図二の画は、木米が図一とは全く異なる画法を自家薬籠中としていたことを示している。図二の画には、「聾米」の署名があり、「文化元年秋記」と書かれている。印は判読しがたい。おそらく「聾米」の印であろう。これらの画は、もしその年代が正しいものであれば、木米の最も初期の制作にかかるものであろう。

図三と図四の人物画も異なる筆致で描かれている。図三は、神話的な人物、神農の画である。神農は、文字通り神的な農夫であり、五穀の支配者であり、古代中国人に農業と薬草の知識を教えたとされている。神農は、特徴的な姿勢で、薬効を確かめるために薬草の毒見をする姿で描かれている。木米は、重要な個人蔵書やコレクションを研究することで、また読書や友人たちとの会話を通して、古典中国文化の規範を明確に知っていたのである。木米は、神農の衣装の詳細を描くのに、慎重に絵の具を使った。神農の左側には丸い印が押されているが、判読できない。図四には、馬に乗った古典的な中国の人物が描かれている。三国志の英雄関羽の姿だと思われるが、画中にそう同定する要素はない。しかし、木版印刷の三国志は、十六世紀および十七世紀の中国で広く流通しており、日本にも輸出されていた。この画には署名があり、朱色の印影がある。

図五は、特徴的な化け物山水の画で、渓山行旅と題されており、木米が画に全ての時間を捧げ始めていた一八二〇年以後の作品に違いない。この表現主義的な画は、浦上玉堂のそれのように、風景と樹木を幾何学的な形を用いてそっけない筆致で表している。画中の小さな人物は、釘のように表現される灌木で覆われたサボテン形の山々の中を通ってゆっくり歩みを進めている。この画には

図三 神農の画。青木木米。「古器観木米」の署名あり（65 cm × 29 cm。写真は Thomas So。個人蔵）

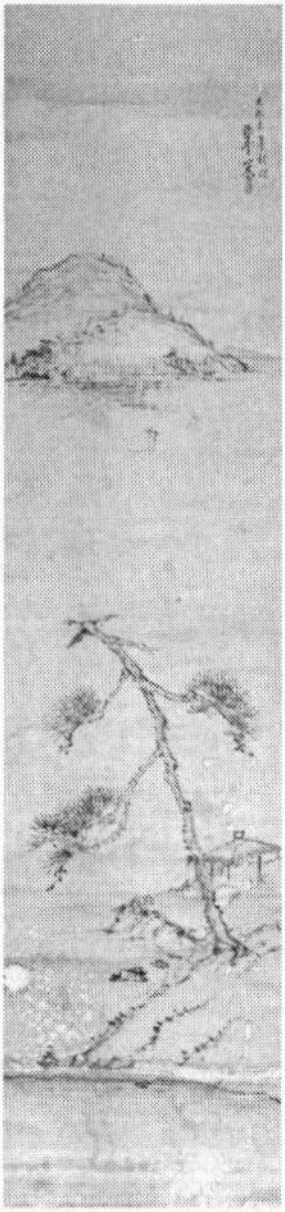

図二 樹木と四阿のある風景画。青木木米。「聾米」の署名あり（105.5 cm × 29.5cm。写真は Thomas So。個人蔵）

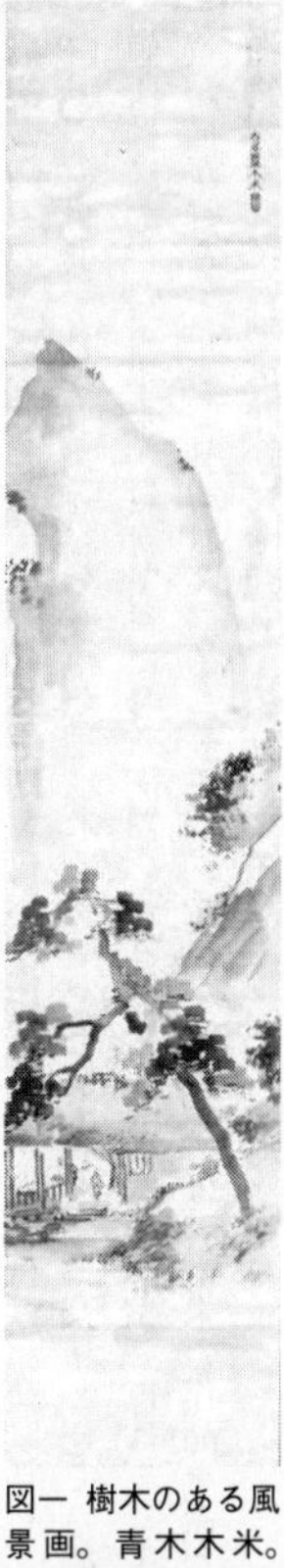

図一 樹木のある風景画。青木木米。「古器観木米」の署名と「木米」の印あり（135 cm × 26.5 cm。写真はThomas So。個人蔵）

青木木米の署名がある。宮崎がお気に入りの作品であった。

図六では、木米の煎茶趣味が急須と涼炉で表現されている。八文字の大きな草書で、「書の精神は、(草書の)下の画を読むようなものだ」と書かれている。この文言は、書かれた草書が、急須と全く同じく現実のものだということを意味しているのだろうか。書と茶道具は、共に同じ世界に属しているのだろうか。この画には、「陶工聾木米」との署名があり、二つの印が押されている。上は「木米」の印、下は「古器観聾米」の印である。

図七は、秋の蓮を、果托と枯れ葉で表しており、暗い薄墨で描かれている。画賛は、次のような意味である。「この冷たい世界で蓮の葉は、幾分か凍えているようにみえる。しかしながら、その葉は、露が付いているにもかかわらず、(まるで私のように)昂然と匂い立っている」。この画には、「百六山人によって戯れに描かれた」と署名されている。

陶器

先に述べたように木米は、中国の「陶説」を研究しており、そこに書かれていた技術の多くを習得しようと努めたに違いない。木米は、江戸後期において、煎茶と深く関係していた青磁を焼いた最初の陶工の一人であった。木米は、中国と日本の伝統技法を身に付け、交趾写し、染付、色絵、白磁、金襴手、南蛮手の陶器を作った。木米の作陶のスピードはゆっくりとしていたため、作品の値段は高かった。木米が自身で目にした陶器を書き写した『古器観図帖』には、ヨーロッパ風の風景が描かれた染付も載せられている(笠嶋 二〇一四)。以下では、木米の作品を盃と碗、文房具、置物、そして大型の花瓶に分類して紹介していく。

図四 馬に乗る古典的な中国人の画。青木木米（25.5 cm × 23 cm。写真はThomas So。個人蔵）

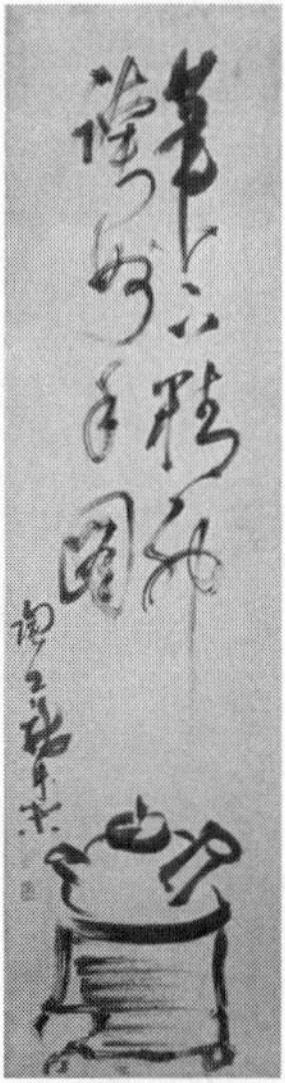

図五 渓山行旅と題された画。青木木米。署名あり（115 cm × 24.5 cm。写真はThomas So。個人蔵）

図六 急須と涼炉の画。青木木米（121 cm × 33.5 cm。写真はThomas So。個人蔵）

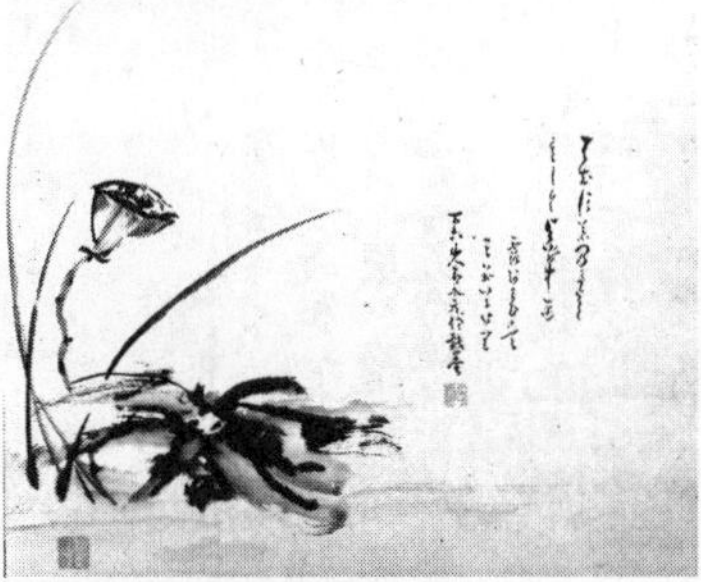

図七 秋の蓮の画。青木木米（44 cm × 54 cm。写真はThomas So。個人蔵）

図八の小盃は、赤と緑の色絵で、二つの枠の中にそれぞれ二本の菊があしらわれ、枠と枠の間には赤丸が描かれている。高台の裏には、「聾米造」の三文字が書かれている（図九）。白い地の部分には貫入が入り、素地は密で、重い。

図十の頼山陽の美しい草書がある灰色の茶碗は、木米と山陽の友情を示している。書には、「聞花落地無静」とあり、意味は「非常に静かなので、花が地に落ちるかすかな音すら聞こえた」である。茶碗の腰には、「山陽外史」の四文字がある（図十一）。外史は、山陽の主著の題にもなっている。茶碗の背は高く、高麗写しである。軽い素地に、温かい象牙色、ないしベージュ色の釉薬がかけられ、素晴らしい貫入が見られる。高台は高く、焼成の際の支えになった四つの僅かな部分を除いて、完全に釉薬がかけられている。畳付けは、少し砂交じりである。

図十二の青磁の独創的な形、細かな装飾、厚い緑青磁釉、高台の切り口は、いずれも木米の特徴を示している。同様の切り口と赤みがかった畳付けは、満岡忠成が木米の陶器研究において紹介した他の作例にもみられる（満岡　一九九〇、図六、五八）。また特徴的な暗い青磁釉も、満岡の一九九〇年刊行の書物の図二十二に挙げられている（満岡　一九九〇）。図十二の陶器が、型に入れて造られたのは明らかである。口縁の外側の垂直の表面には、八つの花弁が浅く浮彫されている。碗の外側は、花弁状の沸き立つ波模様で装飾されている。

宮崎の考えでは、次の四つの文房具は、木米の手になるものである。しかし、それらには署名も印もない。最初に紹介する五つの山のあるアーチ形の筆架は、素地は黒く、その上に青白い緑釉がかけられている（図十三）。素地には、抽象化された樹木と灌木、笹と松葉が彫り込まれている。碗の中は空洞で、底には二つの大きな穴が開いている。図十四は、四つのぎざぎざの山をもつ魅力的な

図八　赤と緑の色絵の小盃。青木木米。「聾米造」の署名あり。（直径 6.5 cm。個人蔵）

図九　図八の底面。

図十　頼山陽の書がある茶碗。青木木米（幅11.7 cm、高さ 7.5 cm。個人蔵）

図十一　図十の茶碗の腰の部分には「山陽外史」とある。

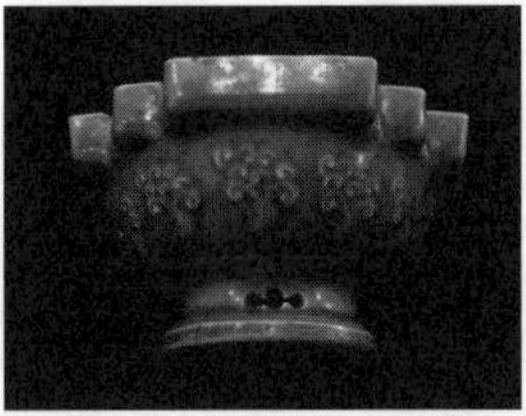

図十二　青木木米作と推定される青磁。三田焼。1800年頃（幅およそ 13.5 cm、高さ 8 cm。個人蔵）

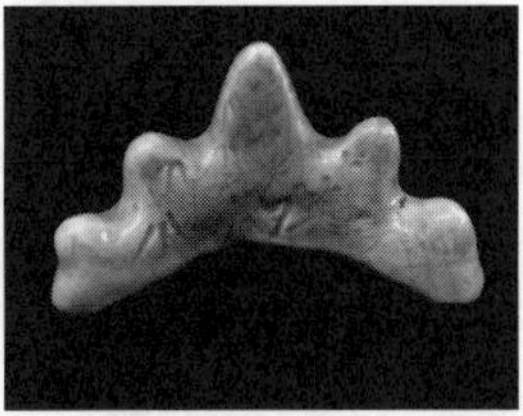

図十三　五つの山の形をした筆架。青木木米作と推定される（幅16.5 cm、高さ 7 cm。個人蔵）

筆架で、ガラス化した素晴らしい、密度の高い土でできている。表面は、岩に似せて切られている。釉薬を透かして、非常に細い黒線で描かれた山上の建物や樹木が見えている。

図十五の小さな筆洗は、木米のものと同定できる署名や印はないが、木米の作品の特徴を多く有している。八角形の形は奇抜で、装飾は意図的に稚拙さを装っている。染付の風景は、中国の風景をヨーロッパ風にしたもののように見える。これは『古器観図帖』に描かれている作品に幾分か似ている（笠嶋 二〇一四、六七、七三頁）。小さな金継もみられる。図十六は、染付の小さな一対の硯屏（けんびょう）であるが、木米の文人趣味を反映している。左側の硯屏には、月門のような丸い空きがあり、三方の枠には雷門帯の装飾が付き、下枠には同心円の模様が並ぶ。方形の足が二つ付いている。一方の側面には、「大明万暦年製」の六文字がみられる。右側の硯屏は、中央に馬、周りに蝙蝠が描かれた丸いパネルを有している。


木米は置物も焼いた。図十七の達磨の坐像は、暗い色調の青磁である。頭のあたりに二つの小さな空気穴が空いている。顔には釉薬がかかっておらず、暗茶色の素地が露出している。見開いた眼は、印象的に表現されている。二つの特徴的な「木米」の印が底部に押してある。図十八は、石灰岩を模した、中空の堂々とした様式化された中国風の焼き物で、サイズは幅十七・二センチ、高さは十七センチあり、おそらく床の間の飾りのために造られたのだろう。もとの灰色がかった素地には、雨風にさらされた岩を覆うコケを模した彫刻がなされ、質感が出されている。茶と白の釉薬がかけられている。岩の端には、三つの暗褐色の茸が配されている。典型的な二つの「木米」の印が、底ではなく、茸のやや後ろの側面に押されている。印の表面には、釉薬がかけられていない。

図十九の、漢字の書かれた、大きな鉄釉の花瓶は、木米の独創性を示す作品である。この奇妙な

図十五　染付の筆洗。おそらく青木木米作（幅8.5 cm、高さ 3 cm。個人蔵）

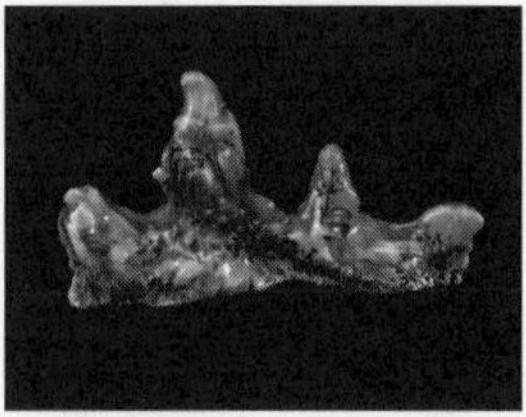

図十四　四つのぎざぎざの山の形をした筆架。署名も印もないが、おそらく青木木米作（幅10 cm、高さ5 cm。個人蔵）

図十七　青磁の達磨の坐像。青木木米。「木米」の印が像の底部に押してある（幅7.3 cm、高さ 6.2 cm。個人蔵）

図十六　硯屏一対。染付、青木木米作と推定される（共に幅9.8 cm、高さ9 cm。個人蔵）

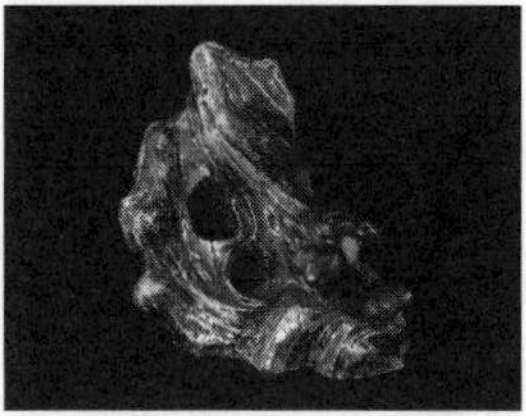

図十八　置物。青木木米（幅17.2 cm、高さ17 cm。個人蔵）

花瓶は、水漏れし、水がしみ出てくる。いったい、どのように使われたのだろうか。水漏れすることで、中の水は冷たく保たれただろう。宮崎の考えでは、白釉で書かれている漢字の内容は、左の通り、木米が漢字で表記した日本の民謡である（図二十）。この民謡は日本ではよく知られたもので、その言葉は京都弁に近い。この民謡の横に、「九九鱗木米作」と同じく白釉で署名されている。

古無辺賀多年末久　ゴンベガ　タネマク
賀良寿加保世久留　カラスガ　ホゼクル
佐無登仁以千登和　サンドニ　イチドハ
追波寿和奈留末伊　オハズバ　ナルマイ
寿無辺良寿無辺良　ズンベラ　ズンベラ
九九鱗　木米作

漢字には意味がなく、音で読むと、日本でよく知られた農夫ごんべさんの古い民謡になるのである。ごんべさんは、カラスに食べられることになる種をまく。ごんべさんは、種まきの際、三度に一度、カラスを追い払う。京都弁では、ずんべらは、だらしない、のろまな、なまけたを意味する。宮崎によれば、木米はこの民謡を、この花瓶の形が伊部（いんべ）焼の種壺に似ているから選んだのである（宮崎 一九七五、二六―二七頁）。この花瓶は、質朴な田舎暮らしを思い起こさせてくれる。

硯

木米は、陶硯、筆架、硯屏、そして小型の置物も作った。木米は常に陶器の新しい表現を求め、絵画においてもその署名において一陶工であることをしばしば示した。以下に紹介する七つの陶硯は、木米の技量と多芸さを示している。木米は、芸術愛好家で、様々な形態や趣きの作品を作り出した。また、非常に密度の高い素晴らしい土に様々な釉薬を施し、青磁、白磁、黄瀬戸、染付を焼いた。木米は、おそらく、上質の中国の陶硯を見たことはなかったのであろう。木米の陶硯はやや薄いからである（宮崎 一九七五、一九頁）。

　図二十一は、瓢箪の形をした暗緑色の青磁の陶硯で、墨池に接して花の文様が付けられている。瓢箪型の硯は中国にもあるが、この陶硯はそれらとは異なりきわめて日本的なものであると宮崎は見ていた（宮崎 一九七五、一七頁）。硯の裏には、図二十二のように、一・二センチの「木米」の印が押されている。他の陶硯と同様、裏面は滑らかで、灰色をしている。

　図二十三の陶硯には、木米の印も署名もないが、木米の特徴をすべて有している。美しい白いクリーム状の釉薬が厚く塗られており、中国や朝鮮の古典的な白磁に比べて、たいへん温かみがある。墨池の近くには花が彫られている。墨をする墨丘には、半透明の釉薬がかけられており、釉薬を通して、素地が透けて見えるようになっている。石製の硯に似ている。

　宮崎は、図二十四の硯は、北中国の澄泥硯（ちょうでいけん）を再現しようとした作品だとみなしていた（宮崎 一九七五、一六頁）。澄泥硯というのは、汾河（ふんが）で見つかる沖積土から作られた硯で、宮崎によれば、大変な労力を用いて作られたものであった。中国では、その泥は、つきあわされて板状にされて、石に対するかのように彫刻された（Suzuriya 2016）。木米の作品は、澄泥と似た土から作られているが、それほど出来は良くない。この木米の作品は、彫刻されたというより、型に入れて作られたものであろう。それはまた泥漿（でいしょう）をかけられ、丁寧に磨かれている。内部は空洞になっていて、お湯を入れて、冬に墨が固まらないようにすることができた。表面には、取っての二つある青銅器の浮彫がある。裏には象が浮き彫りされ、「木米造」の字が彫られている（図二十五）。宮崎は、この陶硯が実際には使うことが出来なかったと言っている。

もう一つの陶硯（図二十六）は、斑点のついた青白い象牙色をしており、石のようにされている。宮崎は、この陶硯を黄瀬戸の一種とみていた。釉薬は、非常に控え目にかけられており、無造作な丸い形とその仕上げは、木米の美意識を示している。「静逸」の二文字が、盛り上がった白の釉薬で書かれている。この陶硯の美しさの一斑は、この字がかすかに見えるところにある。裏には、「聾米戯作」の四文字が彫られている。

図二十七、二十八、二十九の三つの陶硯は、すべて染付である。図二十七には、頼山陽の字で、「雲煙層畳」と書かれている。「雲煙層畳」の反対側には、頼襄（のぼる）の名も見られる。図二十八の陶硯の墨池の周りには、「福自天来」の四文字が書かれている。装飾は、蝙蝠と雲で、側面には雷文が付く。裏には、「木米」の二文字の印が押されている。最後の硯（図二十九）には、暗青色の鬼が付いており、鬼の口の部分は、青みがかったクリーム色で、墨池となっている。この陶硯には、署名も印もない。

木米の師友

宮崎は、木米に関係する作品も沢山集めていた。以下では、木米の師であった奥田穎川、木米の後継者とも言うべき村田永翁（ながおさ）（一八四一―一九二二年）、そして木米の友人で、尼僧、高名な詩人でもあった大田垣蓮月（一七九一―一八七五年）の作品を紹介する。木米は、奥田穎川と共に、詩作を学び、一七八〇年代に、中国の陶磁製作についての多くの技術を習得した。木米様式の作品

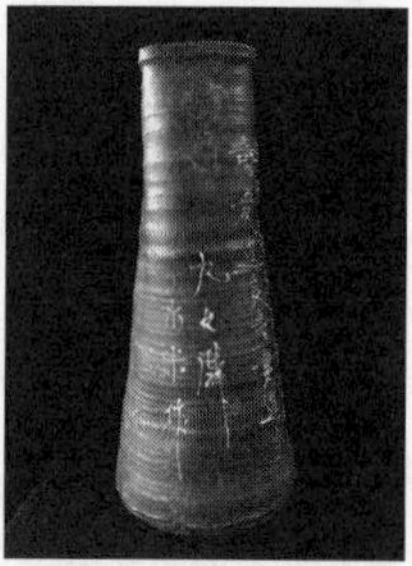

図十九　漢字の書かれた花瓶。青木木米。「九九鱗木米作」と白の釉薬で署名されている（基部の直径15.5 cm、高さ35.5 cm、口は矩形になっており9 cm × 9 cm）

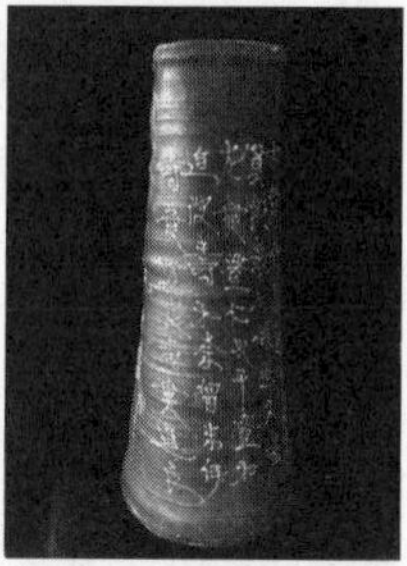

図二十　図十九の花瓶には漢字で日本の民謡が表記されている。

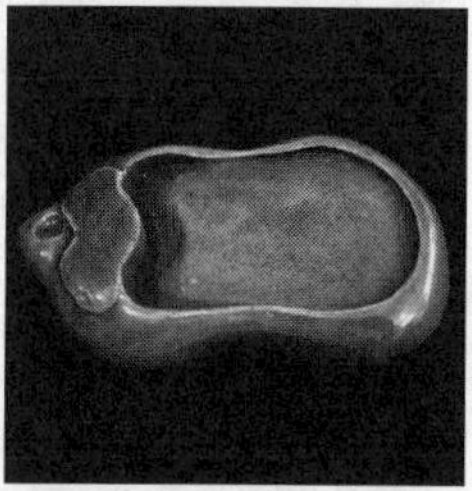

図二十一　瓢箪型の青磁の陶硯。青木木米（長さ16 cm。個人蔵）

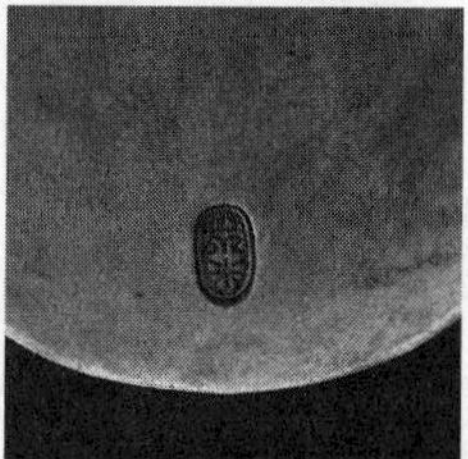

図二十二　図二十一の陶硯の裏に押された「木米」印（個人蔵）

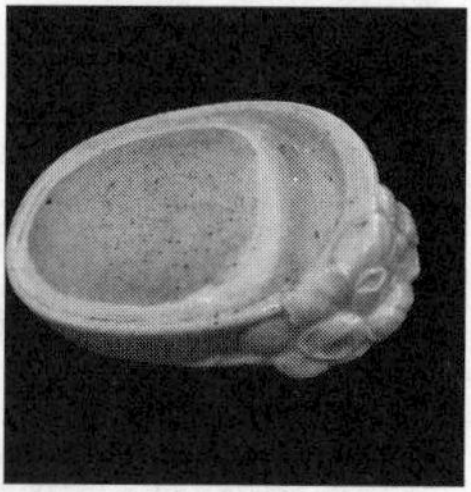

図二十三　白の釉薬のかけられた陶硯。青木木米作と推定される（長さ13.6 cm。個人蔵）

図二十四　澄泥硯風の中が空洞の陶硯。青木木米（長さ14.3 cm。個人蔵）

た。

は、永翁によって作られた。蓮月は、優れた画家で、陶芸家で、詩人であった。彼女の手助けで、画家の富岡鉄斎は育てられた。なおこの鉄斎は、木米の『古器観図帖』を所有していた（笠嶋 二〇一四）。蓮月は、貴族として育てられ、二度結婚し、五人の子供がいたが、三十歳で寡婦となった。

図三十は、奥田穎川の赤と緑の色絵の茶碗で、やや高い高台をもっている。素地は灰色で、高台の一部を除いて、白い釉薬が厚くかけられ、赤い菊の花と赤い尾をした緑の鳥が描かれている。口縁の内側には、楕円と網目の模様が赤色で施されている。高台の直ぐ上には、穎川の字が赤の釉薬で書かれている。釉薬は全体に非常によく施されており、その白色は明るく、むらがない。

次に、永翁の作品を五点紹介する。すなわち、置物三つと筆洗と皿である。図三十一と図三十二の一対の中国の文人の置物は、特に風変わりなものである。図三十一の置物は座っており、図三十二のほうは立っている。両方とも手で形が整えられており、中は空洞である。手に開いた書物をもっている図三十一の置物は、衣服には茶色の釉薬がかけられているが、頭と手と顔には、釉薬がかかっていない。衣服の茶色の釉薬は、まるで衣服が織られたものであるかのように焼成されている。書物には白い釉薬がかけられている。この置物は、厚手で、重たい。底には「永翁」の印が押されている。髪の毛と髭には白の釉薬がかけられている。装飾の付いた腰紐を身に付け、結わえた頭には、帽子を被っている。これらの置物の顔の表情は、永翁の優れた技量とユーモアのセンスを示している。茶色の釉薬は、図十八の木米の置物に使われていたものと同じである。図三十二の立像の置物は、その造形も、釉薬も、表現も図三十一の坐像と同じである。この点も同様に、「永翁」の印が底に押してある（図三十三）。

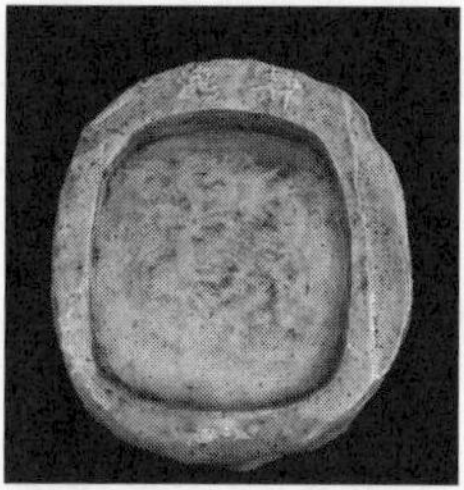

図二十六　青白い象牙色の釉薬のかけられた陶硯。青木木米（長さ 13.5 cm。個人蔵）

図二十八　染付で漢字、雲、蝙蝠、雷文の書かれた陶硯。青木木米（長さ 11.5 cm。個人蔵）

図三十　赤と緑の色絵の茶碗。奥田穎川（口径12.3 cm、高さ10.5 cm。個人蔵）

図二十五　図二十四の硯の裏側。

図二十七　染付の陶硯。頼山陽の書がある。青木木米作と推定される（長さ 16.6 cm。個人蔵）

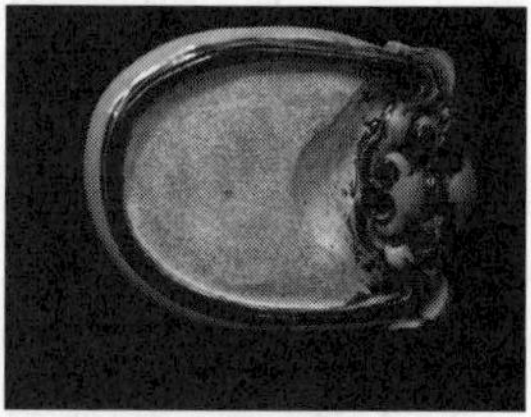

図二十九　鬼の顔のあしらわれた陶硯。染付で鬼の細部が表現されている。青木木米作と推定される（長さ 16.1 cm。個人蔵）

図三十四も永翁の作品で、手に開いた書物を持った中国の文人の小さな坐像の置物である。この置物は、そのスタイルも表現も装飾の細部も、先に紹介した大型の置物と似ている。しかし、衣服の下部と開いた書物には、厚く白の釉薬がかけられており、着物から出ている右足は、赤く彩色されている点が異なる。衣服の茶色の釉薬は緑に近い色合いをしている。底には、「永翁」の印がある。

永翁の手になる筆洗と皿は、彼の造形と釉薬の技術の高さを示している。灰色の釉薬がかけられた筆洗には、三日月と秋草が白の釉薬で描かれている（図三十五）。筆洗の背は非常に低く、畳付けはざらざらしている。高台近くに「永翁」の印が押されている。この筆洗には、金色の目をした暗灰色のたいへん印象的な狸が付いている。狸の毛並みは、見事な線描で表現されている。図三十六の浅皿は、暗灰色の素地で、色彩と質感の組み合わせが絶妙である。畳付けを除いて、皿の裏には、丸鏨（まるたがね）で付けられた小さな点が同心円状に三列配され、花の枝の文様が切り込まれている。畳付きの内側には、白釉が一部かけられており、「永翁」と書かれている。皿の表は、白の釉薬が厚くかけられ、松、竹、梅が描かれている。しかし中心には、野生の茶の葉と花が彫り込まれて、そこには釉薬はかけられておらず、茶色で彩色されている。

蓮月の作品としては、字の彫り込まれた香箱と画がある。香箱は、狸の形をしており、密度の高い、硬く焼成された素晴らしい灰色の素地でできている（図三十七）。狸の毛並みは、軽くひっかくことで表現されている。香箱には印も署名もない。しかし、蓮月の作品と共通する点をもっている。図三十八の画には、青黒い滝と木が描かれ、木は茶色で点描されている。

このコレクションの最後の作品は、竹製の茶量で、頼山陽の素晴らしい書が書かれている（図三

図三十二 中国の文人の立像。永翁（幅10.3 cm、高さ20 cm。個人蔵）

図三十一 中国の文人の坐像。永翁（幅16.5 cm、高さ15 cm。個人蔵）

図三十四 小型の中国の文人の坐像。永翁（幅7 cm、高さ6.5 cm。個人蔵）

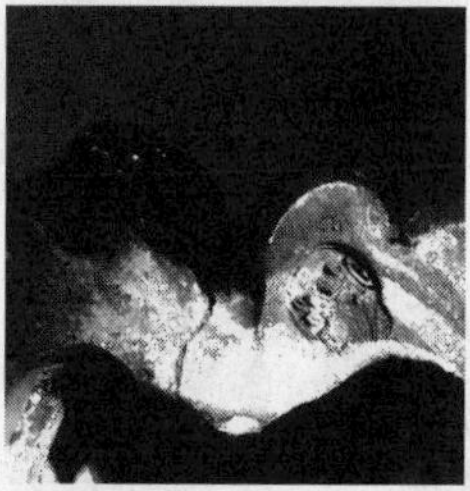

図三十三 図三十二の立像の底に押された「永翁」の印。

図三十六 松、竹、梅が描かれ、野生の茶の花が彫り込まれた浅皿。永翁（直径13.5 cm。個人蔵）

図三十五 狸のあしらわれた筆洗。永翁（口径13 cm、高さ8 cm。個人蔵）

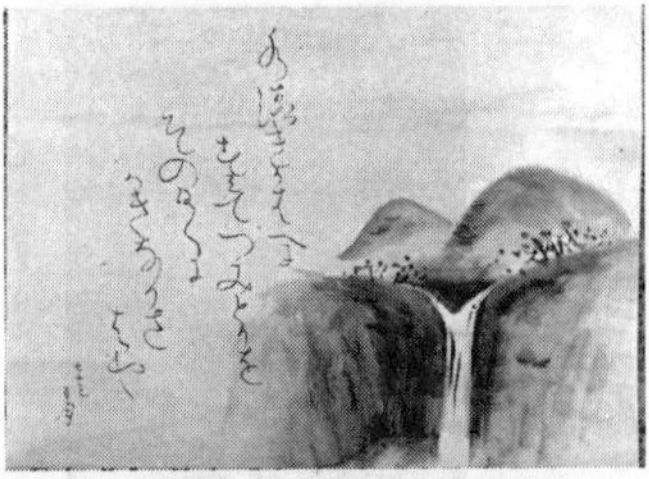

図三十八　大田垣蓮月の書のある風景画（28.5 cm × 39 cm。写真はThomas So。個人蔵）

図三十七　大田垣蓮月の狸の形をした香箱（幅7 cm、高さ5.4 cm。個人蔵）

図三十九　頼山陽の書が彫られた竹製の茶量、その箱と袋。箱の蓋の裏側には、青木木米による署名がある（茶量は、長さ16 cm、幅4.5 cm。個人蔵）

十九）。茶量の箱の蓋の表には、木米の手で「山陽翁自刻茶量」と書かれている。この茶量は、木米の学者仲間との交友、そして十九世紀初頭の京都における知識人と芸術家との繋がりを示している。

宮崎を引き付けた木米の芸術とはいったい何だったのか。それは、純粋な冒険心であり、新しい情報や技術を習得する喜びであった。木米は、様々な媒体やスタイルで巧みに仕事をこなした。絵画においては、木米は、文人画の基本を習得しただけでなく、独自の抽象化の方向へと向かった。陶芸に用いられた道具や色調は、画にも応用された。陶芸においても、木米は独特の形を作り出し、驚くべき組み合わせで釉薬を使った。木米は、中国の陶磁器の技術を再結合し、再解釈した。リピットは、木米と同時代の玉堂が醸す雰囲気を脱技巧、無技巧、工芸以下と表現した（Lippit 2009）。当時の芸術家たちは、その技巧が故意にないかのように振舞った。長野の山の中で生まれた宮崎市定は、京都の東山界隈で生きた才能ある奇人の一人となった。彼の明晰で、技巧のない文章は、毎年、大学の入学試験に出され、未だに使われ続けている。

参考文献

Beerens, Anna 2006, *Friends, Acquaintances, Pupils and Patrons: Japanese Intellectual Life in the Late Eighteenth Century: A Prosopographical Approach*, Leiden University Press, Leiden.

Fogel, Joshua 1996, Miyazaki Ichisada (1901-1995), *Journal of Asian Studies* 55: 3: pp. 806-808.

Lippit, Yukio 2009, Urakami Gyokudō: An Intoxicology of Japanese Literati Painting. In *Dialogues in Art History, from Mesopotamian to Modern*, edited by E. Cropper, National Gallery of Art,

Washington DC., pp. 166-187.

Miyazaki, Ichisada 1976, *China's Examination Hell: The Civil Service Examinations of Imperial China*, translated by Conrad Shirokauer, Weatherhill, New York.

Rosenfield John M. in collaboration with F. E. Cranston 1999, *Extraordinary Persons* (3 volumes), Harvard University Art Museums, Cambridge, Mass.

Sasaki Kōzō 2016, *Aoki Mokubei, web site*: Grove Art Online article, URL: www.oxfordartonline.com accessed July 6 2016.

Suzuriya 2016, Chōde suzuri. http://suzuriya.ocnk.net/product-list 37. web site accessed July 8, 2016.

Zhu, Yan and S. W. Bushell, F. Dentrecolles, 1977, *Description of Chinese Pottery and Porcelain: Being a Translation of the T'ao Shuo*, Oxford University Press, Kuala Lumpur.

笠嶋忠幸　二〇一四「青木木米「古器観図帖」解題」、『出光美術館研究紀要』第二十号、五一―一三四、八一―九頁。

島村幸忠　二〇一六「青木木米と煎茶」、野村美術館学芸部編『研究紀要』第二十五号、六二―七一頁。

満岡忠成　一九九〇『木米』（『日本陶磁大系』第二十五巻）平凡社。

宮崎市定　一九七五『木米と永翁』朝日新聞社。

――　一九九一―九四『宮崎市定全集』岩波書店。

頼山陽　一九七六―八一『日本外史』全三巻、頼成一、頼惟勤訳、岩波書店（岩波文庫）。

解説

井上文則

自分の好きな著作家の選集を編むのは、読書人の夢であろう。今回、東洋史学者宮崎市定の選集を編む役が回って来たのは、私にとってはこの夢がかなうことであり、これ以上の喜びはない。

宮崎市定は、昭和の時代に長年、京都大学で東洋史学を講じた学者である。専門としたのは、中国の宋代史の研究であったが、それにとどまらず、中国史であれば時代を問わず、さらに西アジア史や古代日本史の領域でも優れた業績を残した。その分量は、全集にして二十五巻にも及ぶ。この膨大な業績は、いずれも健全な常識に裏付けられつつも、独創に満ち溢れ、しかもそれが達意の文章で書かれているので、専門家のみならず、一般の読者をも引き付けてやまないものとなっている。そのため、これまでも度々その著作は文庫化されてきた。高弟礪波(となみ)護の編で選集の形をとるものも既に少なからずある。したがって、本選集を新たに編むに当たっては、既存の宮崎の選集との差異化を図る必要があった。その上、編者は宮崎の弟子ではないどころか、東洋史学の専門家ですらなく、二〇一八年に宮崎愛が高じて無謀にも宮崎の評伝『天を相手にする』（国書刊行会）を著した一介の西洋史研究者に過ぎない。このような次第であるので、本選集では、東洋史学者としての宮崎の研究成果の精髄を紹介するのは勿論のことであるが、同時に歴史家としての宮崎、とりわけその人となりが分かるような、いわば宮崎らしい論考を選ぶことを目指した。また随筆や既に文庫化されている論考は、極力入れないようにした。

それにしても宮崎らしいとはいったい何であるのか。自分で言っておきながら難しい問題であると思う。結果的に独断のそしりを免れないかもしれないが、私が選んだ作品を宮崎の生涯の中に位置づけることで、その答えに代えたい。

ところで、拙著『天を相手にする』では、宮崎のご遺族の証言を書き込むことができなかった。どこの馬の骨とも分からぬ西洋史研究者が宮崎の私事にかかわる事柄をいきなりご遺族にお尋ねすることは躊躇されたため、拙著刊行の後、これを名刺代わりにお送りしてから、お話をお聞きしようと思っていたので、私自身としては、ご遺族の証言がないことは織り込み済みのことではあった。とはいえ、一方で評伝の完成度を考えると一抹の後悔がなかったわけではない。幸いなことに当初の予定通り、拙著刊行後、宮崎の令嬢一枝氏と甥の市郎氏からお話を聞くことが出来た。一枝氏は宮崎の思い出を書面で詳細に書いてくださった。この場を借りてお二方には感謝申し上げたい。なお、この解説では、お二方からお聞きしたお話を盛り込むことで、厚かましいことではあるが、拙著の補訂をも意図している。

宮崎は、明治三十四年（一九〇一年）八月二十日、父市蔵と母悦の次男として、長野県下（しも）

水内(みのち)郡秋津(あきつ)村静間(しずま)に生まれた。秋津村は現在は存在せず、村のあった地域は飯山市に含まれている。静間は飯山市の市街地からそれほど離れていないとはいえ、農村地帯である。市郎氏の話によれば、もともと宮崎家は、静間を流れ、千曲川に注ぐ田草川上流の山峡からの移住者で、田畑を所有しておらず、荒れ地や水田の畔(あぜ)を利用して、大豆を植え、その大豆で豆腐やみそを作り、生計を立てていた。このような暮らしは、江戸期に山峡から移住して後、市蔵が長野師範学校卒業後、小学校教員となって宮崎家の生活が安定する明治二十年代頃まで続いていた。『飯山町誌』（一九五五年）は、市蔵には潔癖症の気があったと記すが、市郎氏にはそのような記憶はないという。「おっかないじいだったな」と笑っておられたのが印象的であった。母の悦も静間の近くの集落の出である。悦は宮崎が七歳（以下年齢は宮崎の好んだ数え年である）の時に亡くなっており、以後、宮崎は祖母を母代わりに育った。兄に市平がおり、後に弟市安が生まれたが、市安は明治四十三年に幼くして亡くなった。市郎氏は市平の長男である。

宮崎は大正三年（一九一四年）、秋津小学校を卒業し、飯山中学校に進学。大正八年には、この年に新設された松本高等学校に一期生として入った。松本高等学校時代には、和歌や文学に熱中し、一時は政治家を志したこともあったが、最終的に東洋史を学ぶことに決め、大正十一年、京都帝国大学文学部史学科へ進んだ。

史学科の東洋史講座には当時、内藤湖南（一八六六―一九三四年）、桑原隲蔵(じつぞう)（一八七一―一九三一年）、矢野仁一（一八七二―一九七〇年）の三教授がおり、助教授として羽田亨

（一八八二―一九五五年）がいた。京大東洋史の最初の黄金期であった。このうち内藤は、世間的にももっとも名高い学者で、宮崎に特に関わる学説で言えば、中国史に時代区分の考えを持ち込み、唐と宋の間に中国史上の重大な画期を見出したことで知られる。宮崎は後年、この内藤の時代区分を強く支持し、社会経済史の面から補強する研究をおこなったため、内藤の後継者とみなされることが多いが、宮崎自身は桑原の弟子を自認し、深い親愛の情を抱いていた。桑原の著述について宮崎は、「純粋な学術的研究であることは勿論であるが、同時に一般の読書人にとって、広く読まるべき性質のものである。それは先ず行文が平易で、表現が明快であるから、誰が読んでも分りやすいことである。これは先生の大学の講義でも同様であって、むつかしい言葉や、ひねくった理論は、ついぞ出たことがなく、従って極めてノートが取りやすかった。先生の著述の多くは、このような講義の段階を経て、更に推敲を加えて出来上ったから、読んで分り易い筈である」（『宮崎市定全集』第二十四巻、岩波書店、一九九四年、六七三頁）と述べるが、これはそのまま宮崎にも当てはまる。桑原を範としたからであろう。

東洋史講座の教授たちの他に、学生時代の宮崎に大きな影響を与えたのは、中国文学の狩野直喜（一八六八―一九四七年）、インド学の榊亮三郎（一八七二―一九四六年）、考古学の濱田青陵（一八八一―一九三八年）、西洋史の原勝郎（一八七一―一九二四年）であった。

在学中の大正十三年（一九二四年）十二月、宮崎は外務省が主催する学生南支視察団の一員として初めて大陸の地を踏んだ。上海、南京、厦門（アモイ）、香港などを訪れ、上海では清末に活躍した政治家康有為と面会する機会があった。翌年、宮崎は、卒業論文「南宋末の宰相賈似道」を提出し、京都帝国大学を出た。賈似道は、来寇したモンゴル帝国を撃退する功を鄂州で挙げたことで宰相となり、以後十五年以上にわたって南宋朝廷で専権を振るい、様々な改革を行うも、再び侵攻したモンゴル軍を防ぐことが出来ず、失脚した十三世紀の人物である。このような人物を卒業論文の対象とした理由を宮崎は、晩年に書かれた『自跋集』（岩波書店、一九九六年）において「どうやら私はこの頃から、素朴民族と文明社会の対立という図式を考えていたらしい」（一八二頁）と回顧している。

　宮崎の言う素朴民族とは、中国周辺の文明化されていない民族のことであり、文明主義の社会とは中国社会を指す。宮崎は、文明主義の社会は時間と共に腐敗堕落し、混乱するが、その度に周辺の素朴な民族が支配者として入ってくることで、素朴主義が注入され、文明主義の社会は再び健全さを取り戻してきたのであり、中国の歴史はこの繰返しであったと見るのである。そして、宮崎は、個人的に素朴民族に強い共感を寄せる。この歴史観の形成に十四世紀のイスラムの歴史家イブン・ハルドゥーンの強い影響があったとする説もあるが、私自身は飯山という素朴な風土に育った宮崎ならではの歴史観と見たい。この歴史観は、昭和十五年（一九四〇年）に宮崎最初の単行本として世に出た『東洋に於ける素朴主義の民族と文明主義の社会』で全面的に展開されることになる。宮崎がもっとも自信を持っていた歴史観でもあり、その自信は「素朴主義と文明主義再論」（一九八二年）に見られるように晩年に至っていっそう強まっていった。

リチャード・ピアソン氏

大正十四年（一九二五年）に大学を卒業した宮崎は、五月に大学院に進学するが、十二月には一年志願兵として軍隊に入った。一年志願兵制度は、府県立中等学校卒業者に与えられた一種の特権で、通常の徴兵であれば三年の現役での服役が必要なところ、この制度を利用すれば服役一年で兵役を終えることができ、最終の勤務演習の試験に合格すれば、将校になれた。宮崎は、無事、最終の勤務演習まで合格し、昭和四年（一九二九年）には陸軍少尉となった。

昭和二年（一九二七年）、宮崎は岡山の第六高等学校に赴任、さらに昭和四年には京都の第三高等学校の教授となった。この時、宮崎、二十九歳。いずれも恩師桑原隲蔵の配慮によるものであった。翌年、小西松枝と結婚。松枝は、第六高等学校時代の同僚小西謙（国文学）の妹である。二人の間には、昭和六年に娘の一枝が誕生する。一枝さんの回想によれば、字が読めるようになった一枝さんに最初に宮崎が買い与えた本は、子供向けの『古事記』で、その後、『平家物語』や宮沢賢治の作品を買ってきてくれた。「私のやりたいこと、欲しいものは戦時中を除いて大抵かなえて」くれたという。一枝さんは、後にハーヴァード大学に付属したラドクリフ女子大学とシモンズ大学で学び、図書館学を修めた。夫は、東アジア考古学を専攻するリチャード・ピアソン氏（一九三八年―）である。ピアソン氏は、カナダのブリティッシュ・コロンビア大学教授を務めた。ピアソン氏が宮崎と最初に会ったのは一九六四年のことで、その時、宮崎は自作の絵入りの地図を作って京都の宇治を案内してくれたという。ピアソン氏の著書『東アジア古代社会と考古学』（雄山閣出版、一九八五年）は、一枝さんの翻訳である。

宮崎は、大学卒業後しばらくは、宋代に関する論文を発表していたが、六高時代から古代史に関する研究を始めた。宮崎の古代史研究の画期的な点は、古代の中国に、古代ギリシア・ローマ時代にみられたような都市国家が存在したと指摘したことにあり、この都市国家論に関係する論文が三高時代に発表された。「中国上代の都市国家とその墓地」（一九七〇年）は、宮崎が七十歳の時の論文だが、自身の都市国家論に基づきながら河南省安陽の殷墟とされている遺跡は、実は殷の都の跡ではなく、都に付随した墓地に過ぎないと主張した独創的な論文である。

昭和七年（一九三二年）、宮崎は第一次上海事変に出征。運よく戦闘に巻き込まれることなく、無事帰還した。

昭和九年（一九三四年）十二月、宮崎は京都帝国大学の文学部助教授となった。京大時代の最初期に公にされた論文が「晋武帝の戸調式に就て」（一九三五年）である。この論文は、晋の武帝が二八〇年に発した税法である戸調式の分析を出発点に、三国から唐に至るまでの土地制度の変遷を見通したものであるが、率直に言って一般の読者が通読するに容易なものではない。しかし、あえて本書に収録したのは、宮崎自身が「私の三国六朝史の理解に根柢を与えたもの」(『自跋集』一〇八頁)とこの論文を高く評価し、またこのような社会経済史の研究は宮崎が本領としたものだからである。さらに、この論文では、随所で漢文史料本文の誤りが指摘され、訂正されるが、このような研究手法を宮崎は得意とした。読めないならば、字句を直してでも意味の通るように読んでみせようという研究手法は、後年、『論語』や七支刀の研究でいかんなく発揮されるが、これは相当に語学力に自信がなければできるものではなく、事実、宮崎には漢文の読解について絶大な自信があった。

昭和十一年(一九三六年)二月、宮崎は文部省在外研究員としてフランス留学に向かった。宮崎が文部省に届け出た研究題目は、「支那南海交通史」であったが、実際のところは、主任教授であった羽田亨から勉強などしなくてもよいから、ヨーロッパを見てこいと言われ、留学したのが実情で、宮崎はパリの下宿でジョルジュ・シムノンの探偵小説を読んだり、古本屋を巡ったりして過ごしていたようである。一枝さんの話によると、宮崎は、フランス人がかっこよく煙草を吸っているのを見て真似をし、煙草を吸い始めた。病みつきになるほど吸うようになって、大戦後に禁煙したが、やめるのに相当苦労したようである。煙草のせいで晩年まで喘息状態であったという。

留学中、宮崎はアラビア語を学び、またトルコ、シリア、イラク、パレスティナ、エジプトを約二ヵ月間かけて回った。西アジア旅行の記録は、昭和十九年に『菩薩蛮記』として出版された。西アジア旅行に先立って宮崎は、ドイツに立ち寄ったが、この時、ナチス・ドイツの総統ヒトラーにミュンヘンのカフェで偶然出会い、握手している。帰国は、昭和十三年いずれもこの留学時の体験を綴ったものである。

帰国後の宮崎が最初に世に問うた論文は、「条支と大秦と西海」（一九三九年）であった。東京帝国大学の白鳥庫吉（しらとりくらきち）は、条支、大秦、西海はいずれも漢籍に現れる西方の地名であり、論文の題目となっている条支はイラク南部、大秦はエジプトのアレクサンドリア、西海はペルシア湾に当たると考えていた。これに対して宮崎は、条支はシリア、大秦はイタリアのローマ、西海は地中海と主張した。宮崎がこの「条支と大秦と西海」を晩年に「生涯の傑作」と呼んだのは、意外の感をぬぐえないが、留学から帰ったばかりの意気軒高たる気分とこの分野の研究では世界一を誇った白鳥を論破できたという素直な喜びの記憶が、この論文と結びついているためであろうか。なお、拙著刊行後、宮崎の出した結論について、甚だ不十分ながら、「宮崎市定のローマ帝国――『天を相手にする　評伝宮崎市定』補遺」（『西洋古代史研究』第十八号、二〇一八年）において検討する機会があった。私自身としては、おそらく白鳥の説が正しいのではないかと考えるようになっている。

宮崎がフランスに留学していた昭和十二年（一九三七年）七月には、日中戦争が勃発し、日本は戦時色を強めていく。京大の東洋史研究室も、国策機関から大陸支配の参考になる研究が求められるようになり、宮崎は「清の官制と官吏登用法の研究」や清朝のチベット支配に関する研究などを行った。前者の研究は、戦後、ベストセラーとなる『科挙』（一九六三年）に繋がっていく。

昭和十六年（一九四一年）十月に宮崎は、「歴史と塩」を『東亜問題』に載せた。この論文の原題は「事変と塩・歴史と塩」で、やはり日中戦争と深い関係があった。塩は人間の生存に欠かせないものであるが、中国では海岸沿いの地帯を除いて、塩の産地は限定されていた。そのため歴代王朝は塩を専売し、税収を得て来た一方で、大陸が政治的に分裂した時には、内陸の政権にとって塩の確保は重大な課題となった。宮崎は、後者の歴史的事例を分析した上で、当時内陸の重慶に拠っていた国民党の蔣介石の政権を倒すには、海岸沿いの塩の産地を占領する必要があるとこの論文で主張したのである。宮崎は、つねづね歴史学は実学であり、役に立たねばやっても意味がないと考えていたのであり、「歴史と塩」は歴史学の実学化でもあった。「歴史と塩」で提案された蔣介石政権打倒策は、宮崎が大戦中に参加した海軍の秘密会合でも二度にわたって講義された。なお、「歴史と塩」は、戦後、『アジア史研究』第二に収録される際に、「事変と塩・歴史と塩」から論文題名が変えられただけでなく、時局に関わる内容は削除された。その後、岩波書店の『宮崎市定全集』に収録された際には、削除部分が注記として復元された。本文庫でも、全集と同じ方針を取ったが、今回、初出との異同を改めて確認したところ、全集でも抜け落ちていた一文が見出された。編集部注②がそれである。

大戦中の昭和十七年（一九四二年）に公にされた「王安石の黄河治水策」も、直接的な言及はないものの、日本の大陸進出との関係の中に位置づけられる論文であろう。黄河は、その水に多くの泥土を含み、これが堆積して川床が高くなり、史上しばしば決壊したが、王安石は、濬川杷なる熊手のような器具を利用して、川床の泥土を攪拌し、流し去ることで黄河の治水を図った。「王安石の黄河治水策」は、雑誌論文として発表される前に、東洋史談話会第六回大会で口頭で発表されているが、その要旨の結文には「若し現今の進歩せる技術機械力を応用して之を実施せば、九百年前の王安石等の理想とせし所を達成することも、或いは可能ではなかろうか」とある。これは当時の中国政府に対するアドバイスではない。華北を占領していた日本のためを思った発言なのである。この意味において「王安石の黄河治水策」は、「歴史と塩」と同じ性格を持つ。にもかかわらず、本書にあえて収録したのは、宮崎が王安石を中国の政治家の中で、清の雍正帝と並んでもっとも高く評価していたからである。「王安石の黄河治水策」で、宮崎は王安石を「科学的政治家」、あるいは「その判断力の常に正鵠を得ていたことは、中国史上に嘗てその比を見ない全然新型の政治家であった」と絶賛していた。京大の同僚であった中国文学者の吉川幸次郎（一九〇四―八〇年）は、宮崎を「王安石の無二の親友」と呼ぶほどであった。宮崎の王安石関係の論文は、他にも「王安石の吏士合一策――倉法を中心にして」（一九三一年）があり、『中国史』（一九七七―七八年）や『政治論集』（一九七一年）でも王安石の事績は詳しく取り上げられている。宮崎は「王安石伝を大著として世に問いたい希望を持っていた」（『自跋集』一六三頁）が、残念ながらこれは実現しなかった。

　昭和十八年（一九四三年）、学位論文となる『五代宋初の通貨問題』が星野書店より刊行された。『五代宋初の通貨問題』は、宮崎の単行本の中では、もっとも恵まれない運命を辿らはほとんど無視されてきている。宮崎の単行本の中で唯一文庫化されていないのも、この本である。しかし、『五代宋初の通貨問題』が扱う内容は、五代の時代に乱れた唐以来の銅銭を本位とする貨幣体系を宋王朝が立て直そうとする、その苦闘を跡付けたもので、経済に敏感な現代の読者の心には響くものがあるに違いない。私自身としては、この本自体が文庫化されることを期待する者であるが、本選集ではその概要を記した「五代宋初の通貨問題梗概」（一九五〇年）を収録することとした。この論文をもって宮崎に正式に学位が与えられるのは、戦後の昭和二十二年になってからであったが、博士論文提出済とみなされて、特例で昭和十九年四月に宮崎は教授に昇格した。教授昇格には、当時、博士の学位と在外研究が必要とされていた。宮崎この年、四十四歳。

大戦末期の昭和二十年（一九四五年）二月、宮崎は上海事変以来、再び召集され、千葉県の市川市で航空部隊の格納庫の建設に当たった。八月になって、本土決戦を前に家族に別れを告げよと命じられて、飯山へ向かう、その汽車の中で宮崎は終戦の知らせを受けた。市郎氏の記憶には、軍刀を下げて一人で帰郷してきた宮崎の姿があるそうだが、これはおそらくこの終戦時の記憶であろう。

戦後の京大教授時代に宮崎が挙げた大きな業績は、ひとつは雍正帝の研究であり、もうひとつは九品官人法の研究であった。

雍正帝は宮崎が中国史上もっとも高く評価した政治家であったことは先に言及した通りで

あり、同時にこの皇帝の研究は、宮崎が最も楽しみながら、面白がって行ったものでもあった。この点を感じるには岩波新書の一冊として昭和二十五年（一九五〇年）に刊行された『雍正帝』を読むのが一番であるが、本選集では雍正帝に関する研究として「雍正時代地方政治の実状――硃批論旨と鹿洲公案」（一九五九年）を取り上げた。雍正帝は、地方統治に当たる官僚の綱紀粛正を目指し、彼らから政務報告書を直接自身に届けさせ、それに朱筆でコメントを書いて返した。その量は、日に少なくとも二、三十通、多ければ五、六十通に及んだという。異常なまでに勤勉な皇帝であった。この雍正帝の政治が地方末端までどの程度及んでいたのかを検証しようとしたのが本論文であり、そのための手がかりとされたのが広東省の潮陽県の知事を務めた藍鼎元（らんていげん）が著した『鹿洲公案』である。『鹿洲公案』の鹿洲は藍鼎元の雅号であり、公案は裁判記録を意味する。『鹿洲公案』は、宮崎が、雑誌『よむ』（岩波書店）の特集「20世紀日本の読書遍歴」（一九九二年五月号）で、「中年・壮年」の時代に読むべきとして挙げた一冊で、「是非邦訳せねばならぬと決心させたほど面白い実話集」と紹介したものであった。宮崎の翻訳は平凡社の東洋文庫に入っている（一九六七年）。宮崎は、この論文で『鹿洲公案』を検討した結果、「天子個人の意向が、意外に早く地方末端の県政にまで滲透した事実」を指摘する。そして、論文の最後の段落には「事実は小説よりも奇なり、という古い言葉があるが、われわれは鹿洲公案を読むとき、いわば捕物帳的な興味を覚える。本論稿の読者は、或いは学術論文にあるまじき興味本位の記述だと顰蹙（ひんしゅく）される向があるかも知れぬが、それは資料とした鹿洲公案そのものが面白すぎたためである」と論文らしからぬ一文が添えられた。

一方の九品官人法は、魏晋南北朝時代に行われた官吏登用法で、宮崎はこの制度の実態を解明した『九品官人法の研究』で、昭和三十三年（一九五八年）に日本学士院賞を受賞した。九品官人法は当時の貴族制度を支えたが、その貴族たちの間で清談が流行した。清談とは、老荘思想に基づいた超俗的な談論で、清談派の者は儒教的な倫理の束縛から逃れた生き方も求めた。そのため清談に新しい人間の生き方を見て、これを高く評価する立場もある。

しかし宮崎は、清談については全く否定的である。『九品官人法の研究』の一節では「清談」（一九四六年）の狙いとして、「従来の諸家が魏晋の清談を専ら思想的な、超世間的な意義に解しようとするに対し、実はそこに甚だ功利的、世俗的な動機が混っていて、つまりは選挙の道具に使われたことを指摘しようとしたもので、全く以て人の悪い立場なのである」（『宮崎市定全集』第六巻、岩波書店、一九九二年、四頁）と解説する。この見方は『中国史』ではさらに厳しくなる。「抑もこの清談なるものは、当時の貴族主義から生れた畸形児であって、老荘の虚無の思想を標榜するかと思えば、人一倍強い名誉心も権勢慾も否定しないのだから、これは特権階級にだけ通用する甚だ身勝手な論理に外ならぬのである」（『宮崎市定全集』第一巻、岩波書店、一九九三年、一九三頁）と。宮崎の清談観には、素朴主義の歴史家宮崎の面目躍如たるものを認めることが出来るだろう。

宮崎は個別の専門的な研究を行いつつも、その研究に際しては常に世界史を意識していた。「歴史は須らく世界史でなければならぬ。事実、私の研究は常に世界史を予想して考察して居り、世界史の体系を離れて孤立して個々の事実を考えたことは一度もない」(『宮崎市定全集』第二十四巻、四九〇頁)と宮崎は断言する。この宮崎の世界史の体系を解説するのが「世界史序説」(一九五九年)である。宮崎は、まず世界を東アジア、西アジア、ヨーロッパの三つの地域に区分する。そして、これらそれぞれの地域が、相互に影響を与えつつ古代、中世、近世、最近世の時代を時差を伴って経験したとするのである。宮崎の考える古代とは、分立していた都市国家が大帝国を形成し崩壊するまでの時代で、中世とは古代の大帝国が崩壊した後の政治的分裂の時代、そして近世はルネサンスと宗教改革を経て政治的統一に向かう時代である。古代から近世への道筋を最も早くに経験したのは、西アジアであり、次いで東アジア、ヨーロッパが続いたが、最も遅れたヨーロッパが最も充実したルネサンスを迎えたが故に、産業革命を早くに成し遂げ、西アジア、東アジア世界を席巻したのである。「世界史序説」は、昭和三十四年(一九五九年)刊行の『アジア史研究』第二を初出とするが、世界史の体系自体は戦前の昭和十五年に書かれた「東洋のルネッサンスと西洋のルネッサンス」で既にほとんど完成された形で現れている。私は学部学生時代に「東洋のルネッサンスと西洋のルネッサンス」を読んだが、その時、初めて世界史の大きな流れがつかめた気がして、非常な感銘を受けた記憶がある。そして、現在でも大局では宮崎の世界史の体系は正しいと思う者であるが、しかしながら、宮崎の世界史の体系は、学界ではほとんど取り上げられることがない。わずかに、岡本隆司氏が宮崎の世界史の体系を、二〇一八年に刊行された『世界史序説』(筑摩書房)において高く評価している。

「シナの鉄について」（一九五七年）は、そのタイトルの通り、中国の鉄の歴史を明らかにしたものだが、単なる鉄の歴史ではなく、鉄を通して世界史が語られるという意味で、これもいかにも宮崎論文である。古代において中国の鉄は名高く、ローマにまでその存在が知られた。漢が遊牧民族匈奴（きょうど）に勝利したのはその優れた鉄の武器による。三国時代以後、中国の鉄生産は滞ったが、十世紀の宋代には石炭の利用が本格化したことにより再び鉄の大量生産が可能になった。この中国の鉄を用いたのがモンゴルで、彼らの世界征服は宋の鉄に負うところが大きかったと宮崎は説明する。宮崎は、この論文が敬愛する恩師矢野仁一から「よくやってくれた」と褒められたことを誇りにしていた。ちなみに矢野は、九十九歳まで生きたが、最後まで矍鑠（かくしゃく）として研究活動を行っており、宮崎は矢野のように長生きすることを望んでいた。なお、この論文は、「宋代における石炭と鉄」（一九五七年）と双生児の関係にある。

宮崎が最後に到達した歴史観は、景気史観である。宮崎がこの史観を公にしたのは、停年も近づいた昭和三十八年（一九六三年）のことで、吉川幸次郎の『宋詩概説』（一九六二年）の書評の形をとった。書評ではあるが、「『宋詩概説』吉川幸次郎著〈書評〉」を収録した所以である。景気史観は、当該の書評によれば、「中国史上には古くから、現今の世界に似たような景気変動が行われていて、それが社会のあらゆる方面に影響を与え、この角度から歴史を見たときに経済も文化も同時に視野の中に入って来るのではないかという着眼である」。景気史観では、古代は好景気の時代であったが、後漢の頃から不景気の時代に入り、この不景気は唐末五代まで続く。宋以後は長期的には好景気の時代となるが、一王朝の中に短期的な好景気と不景気が繰り返す。景気史観について、『宋詩概説』の書評の段階では「実はまだ正面切って公表するまでの準備が出来ていないのであるが、大体の構想は述べることができる」としていたが、時間と共に宮崎は景気史観に自信を深め、京大停年後に著された『大唐帝国』（一九六八年）と『中国史』は景気史観に基づいて書かれ、最終的に『自跋集』において、宮崎は自身の歴史観を景気史観であるとまで言い切るようになる。

以上のように宮崎は、京大在職中に優れた学問的業績を挙げていたのだが、しかし戦後の京大教授時代の大部分の時期において、地味な目立たない学者であった。当時、京大を代表する人文系の学者とされていたのは、中国古代史の貝塚茂樹（一九〇四―八七年）、フランス文学の桑原武夫（一九〇四―八八年）、西洋古代哲学の田中美知太郎（一九〇二―八五年）、吉川幸次郎といった面々であった。昭和三十四年（一九五九年）に宮崎が教養部の部長を務めていた時、同僚であった数学者の森毅（一九二八―二〇一〇年）は、学園紛争の絡みで宮崎を吊るし上げたことがあったが、後年その時のことを回顧して、「宮崎さんがあんな偉い人とは知らなかった」と言う始末であった。その上、宮崎は、戦後に起った中国史の時代区分論争に巻きこまれ、東京の研究者からは論難の対象となっていた。このこと自体は、宮崎が京大東洋史の代表と見られていた証左でもあるが、宮崎は自身の学説が認められないことを激しく憤って、次のように自らに言い聞かせていたという。

「お前の悩みは、お前の力がまだ十分に養われていない自業自得のせいもあるが、併しそればかりではない。ずばりと言えばお前は少し早く生れて来すぎたのだ。お前の考えあぐんでいる疑問は、今の時世では、どこへ相談しに行こうにも、行きどころのない性質のものだ。誰一人としてお前の志向に助力できそうな人はいないのだ。現今の東洋史学者、西洋史学者の中で、誰が本当に西アジア史研究の重要なことを痛感していると思うか。お前の書いた、「晋の武帝の戸調式」の研究について、ごく少数の具眼者を除いて、何人が本当にその価値を認識し得ただろうか。多くの学者は、お前の『五代宋初の通貨問題』を、加藤〔繁〕博士の『唐宋時代に於ける金銀の研究』（一九二五―二六年）の焼き直し位にしか見てくれまい。ところがあの著作は、そこらにありがちな、史料カードを整理しただけのものとは違い、言わば、こわれたラジオの部品をかきあつめて復原し、もう一度音がでるようにしようと努めたものなのだ。階級闘争で歴史を説明すると怒号している中国史研究者の中で、何人が鄧茂七の名を知っているだろうか。お前の「中国近世の農民暴動」（一九四七年）はもと副題の「鄧茂七の乱について」を題目としたのだが、編輯者から忠告があり、鄧茂七では誰にも分らぬから、もっと一般的な名をつけてほしいと頼まれて改めたものなのだ。何年たったら鄧茂七の名が方臘以上に有名になるだろうか。併しそんなことはお前の責任でも何でもない。お前はただ自分で考えていることを、思う存分書きまくればよい。古語に言う、人盛んなる時は天に勝つ。天定りて人に勝つ、と。そういう天を相手にすることだ」（『宮崎市定全集』第二十四巻、五〇五―五〇六頁）。

鬱屈していた宮崎を救ったのは、昭和三十五年（一九六〇年）から三十六年にかけてパリ大学とハーヴァード大学の客員教授に招かれたことであった。これにより宮崎は自身が海外では高く評価されていると知り、自信を取り戻したのである。

一家で向ったパリでは、シャンゼリゼ通りと凱旋門近くにあった豪華なアパートを提供された。家主は声楽家であった。アパートにはサロンが三十畳、メインの寝室が二十畳、他にも十畳ほどの部屋もあり、床には毛足の長い臙脂（えんじ）色の絨毯が敷かれていた。管理人の子供たちは宮崎をミヤザフスキー・イチサダニコフ、一枝さんをカズエットと呼んでいた。宮崎は、フランス語で講義をしなければならず、試験のようだとは言いながらも、楽しんでいた。フランス語は上手で、夕食に招待されることがあっても、会話を絶やすことはなかった。食料の買い出しにも、荷物持ちで協力していたという。妻の松枝は、日本女子大学の家政科仕込みのフランス料理を客人に提供した。一枝さんの回想では、「家族全員が連帯感を持って暮らしたのはパリでした」とのことであった。

この間、宮崎はコレージュ・ド・フランスで「中国漢代の都市」（一九六〇年）、高等研究院では「中国における易占の発達」（一九六六年）と題した講演をフランス語で行っている。いずれの講演も活字化され、本選集には拙訳で収めた。前者の講演は、宮崎の古代都市国家論の簡明な要約となっており、一般の読者には有益であろう。後者の講演で取り上げられた易占の根本経典となる『易経』については、宮崎は無理に分ろうとして読もうとすると頭を悪くするので敬遠してきたとつねづね言っており、この講演でも、『易経』の本文の解釈については踏み込まない、またその必要もないという立場を表明している。とは言うもの店の古書即売会で『漢籍国字解全書』の「易経・周易釈故」（一九一〇年）を買い込んでいた。その、『易経』は気にかかるものであったようで、喜寿の年になっても、京都駅前の近鉄百貨店の古書即売会で『漢籍国字解全書』の「易経・周易釈故」（一九一〇年）を買い込んでいた。

帰国後の昭和三十八年（一九六三年）、中公新書『科挙』が刊行された。世間では受験戦争が過熱しており、この時勢に合ったこともあり、瞬く間にベストセラーとなり、宮崎の名を一躍世間に広めた。しかし、宮崎自身は、科挙の研究者と認識されることには心中複雑であった。「『科挙』という著書に書いてあることは、本場の中国においては全くありふれた常識的なことばかりで、従って私の著書も実は研究などと名付けるには値いしない、単なる編纂物に過ぎない」（『自跋集』二六七頁）からであった。

宮崎の授業風景については、受講生であった東大寺長老森本公誠氏の回想が新たに出たので（『東大寺のなりたち』岩波書店、二〇一八年、二一五―二一七頁）、付け加えておきたい。森本氏が東洋史専攻へ進学した昭和三十年（一九五五年）の初めの頃の講義で、宮崎は『論語』の「温故知新、可以為師矣」を取り上げ、「この「温故」をなぜ「ふるきをたずねて」と読むかわかりますか、「温」は「あたためる」の意味のはずですが、なぜですかと尋ねられた。答えられる学生は誰もいなかった。先生はいつもかみしめるようにゆっくりと話される。先生の口調をまねて講義をする弟子もいたほどである」。宮崎の答えは、「孔子が意図した「故」というのは保存食の干し肉のことです。当時干し肉を温め柔らかくして食するという習慣がありました。古い肉でも工夫次第で新しい肉と同様に味わうことができる。そのように、これから君たちが学ぶ漢文の史料は、ただ文字面を追うのではなく、よくかみしめ、「行間を読む」さらには「紙背に徹する」ほど読みこなすことを心掛けてください。それでこそ歴史は生きてくるのです」というものであった。演習の授業で取り上げられたのは、例の『鹿洲公案』であったが、これは相当な難物だったようで、「話の筋がなかなかつかめず、行間を読むどころではなかった」が、森本氏は宮崎から一年を通して「たとえ異次元の世界の記録でも、目のまえに情景が浮かぶように訳さなければ、それは正確に訳しているとは言えないと心得なさい」との教えを学んだとしている。

昭和四十年（一九六五年）、宮崎は京都大学を停年退官した。六十五歳。再就職はせず、悠々自適の生活に入った。

停年後の仕事場となったのは、京都市左京区浄土寺下馬場町の自宅であった。この自宅は、昭和の初めに父の市蔵が京都に来た折、散歩中に見つけたもので、当初は借家であったが、後に買い取られた。一階には応接間と六畳が二間と三畳の女中部屋があり、二階は六畳二間で、南向きの暖かい部屋を宮崎は書斎にして、客も二階に案内していた。宮崎の寡黙は有名な話で、家庭でも必要なこと以外、口を開かず、一枝さんの記憶でも、客人が来訪したので、お茶をもって行ったところ、「無言の行で禅の修行のような時」もあった。これはその風貌も相まってのことであろうが、ピアソン氏によれば、宮崎は考古学研究室の院生からは「僧兵」のあだ名をつけられていた。家の前後には庭があり、妻の松枝はガーデニングが趣味であったので、四季折々の花が咲いていた。しかし、宮崎は植物には無関心であったよう宮崎は散歩を日課にしていたが、景色よりも、街の様子を見ることが楽しみであったようで、根っからの歴史家であった。

宮崎は、朝は早くに起き、朝日、読売、京都の新聞三紙を読んで、午前中に散歩、執筆を行うという、規則正しい生活を送り、この生活の中から『清帝国の繁栄』（一九六七年）、『論語の新研究』（一九七四年）、『中国のめざめ』（一九六七年）、『大唐帝国』（一九六八年）、『水滸伝』（一九七二年）、『中国史』、『史記を語る』（一九七九年）、『謎の七支刀』（一九八三年）などの現在でも読み継がれる著作が次々と書かれていった。この他にも、随筆集が五冊出た。そして、最晩年の平成三年（一九九一年）からは、『宮崎市定全集』の刊行が開始。その各巻に実に読み応えある自跋を付したのである。

宮崎は『大唐帝国』や『中国史』に見られるように、一般読者に向けた歴史の本の優れた書き手でもあった。本選集で、その一端を知ってもらうべく収録したのが「六朝時代江南の貴族」（一九六三年）である。宮崎の歴史叙述の優れている点は、人物が生き生きと描かれること、人物の動きの背後にあった社会の動きがしっかりと捉えられていること、そしてこれらが平易で、勢いとリズムのある文章でつづられていることにあろう。平易という点については、これも一枝さんの回想によると、宮崎は停年して「物書き？になってからはどのように易しい分かりやすい文章を書くかを研究していた形跡」もあり、「人にわからないような文章を書いて何になる」と言い、他の学者からは「宮崎の書く文章は俗だ」と批判されたが、宮崎は「それでいい」と言っていたという。

宮崎の趣味は書画骨董の蒐集であった。この趣味の始まりは早く、旧制高校の教授時代、年齢で言えば、二十代後半から始まっていた。宮崎がとりわけ好んだのは、文化文政時代に京都で活躍した陶工青木木米の作品であった。宮崎の木米観については、随筆集『木米と永翁』（一九七五年）に詳しいが、一枝さんの考えでは、宮崎は木米の「主流から外れた異端の作風が気に入ったようで」、「いかにも父らしいと思います」とのことであった。ピアソン氏と一枝さんが英文で書かれた「宮崎市定と青木木米」は、宮崎の骨董コレクションの優れた解説であるとともに、読者は、この解説を通して自ずと宮崎と木米の間に存在した共鳴関係を知ることができるであろう。なお、この論考は二〇一六年に書かれたものであるが、未刊行である。本書にはお二方のご承諾を得て、拙訳で載せた。拙訳については、同僚の日本美術史家の川瀬由照先生にお目通しいただき、専門用語などについてご教示を受けた。記して御礼申し上げる次第である。

骨董趣味の延長で書かれたのが「江戸時代におけるシナ趣味」であり、木米についても多く言及されている。この論文は昭和十八年（一九四三年）に刊行された『日出づる国と日暮るる処』に収められた。京大で行われた文部省成人講座で行われた講演がもとになっている。宮崎はこの論文について、「通俗講演のことであり、実は大した準備もなく、徳富蘇峰の『近世日本国民史』（一九一八―五二年）、村松梢風氏の『日本画人伝』（一九二四―二六年）、脇本楽之軒（らくしけん）氏の『平安名陶伝』（一九二一年）などから材料を採ったが、多少独自の見解がないでもない」（『宮崎市定全集』第二十二巻、岩波書店、一九九二年、五―六頁）としている。「江戸時代におけるシナ趣味」は、一面では、日本における奢侈の歴史にもなっているが、宮崎は史上の奢侈について深い関心があった。奢侈は、宮崎の歴史観で重要な意味をもつ文明主義社会の表れに他ならないからである。中国の奢侈の歴史を扱った論文に「中国に於ける奢侈の変遷——羨不足論」（一九四〇年）があり、その内容については「江戸時代におけるシナ趣味」でも言及されているが、併せて読まれるべきであろう。「中国に於ける奢侈の変遷」は、宮崎ご自慢の論文の一つであった。

意外なことに、一枝さんのお話では、宮崎は「若い時から歯を粗末にしていた」ので、歯には苦労していたという。そのため、一枝さんには歯についてうるさく言っていた。しかし、歯を除いては、宮崎は、昭和二年（一九二七年）に腸チフス、昭和六年に盲腸で入院した他は、病気らしい病気もせず、頑強そのものの人であった。しかし文化功労者となった平成元年（一九八九年）の翌年、九十歳の年に心不全を患った。平成五年にも再び心不全で入院し、この時は死線をさまよったが、奇跡的に回復し、途上にあった全集の自跋の執筆を無事終えることが出来た。全集は、平成六年に完結した。

翌平成七年（一九九五年）の四月、宮崎は散歩からの帰宅時に自宅近くで転倒し、右大腿骨を骨折、病院に搬送された。その後、病院で肺炎を併発して、五月二十四日、家族の見守る中、息を引き取った。享年九十五歳であった。宮崎は西暦では一九〇一年の生まれであったので、二十世紀をほぼ丸々生きたことになる。遺骨は、故郷飯山の千曲川を見下ろす位置にある宮崎家の墓地に葬られた。

本選集では、全集未収録作品と付録を除いて、計十四本の宮崎の論考を採録したが、こうして振り返ってみるならば、うち半数ほどが宮崎の年齢にして四十代までの比較的若い時代の作品となった。また後年に発表されているとはいえ、「世界史序説」と「素朴主義と文明主義再論」のいずれもが宮崎が四十歳までに到達した結論の要約、ないし再主張の文章である。私の選択が誤っていないならば、宮崎らしい考えは、かなり早期に出揃っていたことになる。そして、宮崎は若いころに抱いた考えを、驚くほど変えることなく、むしろ時間と共に自説の正しさに自信を深めていったのであった。

礪波氏の話によれば、宮崎は講談社が大嫌いであった。宮崎が講談社から出した文章は、唯一桑原隲蔵の『中国の孝道』（講談社学術文庫、一九七七年）に寄せられた解説文だけである。もっとも敬愛した恩師の著作への解説文を書くことすら躊躇していたというのであるから、よほど講談社が嫌いだったのだろう。理由ははっきりとは分からない。今回、この話を知りながら、宮崎の小論集を講談社から出すことに協力したことについては、内心複雑である。泉下の宮崎先生のご寛恕を乞うばかりである。こう言ってから、この企画を立ててくださった編集者の岡林彩子さんに謝辞を申し上げるのは変かもしれないが、このような機会を与えてくださったことに心から感謝している。矛盾しているようではあるが、これが偽らざる感情である。

令和三年八月九日

（西洋史、早稲田大学教授）

KODANSHA

本書は講談社学術文庫のために論考を精選し新たに編集したものです。各論考の底本は論文末に〔 〕に入れて示しました。原則として底本を可能な限り尊重する方針に則っていますが、今日における読みやすさに配慮して、旧字は新字に改め、引用などの体裁を整理・統一したほか、『宮崎市定全集』全二四巻+別巻一（岩波書店、一九九一―九四年）を参照しました。また読解の一助として編集部による注記や補足を〔 〕の形で挿入してあります。なお、今日の感覚では、明らかに差別的な表現がふくまれていますが、それぞれの論考が執筆された時代環境を考え、また著者が故人であることから、そのままにしてあります。差別の助長を意図するものではありません。

宮崎市定（みやざき　いちさだ）

1901-95年。長野県生まれ。京都帝国大学文学部史学科卒業。京都大学名誉教授。文学博士（京都大学）。文化功労者。専門は，東洋史学。主な著書に『東洋に於ける素朴主義の民族と文明主義の社会』（1940年），『アジア史概説』全２巻（1947-48年），『九品官人法の研究』（1956年，日本学士院賞），『科挙』（1963年）ほか多数。

講談社学術文庫

定価はカバーに表示してあります。

素朴と文明の歴史学
精選・東洋史論集

宮崎市定

井上文則 編・解説

2021年11月９日　第１刷発行

発行者　鈴木章一
発行所　株式会社講談社
東京都文京区音羽 2-12-21 〒112-8001
電話　編集（03）5395-3512
販売（03）5395-4415
業務（03）5395-3615

装　幀　蟹江征治
印　刷　豊国印刷株式会社
製　本　株式会社国宝社
本文データ制作　講談社デジタル製作

ISBN978-4-06-526316-7

「講談社学術文庫」の刊行に当たって

これは、学術をポケットに入れることをモットーとして生まれた文庫である。学術は少年の心を養い、成年の心を満たす。その学術がポケットにはいる形で、万人のものになることは、生涯教育をうたう現代の理想である。

こうした考え方は、学術を巨大な城のように見る世間の常識に反するかもしれない。また、一部の人たちからは、学術の権威をおとすものと非難されるかもしれない。しかし、それはいずれも学術の新しい在り方を解しないものといわざるをえない。

学術は、まず魔術への挑戦から始まった。やがて、いわゆる常識をつぎつぎに改めていった。学術の権威は、幾百年、幾千年にわたる、苦しい戦いの成果である。こうしてきずきあげられた城が、一見して近づきがたいものにうつるのは、そのためである。しかし、学術の権威を、その形の上だけで判断してはならない。その生成のあとをかえりみれば、その根は常に人々の生活の中にあった。学術が大きな力たりうるのはそのためであって、生活をはなれた学術は、どこにもない。

開かれた社会といわれる現代にとって、これはまったく自明である。生活と学術との間に、もし距離があるとすれば、何をおいてもこれを埋めねばならない。もしこの距離が形の上の迷信からきているとすれば、その迷信をうち破らねばならぬ。

学術文庫は、内外の迷信を打破し、学術のために新しい天地をひらく意図をもって生まれた。文庫という小さい形と、学術という壮大な城とが、完全に両立するためには、なおいくらかの時を必要とするであろう。しかし、学術をポケットにした社会が、人間の生活にとってより豊かな社会であることは、たしかである。そうした社会の実現のために、文庫の世界に新しいジャンルを加えることができれば幸いである。

一九七六年六月

野間省一

外国の歴史・地理

中国古代の文化
白川　静著

中国の古代文化の全体像を探る。斯界の碩学が中国の古代を、文化・民俗・社会・政治・思想の五部に分ち、日本の古代との比較文化論的な視野に立って、その諸問題を明らかにする画期的作業の第一部。

441

ガリア戦記
カエサル著／國原吉之助訳

ローマ軍を率いるカエサルが、前五八年以降、七年にわたりガリア征服を試みた戦闘の記録。当時のガリアとゲルマニアの事情を知る上に必読の歴史的記録として有名。カエサルの手になるローマ軍のガリア遠征記。

1127

十字軍騎士団
橋口倫介著

秘密結社的な神秘性を持ち二百年後に悲劇的結末を迎えたテンプル騎士団、強大な海軍力で現代まで存続した聖ヨハネ騎士団等、十字軍遠征の中核となった修道騎士団の興亡を十字軍研究の権威が綴る騎士団の歴史。

1129

内乱記
カエサル著／國原吉之助訳

英雄カエサルによるローマ統一の戦いの記録。前四九年、ルビコン川を渡ったカエサルは地中海を股にかけ政敵ポンペイユスと戦う。あらゆる困難を克服し勝利するまでを迫真の名文で綴る。ガリア戦記と並ぶ名著。

1234

秦漢帝国　中国古代帝国の興亡
西嶋定生著

中国史上初の統一国家、秦と漢の四百年史。始皇帝が初めて中国全土を統一した紀元前三世紀から後漢末までを兵馬俑の全貌も盛り込み詳述。皇帝制度と儒教を軸に劉邦、項羽など英雄と庶民の歴史を泰斗が説く。

1273

隋唐帝国
布目潮渢（ちょうふう）・栗原益男著

三百年も東アジアに君臨した隋唐の興亡史。律令制の確立で日本や朝鮮の古代国家に多大な影響を与えた隋唐帝国。則天武后の専制や玄宗と楊貴妃の悲恋など、波乱に満ちた世界帝国の実像を精緻に論述した力作。

1300

モンゴルと大明帝国
愛宕(おたぎ)松男・寺田隆信著

征服王朝の元の出現と漢民族国家・明の盛衰。チンギス＝カーンによるモンゴル帝国建設とそれに続く元の中国支配から明の建国と滅亡までを論述。耶律楚材の改革、帝位簒奪者の永楽帝による遠征も興味深く説く。

1317

朝鮮紀行　英国婦人の見た李朝末期
イザベラ・バード著／時岡敬子訳

百年まえの朝鮮の実情を忠実に伝える名紀行。英人女性イザベラ・バードによる四度にわたる朝鮮旅行の記録。国際情勢に翻弄される十九世紀末の朝鮮とその風土、伝統的文化、習俗等を活写。絵や写真も多数収録。

1340

アウシュヴィッツ収容所
ルドルフ・ヘス著／片岡啓治訳（解説・芝　健介）

大量虐殺の責任者R・ヘスの驚くべき手記。強制収容所の建設、大量虐殺の執行の任に当ったヘスは職務に忠実な教養人で良き父・夫でもあった。彼はなぜ凄惨な殺戮に手を染めたのか。本人の淡々と語る真実。

1393

古代中国　原始・殷周・春秋戦国
貝塚茂樹・伊藤道治著

北京原人から中国古代思想の黄金期への歩み。原始時代に始まり諸子百家が輩出した春秋戦国期に到る悠遠な時間の中で形成された、後の中国を基礎づける独自の文明。最新の考古学の成果が書き換える古代中国像。

1419

中国通史　問題史としてみる
堀　敏一著

歴史の中の問題点が分かる独自の中国通史。中国の歴史をみる上で、何が大事で、どういう点が問題になるのか。書く人の問題意識が伝わることに意を注ぎ古代から現代までの中国史の全体像を描き出した意欲作。

1432

コーヒー・ハウス　18世紀ロンドン、都市の生活史
小林章夫著

珈琲の香りに包まれた近代英国の喧噪と活氣。十七世紀半ばから一世紀余にわたりイギリスの政治や社会、文化に多大な影響を与えた情報基地。その歴史を通し、爛熟する都市・ロンドンの姿と市民生活を活写する。

1451

外国の歴史・地理

オランダ東インド会社
永積昭（ながづみあきら）著（解説・弘末雅士）
東インド貿易の勝利者、二百年間の栄枯盛衰。香料貿易を制し、胡椒・コーヒー等の商業用作物栽培に進出して成功を収めたオランダ東インド会社は、なぜ滅亡したか？　インドネシア史を背景にその興亡を描く。
1454

大清帝国
増井経夫著（解説・山根幸夫）
最後の中華王朝、栄華と落日の二百七十年。政治・経済・文化等、あらゆる面で中国四千年の伝統が集大成された時代・清。満州族による建国から崩壊までを描き、そこに生きた民衆の姿に近代中国の萌芽を読む。
1526

酒池肉林　中国の贅沢三昧
井波律子著
中国の厖大な富が大奢侈となって降り注ぐ。甍を競う巨大建築、後宮三千の美女から、美食と奇食、大量殺人、麻薬の海、そして精神の蕩尽まで。四千年をいろどる贅沢三昧の中に、もうひとつの中国史を読む。
1579

魏晋南北朝
川勝義雄著（解説・氣賀澤保規）
〈華やかな暗黒時代〉に中国文明は咲き誇る。秦漢帝国の崩壊がもたらした混乱と分裂の四百年。専制君主なき群雄割拠の時代に、王羲之、陶淵明、『文選』等を生み出した中国文明の一貫性と強靱性の秘密に迫る。
1595

古代ギリシアの歴史　ポリスの興隆と衰退
伊藤貞夫著
西欧文明の源流・ポリスの誕生から落日まで。先史文明から諸王国の崩壊を経て民主政を確立した都市国家。ペルシア戦争に勝利し黄金期を迎えたポリスがなぜ衰退したか。栄光と落日の原因を解明する力作。
1665

古代インド
中村　元著
モヘンジョ・ダロの高度な都市計画から華麗なグプタ文化まで。苛酷な風土と東西文化の混淆が古代文明を育んだ。古代インドの生活と思想と、そこに展開された原始仏教の誕生と変遷を、仏教学の泰斗が活写する。
1674